IP
case

知识产权案件办案实录

5个案例的全程指引

单文峰 著

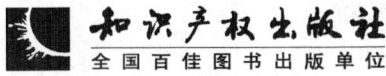
全国百佳图书出版单位

图书在版编目（CIP）数据

知识产权案件办案实录：5个案例的全程指引／单文峰著．—北京：知识产权出版社，2018.1

ISBN 978-7-5130-5286-3

Ⅰ.①知… Ⅱ.①单… Ⅲ.①知识产权法—案例—中国 Ⅳ.①D923.405

中国版本图书馆CIP数据核字（2017）第286583号

责任编辑：齐梓伊 唱学静　　　　　责任校对：谷 洋
封面设计：棋 锋　　　　　　　　　责任印制：孙婷婷

知识产权案件办案实录
——5个案例的全程指引

单文峰 著

出版发行：	知识产权出版社有限责任公司	网　　址：	http://www.ipph.cn	
社　　址：	北京市海淀区气象路50号院	邮　　编：	100081	
责编电话：	010-82000860转8176	责编邮箱：	qiziyi2004@qq.com	
发行电话：	010-82000860转8101/8102	发行传真：	010-82000893/82005070/82000270	
印　　刷：	北京建宏印刷有限公司	经　　销：	各大网上书店、新华书店及相关专业书店	
开　　本：	787mm×1092mm 1/16	印　　张：	18.5	
版　　次：	2018年1月第1版	印　　次：	2018年1月第1次印刷	
字　　数：	300千字	定　　价：	59.00元	
ISBN 978-7-5130-5286-3				

出版权专有　侵权必究
如有印装质量问题，本社负责调换。

这是最美好的时代，这是最糟糕的时代；这是智慧的年头，这是愚昧的年头；这是信仰的时期，这是怀疑的时期；这是光明的季节，这是黑暗的季节；这是希望之春，这是失望之冬；人们面前有着各样事物，人们面前一无所有；人们正在直登天堂，人们正在直下地狱。

——狄更斯《双城记》

代序：我的心是旷野的鸟（上）

清晨，阳光透过流离的树荫，斑斑驳驳地洒进我的办公室，机器轰鸣，施工声打破了一大早的宁静。

一直想记下点东西，不为留存于世，欺世盗名，只为自己逝去的8年以及终将永远逝去的青春。

8年来，从一个对律师职业一无所知的人，到一个合格却不敢自称优秀的律师；从经历无数思考，到几多沧桑；从一个万金油，到一个术业初有专攻的法律人，一路走来，甘苦自知。

由来：那个难忘的美丽下午

我出生在苏北老区，农村，非常贫瘠的年代，非常贫寒的家庭。虽然已分田到户，20世纪80年代初，我兄弟姐妹五个同时上学，对于仅靠种田的纯粹农民家庭而言，其经济的窘迫，不言而喻。

为了贴补家用，父亲走村串户，推着独轮车卖过豆腐，换过蚕豆（用自行车载着小麦去邻县换蚕豆，赚取微薄的差价）。印象最深的是种西瓜，因为种西瓜持续的时间最长，而我也参与得最多。

那时的我也就十来岁，但由于是长子，又会骑自行车，所以晚上去瓜园看西瓜、一早起来和父亲去卖瓜是经常的事情。

卖瓜去过很多地方，方圆二三十里内的集镇，大大小小，基本上都去过。满满的一大筐西瓜，近一点的地方用手推独轮车推去，远一点的用自行车驮去。当然，也曾经走村串户卖过西瓜。

卖瓜的过程中，便渐次接触了很多人，男的女的，老的少的，讲理的，不讲理的……而那个难忘的美丽下午,就在卖瓜的过程中。

那是一个大晴天,我和父亲骑着自行车,去近20公里外的滨海县城卖瓜,已是下午三四点的样子,清晰地记得父子俩还剩下不到十个西瓜,辗转进了滨海县中学大院内的家属区。正值暑假,那时的家属区全是平房,一排一排,一般每户老师家一两间,在平房的对面是一小间厨房,现在很多单位还能见到。

那时的我们,饥肠辘辘——出去卖瓜一般都是这样,中午饿极了至多吃一两块烧饼,水是蹭喝随便哪儿的自来水。早上喝下的两碗稀饭早就消化殆尽,十来岁的我,驮着上百斤西瓜,骑着勉强能够着脚踏板的自行车,跋涉几十公里,再经过盛夏大半天骄阳的炙烤和不断的吆喝之后,其狼狈相可以想见。

她突然出现了,在转弯之后的最后一排平房前最近的那个房间门口,和她弟弟,一手拿着书,一手拿着铅笔盒。她弟弟搬着个小凳子,跟在她后面,嘴里还嘟嘟囔囔地说着些什么。他们正走向放在平房前的一张干净的小桌子。太阳刚刚转弯,小桌子恰好被房屋挡住,一片阴影,很是清凉。

她也就十来岁的样子,穿着干净的淡绿色半透明的小连衣裙,趿着干净的小拖鞋,刚刚有点披肩的头发,迎着太阳。可以隐隐看到她的耳朵是有点透明的、粉红色的,轻轻地透着光,手指干净而修长,依稀也有点粉红色的透明。她没有搭理她弟弟,只是径自走向小桌子。

记得父亲问过她要不要西瓜,她仍然没有说话,好像是以摇头的方式表明了态度。

稍稍迟疑了一下,也就几秒钟的样子,那个此前从未用过新铅笔盒的少年,下意识地向后缩了缩十个乌黑的脚趾头,调转自行车头,走了。

于那个懵懂的少年而言,她,遥不可及,似一个小仙女。

不过,那少年透过上帝偶然为他打开的一道门缝,发现了人原来是可以这样生活的,于是便萌生了对美好生活的向往。而这向往,便成了后来持之以恒努力的最重要动力。

有一个体面的职业,有一份体面的收入,有一种体面的生活,这便是那个难忘的美丽下午,留给那个少年的梦想,也是这本小书的由来。

从公务员到律师：我的心是旷野的鸟

> 我的心是旷野的鸟
>
> 在你的眼中找到了蓝天
>
> 你的眼睛是星的王国
>
> 晨的摇篮
>
> 我的歌
>
> 就融化在她们中间
>
> 让我翱翔在你那无边无际的寥廓之中吧
>
> 在你万里晴空
>
> 拍打我的翅膀

我初读这首诗，是在懵懂少年时。那时我在烟花三月的扬州读书，班上有一可人女生，说她可人最主要的是她不仅性格好，钢笔字也写得好。她有一本用来练字的不是很厚的钢笔字帖——泰翁的诗集（确切书名记不得了），这首诗，就是开卷第一首。

辞职从事律师职业前，我在一个炙手可热的国家机关——反贪污贿赂局工作，爱人在一家金融机构工作。按照世俗的观点，在那个小小的县城，我有算是不错的小家庭，辞职出来到异地干律师，是脑子有点"进水"。

当然，也遇到一些小小的挫折，但是，如果我想在那个传统的体制中混下去，那么这些小小的挫折本身，并不能成为辞职的主要理由。因此，在这些年国内公务员考试越来越热的背景下，我的辞职在家乡算是不大不小的新闻。

其实我离开公务员这个职业的原因非常简单，因为我喜欢美好的事情，美好的事情中最主要之一种，便是自由。

刚刚干律师时，对自由没有那么真切的感受。8年过去了，我对自由固不敢说理解透彻，但是，我还是那么地喜欢自由！

律师固然也有很多的不自由，只是相较于公务员、学者以及绝大多数国人而言，这个职业的自由，已经多得让我足够喜欢。

自由当然是有代价的。比如，必须牺牲安逸的生活，在这个陌生的城市里默默打拼，年复一年地重塑自己的信心，一遍遍地重温自己的梦想；必须日复一日地学习很多闻所未闻的知识，提高自己，因为，和我一样正在打拼的律师数都数不过来；必须学会隐忍、隐忍、再隐忍，努力、努力、再努力；必须彻底抛弃自己的懒惰，思考、思考、再思考！发现自己终于能站稳脚跟，喘上一口气，却远谈不上成功。

但是，不管怎样，自由，简单到骨髓的两个字，已经让包括我在内的无数人由衷喜欢并向往之。律界8年，见识过无数的前"体制"中人，因为这两个字，与我成为同道。大道至简！

其实，我的心是旷野的鸟，从公务员变为律师，于我只是时间的早迟而已。

律师：基于独立思维的冷静思考者

关于律师这一职业和职业群体的文章汗牛充栋，尽可以网上去查阅，我只是一介小小的律师，只想从自己的角度说一下自己的观感。

"自由，充实，辛苦，高薪。"辞职干律师前，一位知名律师对我就律师这一职业如是说。

自由？是的！自由到没人管你、没人问你的程度（尤其是一些小律所）。说得严重点，你失踪了多天，你的同事也许都不知道。没人来管你，除非他愿意；没人需要你管，除非你愿意。

充实？是的！你以为你通过了司法考试，就算是法律人才，就可以大展宏图？就可以在律界游刃有余？远着呢！充其量，你只是拿到了一场演出的入场券而已，只是楼上角落的那一张入场券，你连舞台上大腕明星们精彩表演的台词都听不到。你必须学习、学习、再学习，思考、思考、再思考，进步、进步、再进步！

辛苦？自不必说。你不仅仅要懂得法律，还要更多地懂得法律之外的东西，上下、左右、前后、白天、夜晚、晴天、雨天、当事人、法官……

辗转腾挪，为的也不过就是一茶一饭而已。执业之初，你会痛恨自己为什么选择这个回报率如此之低的职业。

高薪？当你阅尽律界沧桑，成为人精中的人精的时候，你也许尽享高薪带来的快乐。说也许，是因为笔者执业的律所，2015年93%的业务创收是合伙人贡献的，而人数众多的专职律师，业务收入只占全部业务收入的7%，这种业务收入严重两极分化的情形在大多数律师事务所也一样。

律师只是一个普通职业而已，正如老师教书，医生看病，菜场小贩卖菜，律师也只是通过提供自己的法律业务知识和时间来为当事人服务，以谋一茶一饭。

如果一定要说律师和其他职业群体的不同，笔者以为，那便是：这一群体是基于独立思维的冷静思考者。

当然，社会公众对律师存在很多认识误区，简要罗列如下几点。

首先，认为律师应该什么都懂，你看媒体上都是律师观点或者某知名律师认为什么什么。

其次是律师和法官的关系。很多人认为，律师得罪不起法官，必须依靠法官。但笔者理解的律师和法官的关系是互相尊重的关系，更多的时候，在追求"调解结案率"的压力下，法官"求"律师的机会也许更多一些。何况，一般而言，执业时间稍长的律师，诉讼案件的比例会逐步下降，诉讼案件收费所占比重下降得更快。

最后是律师的价值追求。律师并不是政治体制或公权力体系的组成部分，没有义务对社会公众、政府承担超越一般职业群体的额外义务和责任。律师最高的价值追求，是当事人合法利益的最大化，基于这一职业的特殊性，律师更应当坚守自己的职业伦理底线。

对律师，可能还有很多认识误区。例如，将律师视为"多事之人"，其真正的原因在于：很多时候，常识是最强大的武器，而律师知道很多简单的法律常识和政治常识，会通过自己的执业过程来影响社会，最终成为法治社会塑造的主要引领者之一。而这一点，正是缘于律师对许多社会现实、社会现象有着基于独立思维的冷静思考，包括对律师这一职业和职业群体本身。如果说还能奢谈希望，那么，我亦希望自己是有着独立思维能力的社会冷静旁观者和反思者。

因为那个难忘的美丽下午,因为我的心是旷野的鸟,因为希望自己是有着独立思维能力的社会冷静旁观者和反思者,所以有了对梦想的追求,有了对自由的眷恋,有了对一些事情的反思。梦想、自由、反思,这些人类社会千百年来凝练而成的基本理念引领着我们不断前行,说起来却是如此的简单!鉴于此,从自己8年来办理的众多的知识产权案件中选取了其中几个具有代表性的集成了本书,每个案件大致分为案情简介、办理过程、处理结果、法律文书、律师感悟五部分,以作为自己追求梦想和自由、并在回望的时候还在坚守且不断反思的见证。需要说明的是,本书中案件选择的标准系能够催我奋进者、引我反思者或者自认为于个人或社会有那么一点点推动的,并非按照标的金额或者社会影响大小;仁者见仁,智者见智,案件办理过程、结果未必如意者或者观点未必正确者众,欢迎并恳请指正。

C ontents
目　录

第一章　江苏洋河酒厂股份有限公司侵害实用新型专利案 …………（001）
　　案情简介 ………………………………………………………（001）
　　办理过程 ………………………………………………………（002）
　　处理结果 ………………………………………………………（003）
　　法律文书 ………………………………………………………（003）
　　律师感悟 ………………………………………………………（026）

第二章　江苏泓源化工有限公司实用新型专利无效及
　　　　　侵害商业秘密案 ………………………………………（029）
　　案情简介 ………………………………………………………（029）
　　办理过程 ………………………………………………………（030）
　　处理结果 ………………………………………………………（031）
　　法律文书 ………………………………………………………（031）
　　律师感悟 ………………………………………………………（055）

第三章　张家港市骏马钢帘线有限公司侵害发明专利案 …………（062）
　　案情简介 ………………………………………………………（062）
　　办理过程 ………………………………………………………（063）
　　处理结果 ………………………………………………………（064）
　　法律文书 ………………………………………………………（065）
　　律师感悟 ………………………………………………………（188）

第四章　骏马化纤股份有限公司驰名商标评审案 …………………（194）
　　案情简介 ………………………………………………………（194）

办理过程 …………………………………………………（195）
　　处理结果 …………………………………………………（195）
　　法律文书 …………………………………………………（195）
　　律师感悟 …………………………………………………（222）

第五章　石家庄阀门一厂股份有限公司南京销售处销售假冒
　　　　注册商标商品案 ………………………………………（226）
　　案情简介 …………………………………………………（226）
　　办理过程 …………………………………………………（227）
　　处理结果 …………………………………………………（229）
　　法律文书 …………………………………………………（229）
　　律师感悟 …………………………………………………（272）

主要参考文献 …………………………………………………（274）

附录　漫谈企业专利战略的五个层次 ……………………（275）

代跋：我的心是旷野的鸟（下） …………………………（278）

Chapter 1 第一章

江苏洋河酒厂股份有限公司侵害实用新型专利案

【案情简介】

2008年年初,江苏洋河酒厂股份有限公司(以下简称洋河酒厂)为了扩大知名度、销售额以及打击市场上日益猖獗的假冒伪劣行为,采取了一系列的市场促销和升级生产包装技术措施。措施之一是和江苏电信股份有限公司(以下简称江苏电信)签署合作协议,由江苏电信生产金额为5元、10元、20元等金额不同的手机充值卡,分别放入洋河酒厂生产的"海之蓝""天之蓝""梦之蓝"酒的包装盒中。消费者购买产品后,刮开充值卡,凭借充值卡上的序列号向电信手机号充值,如果充值成功则产品为正品,如果充值不成功则为假冒伪劣产品。

原告王某作为专利号为ZL200820160347.2的实用新型专利的专利权人,于2011年3月1日向南京市中级人民法院起诉洋河酒厂,诉称:2008年9月17日,原告向国家知识产权局申请了"一种烟酒的防伪结构"的实用新型专利,2009年9月16日获得国家知识产权局的授权。该专利的"权利要求1"为:"一种烟酒的防伪结构,该结构主要由外包装盒(1)、酒瓶(2)、充值卡(3)三个部分组成;其特征是在酒瓶(2)外的一侧,包装盒(1)的内侧,设置有一张充值卡(3)。"2009年6月起,被告洋河酒厂将原告的专利使用于其生产、销售的

"海之蓝""天之蓝"系列酒,侵害了原告的专利权。原告认为,被告未经许可擅自使用原告专利的行为严重侵害了其专利的推广,给原告造成了损失。故诉至法院,请求判令被告:①停止侵害原告专利权的行为;②赔偿原告损失30万元;③承担本案诉讼费用。①

另外,在提起此次诉讼之前,原告曾于2009年11月25日书面要求被告停止侵权未果提起诉讼,后撤诉。2010年6月17日,被告针对原告的专利向国家知识产权局专利复审委员会提出无效宣告请求。2010年12月3日,国家知识产权局专利复审委员会经审查作出了维持原告专利权有效的决定。

笔者是于2011年4月接受被告委托开始办理此案的。

【办理过程】

专利权人在2009年曾经就同样案由起诉过洋河酒厂,当时被告委托的是江苏某知名律师事务所的某知名知识产权律师代理诉讼,诉讼过程中洋河酒厂曾提出了案涉专利的无效宣告请求,被国家知识产权局专利复审委员会驳回且生效。然而,不知因为什么原因,专利权人在此情形下竟然撤回了诉讼。据洋河酒厂员工讲,可能是用于支持其侵权损失赔偿的证据不足,如果该案第一季专利权人不撤诉,则专利权人已然胜诉,只是所得赔偿额多少而已。

所以,专利权人再次起诉时,并未按照最高人民法院司法解释的要求提供检索报告。笔者接受委托后,曾经向法庭提出这一问题,法庭的回答是:涉案专利已经经历过无效程序且被维持,可以认为涉案专利具有新颖性和创造性,因此不是一定要提供检索报告。

经历第一次诉讼后,洋河酒厂认为自己涉案的专利有效,侵权很可能成立,只是赔偿金额多少。在此前提下,其已经不愿意支付相对合理的检索和代理费用,因此涉案专利详尽的检索和无效程序都无法启动。

法庭审理过程中,被告向法庭提供了签署日期在涉案专利申请日前的与电信公司签署的合同、其他促销活动广告、案外人王某甲向国家知识产权局

---

① 摘自原告诉状。

申请的名称为"利用电话卡防伪的包装容器"的实用新型专利说明书（1998年10月14日获得授权并公告，专利号为ZL97236213.4，由于未缴年费该专利权已于2005年8月10日终止）等证据。

法庭经过三次开庭审理，最终于2011年8月16日作出了一审裁判，判决驳回原告的全部诉讼请求。

2011年8月30日，专利权人向江苏省高级人民法院提起上诉，认为一审认定事实错误，适用法律不当，请求撤销一审判决，依法改判。由于洋河酒厂的管理疏忽，笔者未在庭前收到二审开庭通知，开庭时接到二审法官的电话才得知消息，立即以书面形式向二审法庭提交了书面的代理意见。

【处理结果】

二审期间，王某撤回了上诉，案件诉讼结束。

【法律文书】

法律文书目录

涉案专利说明书

对比文件：ZL97236213.4专利说明书

一审代理词

一审民事判决书

二审代理词

二审民事裁定书

◆ 涉案专利说明书

申请号：200820160347.2

申请日：2008-09-17

一种烟酒的防伪结构

申请（专利权）人　王某

地址　221700　江苏省丰县大沙河镇富士路6号镇人民政府

发明（设计）人　王某

主分类号　B65D77/28（2006.01）I

分类号　B65D77/28（2006.01）I　B65D77/04（2006.01）I
B65D85/00（2006.01）I

公开（公告）号　201309673

公开（公告）日　2009-09-16

专利代理机构

代理人

[19] 中华人民共和国国家知识产权局　　　　　[51] Int. Cl.

B65D 77/28（2006.01）

[12] 实用新型专利说明书　　　B65D 77/04（2006.01）

B65D 85/00（2006.01）

专利号 ZL　200820160347.2

[45] 授权公告日　2009年9月16日　　　[11] 授权公告日　CN 201309673Y

[22] 申请日　2008.9.17	
[21] 申请号　200820160347.2	
[73] 专利权人　王某	
地址　221700　江苏省丰县大沙河镇富士路6号镇人民政府	
[72] 发明人　王某	权利要求书1页 说明书2页 附图1页

[54] 实用新型名称

一种烟酒的防伪结构

[57] **摘要**

本实用新型涉及烟酒的防伪技术，尤其是一种烟酒的防伪结构。该结构主要由外包装盒、酒瓶、充值卡三个部分组成；其特征是：在酒瓶外的一侧，包装盒的内侧，设置有一张充值卡。使用时，打开外包装盒，取出充值卡，如能顺利充进的为真品，如果不是则为伪劣产品。该结构简单、方便，防伪性高，而且容易操作。

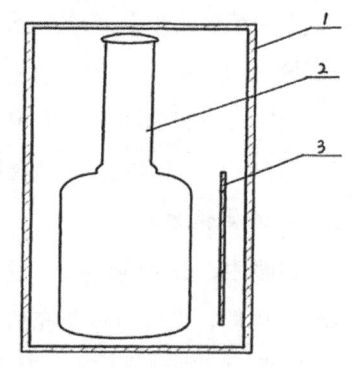

1. 一种烟酒的防伪结构，该结构主要由外包装盒（1）、酒瓶（2）、充值卡（3）三个部分组成；其特征是：在酒瓶（2）外的一侧，包装盒（1）的内侧，设置有一张充值卡（3）。

一种烟酒的防伪结构

技术领域

本实用新型涉及烟酒的防伪技术，尤其是一种烟酒的防伪结构。

背景技术

随着经济的迅猛发展，烟酒行业中的不法分子为了牟取暴利，不惜采取一些不正当的手段，制造假冒伪劣产品，严重侵害生产者和消费者的利益，因而对那些不法分子的打击力度是各国政府所关注的问题，同时在技术上采取必要的防伪措施也是一个很重要的打假手段，目前，人们已采取了很多种防伪技术，但过不了多久，就会被不法分子学了去，让消费者难以区分。

发明内容

为了解决目前烟酒防伪技术所存在的不足，本实用新型提供了一种烟酒的防伪结构，该结构简单、方便，防伪性高，而且容易操作。

该防伪结构解决其技术问题所采用的技术方案是：该结构主要由外包装盒、酒瓶、充值卡三个部分组成；其特征是：在酒瓶外的一侧，包装盒的内侧，设置一张充值卡。

使用时，打开外包装盒，取出充值卡，如能顺利充进的为真品，如果不是则为伪劣产品。

其有益效果是：该结构简单、方便，防伪性高，而且容易操作。

附图说明

下面结合附图及实施方式对本实用新型作进一步说明；

附图为本实用新型的结构示意图；

图中，(1) 包装盒，(2) 酒瓶，(3) 充值卡。

具体实施方式

在图中，在酒瓶（2）外的一侧，包装盒（1）的内侧，设置有一张充值卡（3）。

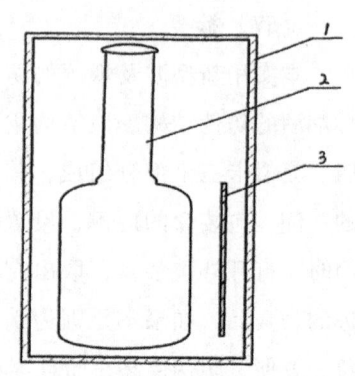

在图中，充值卡（3）为手机充值卡，在和手机网络运营商取得合作意向后，充值卡（3）的面值可设置在1～500元。

在图中，充值卡（3）可做成方形、圆形、菱形、五角形、椭圆形、三角形。

◆ **对比文件：ZL97236213.4 专利说明书**

利用电话卡防伪的包装容器

申请号：97236213.4

申请日：1997-05-30

   申请（专利权）人 王某甲

        地址 214431 江苏省江阴市江阴职工大学

   发明（设计）人 王某甲 王某乙

      主分类号 B65D49/12

      分类号 B65D49/12

   公开（公告）号 2294227

   公开（公告）日 1998-10-14

   专利代理机构 江阴市专利事务所

      代理人 唐某某

[19] 中华人民共和国专利局　　　　　　　　[51] Int. Cl
　　　　　　　　　　　　　　　　　　　　　　　B65D 49/12

[12] 实用新型专利说明书

[21] ZL 专利号　97236213.4

[45] 授权公告日　1998年10月14日	[11] 授权公告日　2294227Y
[22] 申请日　97.5.30	[21] 申请号　97236213.4
[24] 颁证日　98.9.12	[74] 专利代理机构　江阴市专利事务所
[73] 专利权人　王某	
地址　214431 江苏省江阴市江阴职工大学	代理人　唐某某
[72] 设计人　王某甲　王某乙	权利要求书1页 说明书3页 附图2页

[54] 实用新型名称　利用电话卡防伪结构

[57] 摘要

本实用新型涉及一种利用电话卡防伪的包装容器。它是包装容器（1）与电话卡（2）配合使用，利用电话卡的不易伪造性对该包装容器进行防伪。该防伪电话卡可以设置在包装容器开启处，也可设置在包装容器内；卡（1）由主卡（4）和副卡（5、6）两部分组成，副卡（5、6）紧贴在包装容器的开启处。当容器开启时，须将主卡与副卡剪开或撕开，使主副卡分离。本实用新型具有不易仿制、真伪立辨、防伪性好、卡不能重复使用等特点，可广泛应用于各类产品的防伪包装。

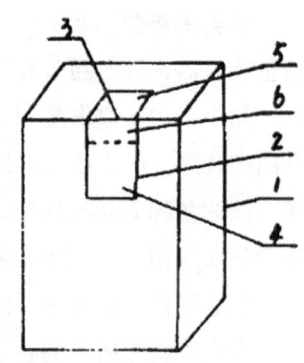

1. 一种利用电话卡防伪的包装容器，其特征在于它包括包装容器本体（1）和防伪电话卡（2）。

2. 根据权利要求1所述的一种利用电话卡防伪的包装容器，其特征在于防伪电话卡（2）设置在包装容器本体（1）的开启处（3）。

3. 根据权利要求1所述的一种利用电话卡防伪的包装容器，其特征在于防伪电话卡（2）设置在包装容器本体（1）内。

4. 根据权利要求2所述的一种利用电话卡防伪的包装容器，其特征在于防伪电话卡（2）由主卡（4）和副卡（5、6）两部分组成，副卡（5、6）紧贴在包装容器（1）的开启处（3），主卡（4）为普通卡。

5. 根据权利要求4所述的一种利用电话卡防伪的包装容器，其特征在于副卡（5、6）设置在主卡（4）一侧。

6. 根据权利要求4所述的一种利用电话卡防伪的包装容器，其特征在于副卡（5、6）设置在主卡（4）中间。

7. 根据权利要求5所述的一种利用电话卡防伪的包装容器，其特征在于副卡（5）、（6）间虚线划痕位于包装容器开启处。

8. 根据权利要求1~7其中之一所述的一种利用电话卡防伪的包装容器，其特征在于防伪电话卡（2）为磁卡或IC卡或光卡。

9. 根据权利要求1~7其中之一所述的一种利用电话卡防伪的包装容器，其特征在于包装容器（1）为盒状、袋状、瓶状或罐状容器。

10. 根据权利要求8所述的一种利用电话卡防伪的包装容器，其特征在于包装容器（1）为盒状、袋状、瓶状或罐状容器。

利用电话卡防伪的包装容器

本实用新型涉及一种用于包装商品的容器，尤其涉及一种具有防伪功能的商品包装容器，属产品包装技术领域。

如今，为了追求暴利，各种商品如烟酒、服装、食品、电器等都有伪造名牌商品的现象。由于仿冒名牌的产品综合成本低，利用价格优势抢占正宗厂家的市场，败坏名牌商品的信誉，同时坑害了消费者。一般厂家对付假冒商品的防伪措施都是在印刷、包装物的特点上下功夫，但由于制假者有的已有强大资金做后盾，伪品照样复制得出，而一般消费者凭肉眼难以分清真伪。

本实用新型的目的在于提供一种防伪功能特好的防伪包装容器。

本实用新型是这样实现的：将包装容器与电话卡配合使用，利用电话卡的不易伪造性对该包装容器进行防伪。

本实用新型的防伪电话卡可以设置在包装容器的开启处，也可以直接放在包装容器中。

本实用新型的电话卡可以是磁卡、IC卡、光卡等。

本实用新型的防伪电话卡由正卡和副卡两部分组成,副卡紧贴在包装容器开启处,正卡为普通卡。当容器开启时,开启者须将主卡和副卡剪开或撕开,使主副卡分离。

本实用新型的防伪电话卡的副卡可以设置在正卡一侧,也可以设置在正卡中间。

与现有的防伪容器相比,本实用新型将包装容器与电话卡配合使用,利用电话卡的不易伪造性来对容器进行防伪,因此具有如下优点:

(1) 不易仿制。电话卡的印刷材料特别,特殊的印刷效果不是普通的彩印设备可以仿制的。

(2) 真伪立辨(辩)。电话卡是高科技产品,内含的信息有很强的保密性,而且一台卡式电话机就能显示出来,立辨真伪。

(3) 防伪性好。电话卡的发行由国家专营,指定厂印刷,需要强大的技术、资金实力,伪造者难以有此条件,而且还要冒极大的犯法风险。

(4) 不能重复使用。电话卡主卡与副卡在容器开启前是一个整体,当使用者开启时会破坏这一整体,一经破坏,不能复原,不能再次作为防伪使用。

图1为本实用新型的总体结构示意图。

图2为本实用新型的电话卡示意图。

图3为本实用新型的电话卡的又一示意图。

图4为本实用新型的电话卡的又一示意图。

图5为本实用新型的电话卡的又一示意图。

图6为本实用新型的一实施例的结构示意图。

图7为本实用新型的一实施例的结构示意图。

图8为本实用新型的一实施例的结构示意图。

图9为本实用新型的一实施例的结构示意图。

图10为图9的俯视图。

下面结合附图对本实用新型作一详细描述:

如图所示,本实用新型是将包装容器(1)与电话磁卡(2)配合使用,利用电话磁卡的不易伪造性对该容器进行防伪。电话磁卡(2)可以直接以特定的方式装在容器的开启处(3),如图1所示。也可以直接放入容器(1)中,如图6所示。电话磁卡(2)做成主卡(4)和副卡(5、6)合体式,如图2所示。副卡(5、6)可以设置在主卡的一侧,如图2、图3所示。也可以设置在主卡中间,如图4、图5所示;副卡（5、6）间虚线位于包装容器开启处。包装容器可以是盒状（见图1）、袋状（装）（见图7）、瓶状（见图8）、罐状（见图9、图10）等。电话磁卡装在容器开启处时，将副卡（5、6）紧贴在容器开启处。当容器开启时，开启者须将副卡（5、6）部与主卡（4）部沿虚线剪开或撕开（虚线处可以先做线切割处理），使主、副卡分离，副卡（5、6）间虚线划痕位于开启处，开启者在此处将（5、6）分离。

本实用新型所用的电话磁卡制成实用电话卡，主卡可与副卡或必要小配件配合使用，也可以单独使用，主卡尺寸为标准尺寸，面值可以根据需要制作，可以在卡内存储特制防伪密码，由磁卡电话机显示。

企业利用磁卡防伪，可以委托邮电部门制作，根据面值预先支付话费。这样，邮电部门等于提前收到了大笔话费，可以用于推广磁卡电话机，而大量的磁卡随着商品流入消费者手中，等于磁卡电话一下子拥有了大批现成用户，这对磁卡制作工厂、我国的邮电事业都起有益的推动作用。

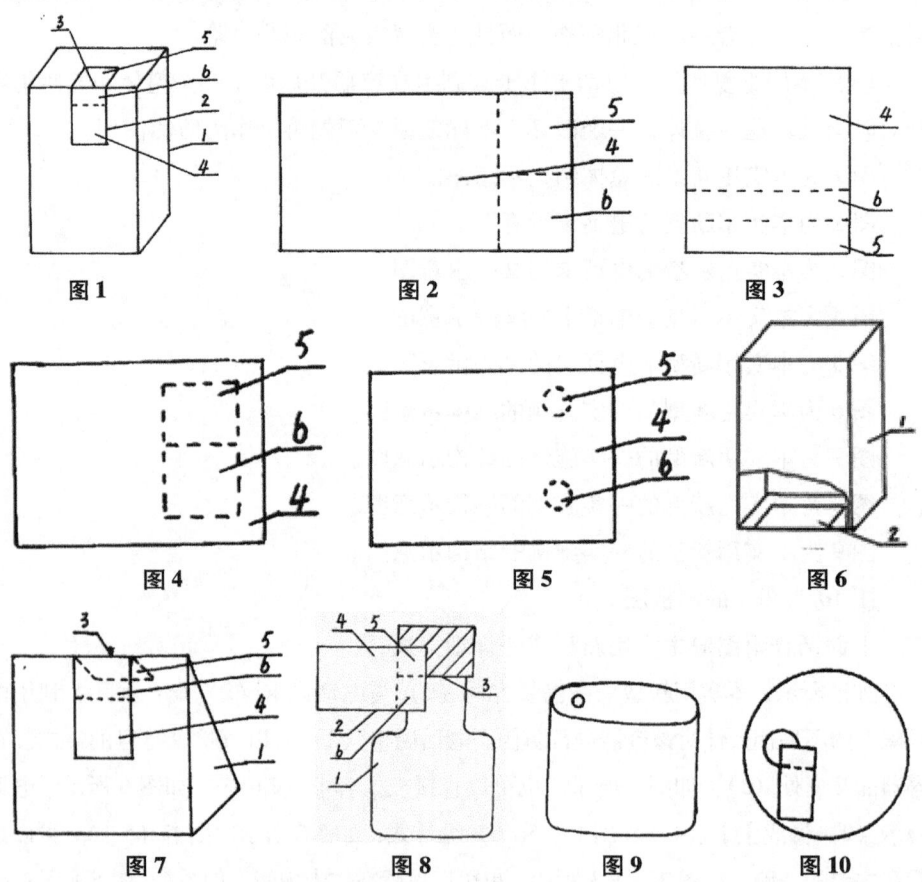

图1　　　　图2　　　　图3

图4　　　　图5　　　　图6

图7　　　　图8　　　　图9　　　　图10

◆ 一审代理词

审判长、审判员：

北京市康达律师事务所南京分所①接受江苏洋河酒厂股份有限公司的委托，指派我们担任原告王某诉被告江苏洋河酒厂股份有限公司实用新型专利侵权纠纷一案被告江苏洋河酒厂股份有限公司的代理人，现依据本案的相关事实和有关法律法规，发表如下代理意见，供合议庭参考。

一、原告应当向法庭提交实用新型专利检索报告

第一次开庭过程中，被告已经向法庭及原告提出，《最高人民法院关于审理专利纠纷案件适用法律问题的若干规定》第8条明确规定：提起侵害实用新型专利权诉讼的原告，应当在起诉时出具由国务院专利行政部门做出的检索报告。但时至今日，原告一直拒绝提供，并主张2010年12月3日专利复审委员会出具的维持原告专利权有效的审查决定书可以证明其专利权有效。就原告的这一观点，本代理人有必要指出：首先，出具由国务院专利行政部门做出的检索报告是实用新型专利权人的法定义务，这一义务不是出具其他任何法律文书能够代替的。原因在于实用新型专利权的授权不经过实质审查程序，其权利基础十分脆弱，故最高司法机关作此规定有其存在的价值上的合理性，对于防止专利权人滥用权利有着非常积极的意义。在此，本代理人向法庭郑重提出申请：第一，请求法庭要求原告立即提供实用新型专利检索报告，如果法庭驳回被告的这一申请，被告请求法庭中止审理，本代理人将在征得被告同意后立即重新提起无效宣告申请；第二，专利复审委员会对无效宣告请求人的无效申请进行审查时，仅就请求人提出的无效理由和证据进行审查，并不进行检索或者全面审查，任何人（包括本案被告）可以提出新的理由及证据，重新申请原告的专利无效，换言之，原告提交的专利复审委员会的审查决定书并不能构成原告不提交检索报告的充分理由；第三，根据今天庭前被告向法庭提交的参考文献，本代理人认为，在已经有证据证

---

① 笔者当时在该律师事务所执业。

明原告的专利很可能没有新颖性、创造性的情况下，要求原告提交其实用新型专利检索报告更有着极其现实的意义；第四，专利复审委员会的复审决定只是人民法院据以裁判案件的证据之一，在有其他充分证据足以做出相反结论的情况下，如果原告拒绝提交其检索报告，被告认为，法庭应当依法驳回其诉讼请求。

二、被告产品包装中放入充值卡只是诸多促销方式的一种

今天原告当庭拆封其提交法庭的"天之蓝"酒，在酒的外包装里面、酒瓶的底座上有一张电信的电话充值卡。该电话充值卡上没有任何防伪标识，也没有其他明示或者暗示的方式可以得出该电话充值卡能够用于防伪。结合被告向法庭提交的诸多促销证据，本代理人认为，被告在其产品包装中放入充值卡只是诸多促销方式的一种，就像放入一定金额的人民币、兑奖券、抵扣券等方式一样，其目的只是在于促销。

三、被告具有先用权

第一次庭审过程中，被告向法庭提交的证据已经充分证明，原告专利申请文件记载的技术方案已经为被告所使用，且合同日、使用日均在原告的申请日之前，被告享有无可争辩的先用权，《中华人民共和国专利法》第69条第1款第2项明确规定，有下列情形之一的，不视为侵害专利权："在专利申请日前已经制造相同产品、使用相同方法或者已经作好制造、使用的必要准备，并且仅在原有范围内继续制造、使用的。"据此，本代理人认为，在被告对这一技术方案拥有先用权的情况下，原告的诉请于法无据，请求法庭依法驳回。

四、原告请求人民法院判令被告停止侵害专利权的诉请于事实无据，应当予以驳回

原告民事诉状的"诉请1"是要求人民法院判令被告停止侵害专利权的行为。被告认为，这一诉请已经没有任何现实意义：首先，被告的这一促销方法在原告于2011年3月1日起诉之前就早已不再使用；其次，被告行为的目的只是促销，前已述及，不再赘述。

五、原告的专利不具有专利法意义上的新颖性和创造性，系现有技术，不应当被授予专利权

原告的权利要求书只有一项独立权利要求，即"权利要求1"，内容为：一种烟酒的防伪结构，该结构主要由外包装盒（1）、酒瓶（2）、充值卡（3）三个

部分组成。其特征是：在酒瓶（2）外的一侧，包装盒（1）的内侧，设置有一张充值卡（3）。被告向法庭提交的证据——专利号为 ZL97236213.4 的专利说明书有 10 项权利要求，"独立权利要求 1"为：一种利用电话卡防伪的包装容器，其特征在于它包括包装容器本体（1）和防伪电话卡（2）；作为对独立权利要求 1 做出进一步限定的权利要求。"权利要求 3"为：根据权利要求 1 所述的一种利用电话卡防伪的包装容器，其特征在于防伪电话卡（2）设置在包装容器本体（1）内。据此，本代理人认为，原告实用新型专利的技术方案的技术特征已经为被告提供的证据所公开，原告的专利不具有专利法意义上的新颖性和创造性，不应当被授予专利权。本代理人将在庭后征得被告同意的基础上，对其专利另行提出无效申请。但是提请法庭注意：原告专利不具有新颖性和创造性并不受被告是否提出无效申请的影响。换言之，被告是否提出无效申请并不影响本案的裁判，因为，无效审查决定书只是人民法院裁判案件的证据之一种，前已述及，不再赘述。

六、被告即使侵权，落入的也是被告提供的参考文献的权利要求的保护范围

退一步讲，即使被告促销的技术方案包含与原告专利说明书中记载的区别技术特征相同或者等同的技术特征，首先落入的也是被告提供的专利文件的权利要求的保护范围。至于原告认为，被告提供的参考文献表述的防伪技术特征是"电话卡"，而非原告权利要求书中所言的"充值卡"。本代理人认为，众所周知，电话卡有很多种，应当包括所有电信运营商的所有种类的电话卡，当然也包括"充值卡"。如果原告坚持认为其技术方案具有专利法意义上的新颖性和创造性，那么，本代理人有必要反问一下：明天抑或是后天，国家再批准一家或者多家新的电信运营商，是不是根据它们的电话卡防伪方法去申请专利也具有新颖性和创造性呢？

审判长、审判员，专利制度作为国家的一项基本制度，在国家的社会生活和经济、政治、军事等安全方面起着越来越重要的作用。随着经济和社会的发展，国家的专利制度也日趋完善，其立法宗旨也由片面偏重于保护专利权人的合法权利转变为保护与防止权利滥用并重。《中华人民共和国专利法》第 1 条对专利法的立法宗旨作了明确规定：为了保护专利权人的合法权益，鼓励发明创造，推动发明创造的应用，提高创新能力，促进科学技术进步和经济社会发展，制定本法。可见，《专利法》在鼓励发明创造、推动发明创造的应用、提高创新能力、促进科学技术进步和经济社会发展等方面体现着立法者的立法价值取向，它不是、也不应当成为保护没有新颖性和创造性的那些利用专利制度的漏洞谋取不当利益的"新瓶装旧酒"的"发明创造"的工具。事实上，当今世界，专利制度已经越来越成为发达国家、跨国公司用来遏制中国的一个有力武器，同时，它也成为诸多企业、个人防范竞争对手，保持竞争优势的一个有效手段。这一点从法律上讲固然无可厚非，但是其权利的滥用导致国家创新能力的下降、阻碍经济发展的客观事实却有目共睹，先人的发明是全人类的巨大财富，是先人们留给子孙后代最宝贵的遗产，是后人可以免费使用的午餐，但是，如果不停地采用"新瓶装旧酒"的方式，将已经过了专利保护期的专利改头换面，并请求国家公权力的支持，无疑是对专利制度的极大嘲讽。

综上所述，本代理人认为，原告的诉讼请求于法无据，请求人民法院依法予以驳回，同时，本代理人将在征得被告同意的基础上，保留就原告滥用专利权另行提起诉讼的权利。以上代理意见望法庭采纳，谢谢！

北京市康达律师事务所南京分所
律师　单某某　马某[①]
二〇一一年六月十日当庭发表

◆ 一审民事判决书

（2011）宁知民初字第121号

原告王某，男，汉族，19××年×月×日生，居民身份证号（略），住址（略）。

委托代理人：（略）。

被告江苏洋河酒厂股份有限公司，住所地在江苏省宿迁市洋河中大街

---

① 马某系本案合作律师。

118号。

法定代表人杨某某,该公司董事长。

委托代理人单某某、马某,康达律师事务所南京分所律师。

原告王某与被告江苏洋河酒厂股份有限公司(以下简称洋河酒厂)侵害实用新型专利权纠纷一案,于2011年3月1日诉来本院。本院受理本案后,依法组成合议庭,于2011年5月5日、6月10日公开开庭进行了审理。原告王某的委托代理人李某,被告洋河酒厂的委托代理人单某某、马某到庭参加诉讼。本案现已审理终结。

原告王某诉称:2008年9月17日,原告申请了"一种烟酒的防伪结构"的实用新型专利,2009年9月16日获得国家知识产权局的授权。该专利权的权利要求书载明,"一种烟酒的防伪结构,该结构主要由外包装盒(1)、酒瓶(2)、充值卡(3)三个部分组成;其特征是在酒瓶(2)外的一侧,包装盒(1)的内侧,设置有一张充值卡(3)"。2009年6月至今,被告洋河酒厂将原告的专利使用于其生产、销售的"海之蓝""天之蓝"系列酒,侵害了原告的专利权。原告曾于2009年11月25日书面要求被告停止侵权未果。2010年6月17日,被告针对原告的专利权向国家知识产权局专利复审委员会提出了无效宣告请求。2010年12月3日,国家知识产权局专利复审委员会经审查做出了维持原告专利权有效的决定。原告认为,被告未经许可擅自使用原告专利的行为严重妨害了其专利的推广,给原告造成了损失。故诉至法院,请求判令被告:①停止侵害原告专利权的行为;②赔偿原告损失30万元;③承担本案诉讼费用。庭审中,原告撤回"海之蓝"酒与购买发票的证据以及起诉状中针对"海之蓝"酒的事实理由,同时确认诉讼请求第一项、第二项系针对被告生产、销售"天之蓝"酒的侵权行为以及该行为对原告在全国范围内造成损失的赔偿数额,并明确表示关于"海之蓝"酒将收集证据后另行起诉。

被告洋河酒厂辩称:①被告在原告专利申请日前就已经使用同样的方式对产品进行促销,被告享有先用权;②被告在产品中放入充值卡只是诸多促销方式的一种,电话充值卡上没有任何防伪标识,也没有其他明示或暗示的方式表明其能够用于防伪;③1997年5月30日案外人王某甲申请了"利用电话卡防伪的包装容器"实用新型专利,被告的产品落入的是王某甲专利权的保护范围,即使被告的产品落入原告专利权的保护范围,原告的专利也是现有技术,没有新颖性和创造性，不应当被授予专利权，王某甲的专利已公开了原告专利的技术方案记载的技术特征；④被告使用电信充值卡的促销方法早在原告起诉前已停止使用，原告要求被告停止侵权行为没有事实依据，原告没有提供实用新型专利的检索报告和被告给原告造成损失的依据，原告起诉被告系滥用诉权的行为。故请求法院驳回原告的诉讼请求。

经审理查明，2008年9月17日，原告王某向国家知识产权局申请了名称为"一种烟酒的防伪结构"的实用新型专利，2009年9月16日获得授权并公告，专利号为ZL200820160347.2。该专利目前仍处于有效的法律状态。其权利要求书仅记载了"权利要求1"即一种烟酒的防伪结构，该结构主要由外包装盒（1）、酒瓶（2）、充值卡（3）三个部分组成，其特征是：在酒瓶（2）外的一侧，包装盒（1）的内侧，设置有一张充值卡（3）。其说明书记载了该专利的背景技术是烟酒行业的多种防伪技术容易为不法分子所掌握，让消费者难以区分。该专利的发明目的在于为解决目前烟酒防伪技术存在的不足，提供一种简单、方便、防伪性高且易于操作的烟酒防伪结构，使用时，打开外包装盒，取出充值卡，如能顺利充进的为真品，否则为伪劣产品。该专利中的"充值卡"为手机充值卡，在和手机网络运营商取得合作意向后，充值卡的面值可设置在1~500元。

2010年6月17日，被告洋河酒厂针对原告的涉案实用新型专利权向国家知识产权局专利复审委员会提出了无效宣告请求，认为原告专利"权利要求1"不具备创造性，请求宣告其权利要求全部无效。被告洋河酒厂提供了（2008）宿证经内字第890号公证书、《扬子晚报》《新华日报》《现代快报》复印件等证据。经审查，国家知识产权局专利复审委员会认为涉案专利将外包装盒和手机充值卡组合起来后，不仅起到了盛装酒瓶和手机充值的作用，还能起到防伪的作用，即组合后实现了新的技术效果。这种组合具有实质性特点和进步，涉案专利具备创造性，并据此作出了维持涉案专利权有效的决定。

原告王某当庭提供了未拆封的"天之蓝"酒1瓶，当庭拆封后，经被告洋河酒厂的技术人员当庭鉴别，确认其生产日期为2009年3月16日，批号为161991A6，从外包装、内包装等方面鉴定属于被告的产品，并当庭出具了一份编号为洋司鉴字No8022054的《江苏洋河酒厂股份有限公司鉴定报告书》。该瓶酒拆封后，打开外包装盒盒盖，可见包装盒底座圆形孔洞内有一个盛装白酒的酒瓶，在酒瓶外与包装盒底座圆形孔洞之间放置了一张"中国电信充值付费卡"。该卡正面注明了"天之蓝升级版""洋河蓝色经典""充值付费卡￥20（固定电话、小灵通、宽带、天翼通用）"等字样；背面注明"本卡适用于中国电信江苏省预付费和后付费固定电话、移动电话、宽带充值付费"。原告认为，被告的"天之蓝"酒产品在酒瓶的外侧和包装盒的内侧设置了充值卡，完全落入了其涉案实用新型专利权的保护范围。被告同意原告关于充值卡位置的观点，但认为该充值卡的作用只是充值，没有防伪的功能，不落入原告专利权的保护范围，被告的产品即使具有与原告专利相同或者等同的技术特征，落入的也是案外人王某专利权的保护范围。

原告提供了 3 张江苏省徐州市定额发票，每张金额 100 元，原告当庭陈述定额发票系其购买"天之蓝"酒所取得。1997 年 5 月 30 日，案外人王某向国家知识产权局申请了名称为"利用电话卡防伪的包装容器"的实用新型专利，1998 年 10 月 14 日获得授权并公告，专利号为 ZL97236213.4。由于未缴年费该专利权已于 2005 年 8 月 10 日终止。其权利要求 1 为"一种利用电话卡防伪的包装容器，其特征在于它包括包装容器本体（1）和防伪电话卡（2）"；"权利要求 3"为"根据权利要求 1 所述的一种利用电话卡防伪的包装容器，其特征在于防伪电话卡（2）设置在包装容器本体（1）内"；"权利要求 8"为"根据权利要求 1~7 其中之一所述的一种利用电话卡防伪的包装容器，其特征在于防伪电话卡为磁卡或 IC 卡或光卡"；"权利要求 9"为"根据权利要求 1~7 其中之一所述的一种利用电话卡防伪的包装容器，其特征在于包装容器为盒状、袋状、瓶状或罐状容器"。其说明书记载，该专利的目的在于"提供一种防伪功能特别好的防伪包装容器"。"与现有的防伪容器相比，本实用新型将包装容器与电话卡配合使用，利用电话卡的不易伪造性来对容器进行防伪，因此具有如下优点：不易仿制、真伪立辨、防伪性好、不能重复使用"。"电话卡的发行由国家专营，指定厂印刷，需要强大的技术、资金实力，伪造者难以有此条件，而且还要冒极大的犯法风险"。

以上事实，有当事人的陈述，原告王某提供的实用新型专利证书、专利收费收据、专利复审委员会审查决定书、原告购买的"天之蓝"酒 1 瓶及定额发票 3 张和被告洋河酒厂提供的江苏省专利信息中心出具的《利用电话卡防伪的包装容器检索报告》《江苏洋河酒厂股份有限公司鉴定报告书》在案为凭。原告对被告提供的检索报告、鉴定报告书的真实性没有异议，被告对原告提供的实用新型专利证书、专利复审委员会审查决定书没有异议，对专利收费收据认为系原告当庭提供，应由法庭核实；对原告购买的"天之蓝"酒1瓶及定额发票3张认为发票的真实性不能确认，且未注明购买的实物，不能确认发票与原告购买的"天之蓝"酒之间的关联性。本院认为，专利收费收据虽系原告当庭提供，但能够证明涉案专利的法律状态，故应作为本案证据采信；对原告购买的"天之蓝"酒在庭审中经过被告洋河酒厂技术人员的鉴定已经确认系被告的产品，消费者在购买商品时取得定额发票符合交易习惯，该产品与发票可以相互印证，故本院依法确认上述"天之蓝"酒及发票的证据效力。

对原告提供的国内特快专递邮件详情单及其向"江苏洋河酒厂"邮寄的信函，本院认为原告是否向被告邮寄相关要求停止侵权的信函与被告是否侵害原告的专利权并无直接关联，故不作本案证据采信。对被告提供的（2008）宿证经内字第890号公证书、《新华日报》广告、《扬子晚报》广告、业务联系单2份，被告的证明目的在于其采用多种促销方式，这与被告的产品是否侵害原告的专利权并无关联，且根据原告提交的专利复审委员会审查决定书，这些证据和理由经过国家知识产权局专利复审委员会的审查，并未影响原告涉案专利权的法律效力，故本院不作本案证据采信。对被告提供的《企业语音名片卡购销合同》及支付凭证，被告是为了证明其在原告申请日前已经使用相同方式促销产品，但本院认为被告未能提供证据证明该合同中定制的企业语音名片卡与被告"天之蓝"酒产品之间的关系，是否采用与原告涉案专利相同或等同的方式进行使用和设置，故该证据与本案没有关联性，亦不作本案证据采信。

本院认为，本案的争议焦点是：①被告洋河酒厂被诉的"天之蓝"酒产品是否落入原告王某涉案实用新型专利权的保护范围；②被告洋河酒厂主张的现有技术抗辩能否成立。

一、被告洋河酒厂被诉的"天之蓝"酒产品落入原告王某涉案实用新型专利权的保护范围

庭审中双方当事人均确认，被诉侵权产品"天之蓝"酒系被告洋河酒厂的产品，且在酒瓶的外侧和包装盒的内侧设置了充值卡。原告王某认为该产品完全落入其专利权的保护范围；被告洋河酒厂认为该产品中的充值卡作用是充值而非防伪，不落入原告专利权的保护范围，落入的是案外人王某甲专利权的保护范围。

本院认为，庭审中经当庭拆封，可见被诉侵权产品"天之蓝"酒的结构主要包括由包装盒盒盖与底座组成的外包装盒、酒瓶和中国电信充值付费卡，中国电信充值付费卡被置于酒瓶外与包装盒底座之间，即位于酒瓶外的一侧、包装盒的内侧，与原告涉案实用新型专利"权利要求1"的全部技术特征一一对应，落入原告涉案实用新型专利权的保护范围。判断被告的产品是否落入原告专利权的保护范围应当将其产品与原告专利的权利要求书进行技术比对，审查原告主张的权利要求记载的全部技术特征，而不是根据被告对产品或产品组成部分功能的设定。虽然被告产品中的中国电信充值付费卡并未表明其能够用于防伪，但其具有手机充值卡的功能，且在正面注明了"天之蓝升级版""洋河蓝色经典"等字样，是被告为涉案的"天之蓝"酒产品专门定制的充值卡，其与外包装盒、酒瓶等组合后，不但能起到盛装酒的作用，还能起到防伪的作用，这种组合实现了新的技术效果。故本院对被告洋河酒厂的充值卡作用仅在于充值、在产品中放入充值卡是一种促销方式的抗辩意见不予采纳。对被告主张的其在原告专利申请日前就已经使用同样的方式对产品进行促销，被告享有先用权的抗辩，本院认为被告提供的相应证据与本案没有关联性，不能证明被告是否采用与原告涉案专利相同或等同的方式生产、销售"天之蓝"酒产品，故对被告的该抗辩意见亦不予采纳。

二、被告洋河酒厂主张的现有技术抗辩成立

被告洋河酒厂认为，案外人王某甲"利用电话卡防伪的包装容器"的实用新型专利公开了原告专利的全部技术特征，被告产品使用的是现有技术方案。原告王某认为，王某甲的专利与原告的涉案专利性质不同，没有关联性，原告专利中的"充值卡"不同于王某甲专利中的"电话卡"，需要生产商通过和手机网络运营商取得合作意向后定制可以给手机充值的充值卡；而王某甲专利中的"电话卡"无须特别定制，不具有给手机充值的功能。

本院认为，案外人王某甲"利用电话卡防伪的包装容器"的实用新型专利权的申请日、授权公告日分别为1997年5月30日、1998年10月14日，并于2005年8月10日终止，相对于涉案专利而言属于现有技术方案。判断被告主张的现有技术抗辩能否成立，应当将被告洋河酒厂被诉的"天之蓝"酒产品与王某甲的

现有技术方案进行比对。被告的产品包括包装容器本体和"中国电信充值付费卡",且充值卡设置在包装容器本体内,包装容器为盒状,除被告的产品使用的是充值卡外,其他技术特征与现有技术方案权利要求1、3、9均相同。本院认为,被告产品使用的充值卡虽然不同于现有技术方案列举的"磁卡或IC卡或光卡",但与防伪电话卡构成等同的技术特征,理由如下:①两者手段相同,都是采用在包装容器内放入卡片的方式。②两者实现的功能基本相同,被告产品所使用的充值卡为"中国电信充值付费卡",适用于中国电信江苏省预付费和后付费固定电话、移动电话、宽带充值付费,其功能主要在于电话或网络通信;现有技术方案使用的是防伪电话卡,其功能在于电话通信。③两者达到基本相同的效果,被告产品使用的充值卡与现有技术方案中的防伪电话卡通过使用都能达到防伪的效果,如能正常使用则为真,否则为伪。电话卡和充值卡都是由国家电信部门或者专业的通信公司所发行的,都具有不易仿制、真伪立辨、防伪性好的特点,这也正是它们能够被用于防伪的主要原因。④将防伪电话卡替换为充值卡是本领域的普通技术人员无须经过创造性劳动就能联想到的特征,充值卡是随着电话和网络通信等科技不断进步应运而生的,其使用更为方便、快捷,已被广泛应用于通信消费服务领域,且这种替换未对涉案产品的形状、构造或者结合产生实质影响。因此,本院认为,被告洋河酒厂被诉的"天之蓝"酒产品虽然落入了原告涉案专利权的保护范围,但被告的产品与现有技术方案的技术特征构成相同或等同,被告的产品使用了现有技术方案,被告主张的现有技术抗辩成立。

由于被告使用的技术方案属于现有技术,故被告不构成对原告涉案专利权的侵害。因此,原告指控被告侵害专利权并要求其承担民事责任的诉讼请求不能成立,本院不予支持。被告洋河酒厂被诉的"天之蓝"酒生产日期为2009年3月16日,被诉侵害原告专利权的行为发生在2009年10月1日前,应当适用2008年12月27日修改前的专利法。

据此,依据2008年12月27日修改前的《中华人民共和国专利法》(以下简称《专利法》)第56条第1款,《最高人民法院关于审理专利纠纷案件适用法律问题的若干规定》第17条之规定,判决如下:

驳回原告王某的全部诉讼请求。

本案案件受理费5800元,由原告王某负担。

如不服本判决，可在判决书送达之日起 15 日内，向本院递交上诉状，并按对方当事人的人数提出副本，上诉于江苏省高级人民法院。同时根据《诉讼费用交纳办法》的有关规定，向该院预交上诉案件受理费。

审　判　长　卢某

代理审判员　周某

代理审判员　雒某

二〇一一年八月十六日

◆ 二审代理词

审判长、审判员：

北京市康达律师事务所南京分所接受江苏洋河酒厂股份有限公司的委托，指派我们担任王某诉江苏洋河酒厂股份有限公司实用新型专利侵权纠纷一案二审被上诉人江苏洋河酒厂股份有限公司的代理人，由于本案被上诉人的疏忽，代理人在开庭前没有收到开庭通知，故没有出席庭审，现只能根据本案事实和有关法律，针对上诉状中写明的上诉请求，发表如下代理意见，供合议庭参考。

一、关于上诉状中写明的上诉事实和理由

（一）关于事实部分

1. 上诉人认为，一审法院认定本案应当适用 2008 年 12 月 27 日修改前的专利法，但是 2008 年修改前的专利法从未冠以"现有技术"的法定概念，"现有技术"的提法是从 2009 年 10 月 1 日生效的专利法开始采用，故一审法院不应当采用"现有技术"这一法律术语。

2002 年 12 月 28 日经国务院修订、自 2003 年 2 月 1 日起施行的《中华人民共和国专利法实施细则》第 30 条明确规定：专利法第 22 条第 3 款所称已有的技术，是指申请日（有优先权的指优先权日）前在国内外出版物上公开发表、在国内公开使用或者以其他方式为公众所知的技术，即现有技术。因此，一审法院适用 2008 年修改前的专利法并在判决书中使用"现有技术"一词并无不当。

2. 上诉人引用北京市高级人民法院《专利侵权判定若干问题的意见》第 102

条之规定，认为已有技术抗辩仅适用于等同专利侵权，但不适用于相同专利侵权，故"相同"与"等同"概念完全不同，因此一审法院关于"被告洋河酒厂被诉的'天之蓝'酒产品与现有的技术方案的技术特征构成相同或等同"的事实认定是错误的，且在一审法院认定'天之蓝'的使用方式与上诉人的专利技术相同的情况下，不适用已有技术抗辩。"

被上诉人认为，第一，《北京市高级人民法院关于审理专利纠纷案件适用法律问题的若干规定》第17条规定：《专利法》第56条第1款所称的"发明或者实用新型专利权的保护范围以其权利要求的内容为准，说明书及附图可以用于解释权利要求"，是指专利权的保护范围应当以权利要求书中明确记载的必要技术特征确定的范围为准，也包括与该必要技术特征相等同的特征确定的范围；等同特征是指与记载的技术特征以基本相同的手段，实现基本相同的功能，达到基本相同的效果，并且本领域的普通技术人员无须经过创造性劳动就能够联想到的特征。被上诉人认为，"权利要求书中明确记载的必要技术特征确定的范围"相同即为相同发明或者实用新型，上述规定将发明或者实用新型专利权的保护范围扩大至"等同的特征"是对"相同的特征"侵权保护范围的扩大，并非代表对"相同的特征"侵权的豁免。按照上诉人的观点，"等同的特征"应当认定为侵权，而"相同的特征"侵权竟然不应当认定为侵权，其结论之荒谬是显而易见的。

第二，上诉人一方面认为一审法院关于"被告洋河酒厂被诉的'天之蓝'酒产品与现有的技术方案的技术特征构成相同或等同"的事实认定错误，同时引用这一"错误认定的事实"来支持自己"不适用已有技术抗辩"的观点，本身已经在逻辑推理上陷入矛盾。

第三，北京市高级人民法院的规定适用范围仅在北京地区，并不适用于江苏。

具体到本案，被上诉人向法庭提交的专利权人为第三人王某甲的专利申请文件，其保护范围（假设其专利权仍然有效）不仅应当以其权利要求的内容为准，还应当包括"与所记载的技术特征以基本相同的手段，实现基本相同的功能，达到基本相同的效果，并且本领域的普通技术人员无须经过创造性劳动就能够联想到"的特征。该专利的"独立权利要求1"为：一种利用电话卡防伪的包装容器，其特征在于它包括包装容器本体（1）和防伪电话卡（2）；作为对前述"独立权利要求1"做出进一步限定的权利要求3为：根据"权利要求1"所述的一种利用电话卡防伪的包装容器，其特征在于防伪电话卡（2）设置在包装容器本体（1）内。而上诉人的权利要求书只有一项权利要求，即"独立权利要求1"，内容为：一种烟酒的防伪结构，该结构主要由外包装盒（1）、酒瓶（2）、充值卡（3）三个部分组成，其特征是：在酒瓶（2）外的一侧，包装盒（1）的内侧，设置有一张充值卡（3）。对前述两者进行简单比较，不难得出两者的区别技术特征系"以基本相同的手段，实现基本相同的功能，达到基本相同的效果，并且本领域的普通技术人员无须经过创造性劳动就能够联想到的特征"这一结论。

上诉人还认为上诉人与王某甲的专利之间不构成相同，原因在于专利复审委员会对该专利无效的申请做出了维持专利权有效的决定。被上诉人认为，"在无效宣告程序中，专利复审委员会通常仅针对当事人提出的无效宣告请求的范围、理由和提交的证据进行审查，不承担全面审查专利有效性的义务"（《专利审查指南》第四部分第三章，"4.1审查范围"），《中华人民共和国专利法实施细则》第65条第2款规定：在专利复审委员会就无效宣告请求做出决定之后，又以同样的理由和证据请求无效宣告的，专利复审委员会不予受理。换言之，被上诉人或者任何其他第三人均可以以不同的理由或证据再次申请宣告上诉人的专利无效，因此，上诉人以专利复审委员会依据非本案中上诉人坚持的理由和证据作出的维持其专利有效的决定为理由，认为上诉人专利与王某甲的技术方案不构成相同，并以此作为支持其专利具有"创造性、稳定性"的观点不能成立。

3. 上诉人认为，上诉人的技术方案与王某甲的技术方法完全不同，理由在于：①王某甲的专利采用的范围方式是电话卡有主卡和副卡两部分，开启时必须将主卡和副卡剪开或撕开，而上诉人采用的是充值卡直接充值实现防伪；②王某甲的专利已经没有实用性，因为现在已经没有磁卡和磁卡电话，其专利已不能起到防伪作用。

关于王某甲的专利权利要求，代理人前面已经述及，不再赘述，需要指出的是："权利要求1"系独立权利要求，"权利要求3"是对"权利要求1"作出进一步限定的从属权利要求，这两项权利要求中对充值卡的表述均为"电话卡"，而非"磁卡"；再者，上诉人有关"主卡"和"副卡"的观点是"权利要求4"所言，系对"权利要求2"的进一步限定，并不影响被上诉人以"权利要求1"

和"权利要求3"对上诉人的技术方案进行评价。

4. 上诉人认为，一审法院的判决实质上是等于宣告上诉人专利无效，是越权判决、无效判决。

被上诉人认为，专利复审委员会做出宣告专利无效的决定当然可以用于人民法院判定不构成专利侵权的直接证据，但是并不能由此得出专利复审委员会做出维持专利有效的决定就一定构成侵权，被上诉人完全可能以不同理由或者证据重新提出无效宣告请求，但是是否对专利权人提出无效宣告申请是被上诉人的权利，并非义务，同时，是否对专利权人提出无效宣告申请也不是人民法院审理专利侵权案件的必经前置程序，因此，上诉人的观点于法无据。

（二）关于法律适用

上诉人认为，被诉"天之蓝"酒生产日期标注为2009年3月16日，销售发生在2009年10月1日以后，侵权行为延续至今，故应适用现行《专利法》。

《最高人民法院关于学习贯彻修改后的〈专利法〉的通知》（最高人民法院，法发〔2009〕49号）第2条规定：人民法院审理侵害专利权纠纷案件，对于2009年10月1日以前的被诉侵害专利权行为，适用修改前的专利法。迄今为止，上诉人没有证据证明发生在2009年10月1日以后的销售系被上诉人所为，因此，一审法院适用法律并无不当。

二、关于先用权

被上诉人同意并接受一审法院的判决结果，但是并不代表被上诉人认可一审法院对被上诉人不享有"先用权"等抗辩理由和事实的认定。一审过程中，被上诉人对于享有先用权而提交的有关证据应当具有关联性，能够证明被上诉人享有先用权。

综上所述，本代理人认为，上诉人的上诉请求于法无据，请求人民法院依法予以驳回。

以上代理意见望法庭采纳，谢谢！

北京市康达律师事务所南京分所

律师 单某某 马某

二○一一年十一月二十二日

◆ 二审民事裁定书

江苏省高级人民法院
民事裁定书

(2011) 苏知民终字第 0176 号

上诉人（原审原告）王某，男，汉族，19××年×月×日生。身份证号：（略）住址：（略）

被上诉人（原审被告）江苏洋河酒厂股份有限公司，住所地：江苏省宿迁市洋河中大街 118 号。

法定代表人杨某某，该公司董事长。

委托代理人单某某，北京市康达律师事务所南京分所律师。

委托代理人马某，北京市康达律师事务所南京分所律师。

上诉人王某因与被上诉人江苏洋河酒厂股份有限公司侵害实用新型专利权纠纷一案，不服南京市中级人民法院（2011）知民初字第 121 号民事判决，向本院提起上诉。2011 年 11 月 28 日，王某向本院申请撤回上诉。

本院经审查认为，王某的撤诉申请不违反法律规定，应予准许。依照《中华人民共和国民事诉讼法》第 156 条的规定，裁定如下：

准许王某撤回上诉。

二审案件受理费 50 元，减半收取计 25 元，由王某负担。本裁定为终审裁定。

审 判 长 袁 某
代理审判员 郭 某
代理审判员 曹某某
二〇一一年十二月七日

【律师感悟】

没有无因之果，亦无无果之因

这是我几年前代理的一个实用新型专利侵权诉讼，是我通过专利代理人资格考试后不久代理的一个专利侵权案件，案情本身并不复杂，涉案专利的技术也很好理解，但是，我仍然认为，打赢这个诉讼具有一定的偶然性。

这个案件办理过程中涉及很多"故事"。

按照国家知识产权局《专利审查指南》的规定，实用新型和外观设计专利的申请只进行形式审查，而不进行实质审查，故这两种专利的权利要求相较于进行实质审查的发明专利而言，具有较大的不稳定性。鉴于此，最高人民法院在相关司法解释中，明确要求对于侵害实用新型专利的侵权诉讼，权利人在提起诉讼时需要出具检索报告；同时，如果答辩期内被告向专利复审委员会提起了涉案实用新型专利的无效宣告请求，则人民法院应当中止审理。但是本案中，答辩期内被告洋河酒厂并没有提起涉案专利的无效宣告请求，本章案情简介部分对原因已有述及。首先，该案已经经历过第一季诉讼，在第一季诉讼过程中，洋河酒厂曾经提出过涉案专利的无效请求，被驳回后没有提起行政诉讼，驳回决定已经生效。在和我就案件委托代理进行洽谈的过程中，洋河酒厂认为案件第一季他们聘请的是业内非常有名的知识产权律师，故认为涉案专利很难被宣告无效，因此不想再花冤枉钱，白费工夫，这一次无非是请个律师应应景，争取少赔点钱。其次，正是基于上面的理由，洋河酒厂愿意出的代理费很低。

最后我还是接了这个案子，主要考虑可通过这个案件积累自己的经验和业内人气，还有，不提出涉案专利的无效宣告请求未必打不赢诉讼：被告据以抗辩的理由有很多，如先用权、缺少或者存在不同的技术特征、现有技术等。后来的诸多事实表明，我的选择是对的。

原告的代理人是深圳的一个律师，已经从事律师职业十几年，在传统案件的诉讼能力和技巧、法庭反应能力等方面，还是比较强的，问题是：这一次是专利侵权诉讼！原告代理人在法庭上讲的很多话，以一个非专利律师的身份来看，似无可挑剔。但是，正如法律人和非法律人相比，有一套术语一样，专利领域也有一套术语，而这一套术语要比法律术语晦涩难懂得多。第二次开庭那天早上，我按约提前半小时赶到法院门口和对方律师见面谈和解。他的理解是：赔多少钱的问题。我的条件是：你们撤诉，到此结束。对方一脸愕然。

第二次开庭，对被告所举的专利号为ZL97236213.4的案外人王某甲申请且已经失效的《利用电话卡防伪的包装容器检索报告》实用新型专利，由于是打印件，没有任何公章，对方律师认为没有原件，对真实性不予认可。被告认为，该证据任何人都可以到国家知识产权局的网站上查询，被告已经提前举证，原告应当核实；被告在庭前和原告代理人就案件和解进行电话沟通时再三言明，请原告核实该份证据的真实性，如果对真实性存有异议，法庭也可以休庭5分钟，立即通过网络进行核实。但是原告律师坚持认为，举证是当事人的责任，法庭不应当、也无权进行核实。这也是我迄今为止办理过的唯一一个对方当事人对来自国家知识产权局官网的专利文献的真实性不予认可的案件。

法庭当庭没有就该证据的真实性进行核实，也没有采信或者否认该证据的真实性，而是要求被告庭后几日内提供原件。这害得我大热天奔波在被太阳炙烤得快要化掉的柏油马路上，就为了知识产权局的那个圆章。事实证明，我大热天的奔波还是值得的。法院最后据以裁判的主要依据就是这一份证据——其实在我检索到这一份专利文献时，已经心知肚明——如果没有这一份证据，案件审理的合议庭的法官们可能两难；有了这份证据，合议庭的法官们当再无争议。

简要说一下这份专利文献的发现过程。由于接手案件非常仓促，所以第一次开庭前被告并未提交此份证据。鉴于洋河酒厂支付的代理费极低，也不可能去委托非常专业的专利代理机构或者国家知识产权局进行检索，那一年的端午节，我一个人坐在金陵城黄埔路那幢高高的办公楼10楼的办公室中辛苦检索——在此之前，我已经这样干了一段时间，奇迹出现了！

发现这一份专利文献的那一刻，我到窗口看了看，发现天气真的很好！这就是我在本文开头前所说的"打赢这个诉讼具有一定的偶然性"的原因所在。

案件最终的结果其实在发现那一份对比文件时已经了无悬念，但是，在提出涉案专利无效请求被驳回后，侵权人以现有技术成功抗辩的专利侵权案件当时并不是很多，因此，此案后来被评为"2011年南京市知识产权保护十大案件"，其一审和二审的裁判文书早就被收录进最高人民法院的《知识产权裁判文书精选》中。在建立知识产权专门法院如火如荼的大背景下，最高司法机关收录并公布的知识产权案件裁判文书对全国各级法院类似案件裁判的指导意义不言而喻，这也是我为什么将本案一审、二审的裁判文书附上的原因，希望能对读者有所借鉴。

值得一提的小花絮是，该案二审是以洋河酒厂不得提起涉案专利无效为条件，在双方签署调解协议后，专利权人撤回上诉方式结案的。这一方式很有意思：法官不用再烦神案件，专利权人在付出诉讼成本后成功撤离，洋河酒厂也大获全胜。

事实上，后来江苏电信公司以本案中笔者提供法庭的证据——案外人王某甲"利用电话卡防伪的包装容器"的实用新型专利为对比文件，将涉案专利的权利要求全部做无效处理了。

知识产权保护是需要投入的事业，投入巨大，结果可能是收益了了，也可能收益巨大，但是没有投入就一定不会有收益，且一般而言，投入越高，收益越大——没有无因之果，亦无无果之因。

2014年7月26日于秦淮河畔

Chapter 2 第二章

江苏泓源化工有限公司实用新型专利无效及侵害商业秘密案

【案情简介】①

2009年8月8日,江苏泓源化工有限公司(以下简称泓源公司)总经理、犯罪嫌疑人张某利用高待遇为条件,指使L市某化学工业有限公司(以下简称L市公司)的总经理助理、犯罪嫌疑人杨某通过L市公司的邮箱将L市公司"某酚类化工产品"的可行性研究报告发送给泓源公司指定的接收人张某强。泓源公司职员张某强以L市公司"某酚类化工产品"的可行性研究报告为蓝本,制作了泓源公司的"某酚类化工产品"的可行性研究报告,后向其所在地的市经贸委、环评、安监等部门申报并获得立项批准。

2010年1月后,犯罪嫌疑人杨某、潘某、曹某(均系L市公司原职员)等人违反L市公司的保守商业秘密的约定,相继到泓源公司就职,并负责泓源公司"某酚类化工产品"生产设备的选型、安装工作。杨某、潘某、曹某等人以L市公司的"某酚类化工产品"的生产反应技术以及从某知名大学教授、犯罪嫌疑人冯某处获取的某酚类化工产品生产技术设备图纸为基础,将泓源公司的某酚类化工产品生产设备安装到位。

---

① 因为本案系涉及商业秘密案件且尚处于民事审理过程中,故本部分内容,隐去了当事人姓名等部分信息,其余大部分摘自检察机关的不起诉决定书。

2009年12月24日，张某在明知冯某曾代表某知名大学与L市公司长期研发某酚类化工产品生产技术并采取保密措施的情况下，在L市某大酒店私下与冯某、杨某等人共谋侵犯L市公司商业秘密事情。后张某与冯某以个人名义签署了一份转让L市公司某酚类化工产品生产技术的备忘录。2011年1月以来，张某先后分四次向冯某支付赃款90万元。2011年5月，张某从冯某处获取了属于L市公司商业秘密的某酚类化工产品生产技术设备图纸，并将某酚类化工产品生产技术设备在泓源化工公司安装到位。

2011年5月，L市公司向其所在地公安机关举报，公安机关随即刑事立案，并对张某、杨某等人刑事拘留。2011年7月2日公安机关决定对犯罪嫌疑人张某、杨某等人取保候审。

2012年4月21日，公安机关向某区检察机关移送审查起诉。某区检察机关于2012年4月23日将案件移送市检察机关审查起诉。2013年6月7日，市检察机关再次将该案移送某区检察机关处理。

【办理过程】

2011年7月14日，笔者与当事人签署委托代理协议及授权委托书，在对案件进行全方位、全角度了解的基础上，开始进行大量的前期工作，包括阅卷、检索、技术比对、撰写有关法律文书等。

2011年8月30日，针对当事人特别关心的问题以及案件的整体法律服务方案，向当事人出具了案件处理的法律意见书。

2011年9月2日，向国家知识产权局专利复审委员会提起涉案产品所用关键设备——用于苯酚羟基化制某酚类化工产品的管式反应器专利的无效宣告请求。

2011年9月5日，向L市公安机关提交了第一份法律意见书。

2011年11月中旬，收到专利复审委员会转来的专利权人于2011年11月3日提交的意见陈述书及修改后的权利要求书。

2011年11月28日，针对对方修改后的权利要求书、意见陈述书，向专利复审委员会提交了请求方的意见陈述书。

2013 年 3 月 26 日，向 L 市检察机关提交了主要针对涉案技术是否构成商业秘密的《法律意见书》。

2013 年 5 月 21 日，委托北京京洲科技知识产权司法鉴定中心对本案所涉的商业秘密重新进行司法鉴定。经鉴定，本案所涉 10 处商业秘密中，绝大部分系现有技术，在本案案发前已为公众所知。

【处理结果】

2012 年 4 月 18 日，国家知识产权局发文，专利复审委员会无效宣告请求审查决定书第 18415 号，宣告 L 市公司拥有专利权的涉案产品所用关键设备用于苯酚羟基化制某酚类化工产品的管式反应器专利权全部无效。对方在法定期限内没有提起行政诉讼。

2013 年 8 月 2 日，检察机关最终以事实不清，证据不足为由，决定对当事人存疑不起诉。当事人不服，提起申诉，检察机关于 2014 年 9 月 19 日做出绝对不起诉，但当事人对绝对不起诉的事实部分仍然不予认可。

2014 年 7 月，L 市公司另行提起民事诉讼，要求法院判令确认泓源公司侵害其 10 处商业秘密，并赔偿巨额损失。迄今为止，该案已历经 9 次、每次 2~3 日的质证及开庭，尚处于一审过程中，迄今一审裁判尚未下达。

【法律文书】

法律文书目录

出具给当事人的法律意见书

专利权无效宣告请求书（正文）

专利权人提交的意见陈述书

请求人提交的意见陈述书

出具给公安机关的法律意见书

出具给检察机关的法律意见书

L 市某人民检察院不起诉决定书

◆ 出具给当事人的法律意见书

康达律师事务所南京分所
关于江苏泓源化工有限公司涉嫌侵犯 L 市某化学工业有限公司
专利权及商业秘密一案的法律意见书

致：江苏泓源化工有限公司

　　康达律师事务所南京分所（以下简称本所）接受江苏泓源化工有限公司（以下简称贵司）的委托，就贵司涉嫌侵犯 L 市某化学工业有限公司（以下简称 L 市公司）专利权及商业秘密一案发表法律意见，现根据《中华人民共和国专利法》（以下简称《专利法》）、《中华人民共和国专利法实施细则》（以下简称《实施细则》）、《专利审查指南》（以下简称《指南》）、《中华人民共和国反不正当竞争法》（以下简称《反不正当竞争法》）、《中华人民共和国刑法》（以下简称《刑法》）、《最高人民检察院、公安部关于公安机关管辖的刑事案件立案追诉标准的规定（二）》（以下简称《追诉标准》）等法律法规以及贵司提供的相关文件，结合本所律师的调查情况，出具本法律意见书。

　　本所律师仅就贵司提出的法律问题出具法律意见。

　　本所律师仅依据现行中国法律法规的明确要求及贵司提供的相关文件，结合本所律师的调查情况，出具法律意见。

　　本法律意见书是根据贵司的具体委托事项，依据本所律师对中国法律法规的理解而做出的。

　　本法律意见书仅就贵司涉嫌侵犯 L 市公司专利权及商业秘密事宜发表法律意见，不可以被理解为公司作为其他案件处理之依据，且不涉及其他方面、其他国家及地区的有关法律法规。

　　本法律意见书不可以被理解为对贵司任何决策或专业性事项发表意见或者作为贵司处理其他生产、经营决策之依据。

　　在出具本法律意见书之前，贵司已向本所律师保证：贵司向本所律师提供的有关文件是完整的、真实的和有效的，有关文件以及所作的陈述和说明无任何隐瞒、虚假、疏漏、误导之处，有关文件的副本及复印件与正本或原件内容相同，且有关的签署和印章均为真实。

本法律意见书非经本所书面同意，不得用作任何其他目的，其著作权以及与著作权有关的权利均归本所所有。

本法律意见书以中文出具文本。

本所依法对出具的法律意见承担责任。

本所律师按照律师行业公认的业务标准、道德规范和勤勉尽责精神，对贵司提供的文件材料和有关事实进行了核查和验证，现出具如下法律意见。

一、关于贵司涉嫌侵犯 L 市公司名称为"用于苯酚羟基化制某酚类化工产品的管式反应器"的实用新型专利的法律意见

根据《专利法》《实施细则》《指南》的规定及贵司提供的相关文件，结合本所律师的调查情况，本所律师认为：

（1）L 市公司前述实用新型专利具有法律意义上实用新型专利的形式要件，尚处于专利法及其实施细则的保护之下；

（2）贵司现有某酚类化工产品生产工艺涉嫌侵犯 L 市公司专利权的行为不涉嫌犯罪；

（3）L 市公司前述实用新型专利要求保护的技术方案已为现有技术所公开，不具备《专利法》第 22 条第 2 款规定的新颖性；

（4）L 市公司前述实用新型专利要求保护的技术方案已是现有技术或者是现有技术的简单叠加，不具有实质性特点和进步，不具备《专利法》第 22 条第 3 款规定的创造性；

（5）根据《专利法》《实施细则》及《指南》的规定，前述专利可以通过请求宣告专利无效的程序，请求专利复审委员会宣告该实用新型专利无效。

基于前述理由，本所律师建议：以贵司名义请求专利复审委员会宣告该实用新型专利无效。

二、关于贵司涉嫌侵犯 L 市公司商业秘密事宜的法律意见

根据《反不正当竞争法》《刑法》《追诉标准》的规定及贵司提供的相关文件，结合本所律师的调查情况，本所律师认为：

（1）在请求宣告 L 市公司前述实用新型专利无效得到最终法律支持且基于某

酚类化工产品的生产工艺是现有技术基础上，贵司生产某酚类化工产品的工艺不构成对 L 市公司技术秘密的侵犯；

（2）基于本所律师调查工作的基础，本所律师倾向认为贵司也不构成对 L 市公司经营秘密的侵犯；

（3）由于侵犯商业秘密涉嫌犯罪，建议贵司积极应对，在必要时可组织业内专家召开专家论证会，出具专家意见书。

三、结论

综上所述，本所律师认为，贵司应当在涉嫌侵犯 L 市公司实用新型专利方面提出实用新型专利无效宣告请求，在涉嫌侵犯 L 市公司商业秘密方面密切关注，并根据事情发展采取相应措施。

北京市康达律师事务所南京分所①

签署律师：单某某

二〇一一年八月三十日

◆ 专利权无效宣告请求书 （正文）

专利复审委员会：

本请求人江苏泓源化工有限公司对名称为"用于苯酚羟基化制某酚类化工产品的管式反应器"的实用新型专利提出无效宣告请求，该专利的申请日为 2009 年 2 月 23 日，专利号为 ZL200920036553.7，授权公告日为 2009 年 12 月 9 日。

本请求人根据《专利法》第 45 条以及《专利法实施细则》第 65 条的规定提出无效宣告请求，认为上述实用新型专利不符合《专利法》第 22 条第 2 款和第 3 款有关新颖性和创造性的规定。

本请求人提出下述请求：

由于该实用新型专利权利要求书中的全部权利要求（"权利要求 1～4"）不具备新颖性和创造性，请求专利复审委员会宣告该实用新型专利权全部无效。

---

① 上述法律意见书出具时，笔者尚在北京市康达律师事务所南京分所执业。

（一）

本请求人以下述 4 篇对比文件作为该实用新型不具备新颖性和创造性的证据。

（1）景晓辉、乔旭：《苯酚羟基化制备某酚类化工产品的研究》，《精细石油化工》2005 年第 6 期（2005 年 11 月 18 日出版）的封面、版权页和第 32～35 页的复印件。

（2）廖传华、任晓乾、王重庆主编：《反应过程与设备》，中国石化出版社 2008 年 7 月第 1 版的封面、版权页和第 111～112 页的复印件。

（3）陈志平、章序文、林兴华等编著：《搅拌与混合设备》，化学工业出版社 2004 年 5 月第 1 版的封面、版权页和第 434～449 页、第 454～459 页复印件。

（4）专利号为 ZL03247805.4 的中国实用新型专利说明书，该专利申请号为 03247805.4，申请日为 2003 年 6 月 30 日，公告日为 2005 年 6 月 1 日。

上述证据的公开日期均早于本专利的申请日，构成本专利的现有技术。

（二）

本请求人请求宣告无效的实用新型专利涉及用于苯酚羟基化制某酚类化工产品的管式反应器，其主要有长管式反应器、物料混合器、进出料口、夹套水进出口等构成，所述长管式反应器由内反应管和设在内反应管外的夹套管构成。

根据该专利说明书的记载，本实用新型要解决的技术问题是针对现有技术的不足，提供一种新的、结构简单、能保持生产连续平稳操作，反应效果好的用于苯酚羟基化制某酚类化工产品的管式反应器。

为解决上述技术问题，该实用新型专利"权利要求 1"的技术方案为：

1. 一种用于苯酚羟基化制某酚类化工产品的管式反应器，其特征在于，它设有长管式反应器，所述长管式反应器由内反应管（4）和设在内反应管（4）外的夹套管（6）构成；在内反应管（4）的前端部上连接有物料混合器（2），物料混合器（2）上分别设有苯酚、催化剂和溶剂进料口（1）、过氧化氢进料口（3），在内反应管（4）的前端部上还设有测温仪表（5）；在内反应管（4）的后端部上设有测压仪表（8）和反应物料出口（9）；在夹套管（6）的前后端部分别设有夹套水进口（10）和夹套水出口（7）。

从属"权利要求 2"和"权利要求 3"对"权利要求 1"所述"内反应管

(4)"作了进一步限定:所述"内反应管(4)"的长度为 10~5000 米,内径为 20~300 毫米。

"权利要求 4"也是对"权利要求 1"所述"物料混合器(2)"作了进一步限定的从属权利要求:所述"物料混合器(2)"为文丘里混合器、静态混合器或混合泵。

(三)

现以列出的对比文件为依据具体说明上述四项权利要求为什么不具备新颖性。

1. "权利要求 1"相对于"对比文件 1"不具备新颖性

《专利法》第 22 条第 2 款和第 3 款规定:"新颖性,是指该发明或者实用新型不属于现有技术;也没有任何单位或者个人就同样的发明或者实用新型在申请日以前向国务院专利行政部门提出过申请,并记载在申请日以后公布的专利申请文件或者公告的专利文件中。""创造性,是指与现有技术相比,该发明具有突出的实质性特点和显著的进步,该实用新型具有实质性特点和进步。"

《审查指南》第二部分第三章第 2.3 节规定:"引用对比文件判断发明或者实用新型的新颖性和创造性等时,应当以对比文件公开的技术内容为准。该技术内容不仅包括明确记载在对比文件中的内容,而且包括对于所属技术领域的技术人员来说,隐含的且可直接地、毫无疑义地确定的技术内容。但是,不得随意将对比文件的内容扩大或缩小。另外,对比文件中包括附图的,也可以引用附图。"

由上述规定可知,在判断发明或者实用新型是否具有新颖性和创造性时,应当将发明或者实用新型的权利要求与对比文件中披露的技术内容进行对比。也就是说,对比文件中已经披露的任何技术内容,均可作为现有技术中已公知的内容,与之进行对比分析。

"对比文件 1"披露了在管式反应器中,双氧水在催化剂作用下氧化苯酚制邻、对某酚类化工产品的工艺过程。在该对比文件第 3 页右栏第 5 行至第 4 页第 8 行(《精细石油化工》2005 年第 6 期第 32 页右栏第 5 行至第 33 页第 8 行)的示意图及文字内容对实验装置使用的管式反应器及混合器等进行了详细描述,通过示意图及文字可以清楚地看出:该实验装置包括互相串联的多级管式反应器,该管式反应器由内管和夹套组成,所述反应器内管直径为 50 毫米,所述夹套设置了冷却水的进出口；该管式反应器前设置有静态混合器；每级反应器前的静态混合器上有苯酚和双氧水两个进料口；反应器内管后端有出料口；在每一级反应器的进出口均设置了测温口。

将请求人请求宣告无效的实用新型专利说明书的"权利要求1"披露的技术特征与"对比文件1"披露的技术特征对比，可以发现：由内管和夹套组成的管式反应器（内管为物料，外管为冷却水）、管式反应器前设置混合器、苯酚及双氧水两个进料口、内反应管上有测温仪表、内反应管后端有反应物料出口、夹套管前后端分别设有冷却水的进出口等技术特征完全吻合，因此，该专利"权利要求1"未被"对比文件1"披露的技术特征仅仅为：在内反应管（4）的后端部上设有测压仪表（8），但是对于本领域的技术人员来说，任何一个化学合成反应，测量、监控反应过程中的温度、压力、流量等反应参数，并通过调整这些参数来控制反应过程的进行是显而易见的，并且，在该专利的"权利要求1"要求保护的管式反应器中，是否测量内反应管后端部压力对能否达到该专利的专利权人声称的"提供一种新的、结构简单、能保持生产连续平稳操作，反应效果好的用于苯酚羟基化制苯酚类化工产品的管式反应器"这一有益目的并无任何影响，现有技术及该专利的说明书也看不出测量内反应管后端部压力有任何有益效果。换言之，为了达到该专利说明书所述的有益的技术效果需要的全部技术特征均已为"对比文件1"所披露。综上所述，"权利要求1"请求保护的技术方案与"对比文件1"公开的技术内容完全相同，属于相同的技术领域，达到完全相同的技术效果，因而"权利要求1"不具备《专利法》第22条第2款规定的新颖性。

2. "权利要求2~4"相对于"对比文件1"也不具备新颖性

"权利要求2"对"权利要求1"所述内反应管（4）作了进一步限定：所述内反应管（4）的长度为10~5000米。管式反应器的长度是根据化工生产中产量的设计要求，计算得出的数据，并不具备《专利法》第22条规定的新颖性。"权利要求3"也是对"权利要求1"所述内反应管（4）作了进一步限定的从属权利要求：所述内反应管内径为20~300毫米，但是"对比文件1"已经披露了"反应器的内管直径为50毫米"这一技术特征，足以破坏权利要求1的新颖性。"权利要求4"对"权利要求1"所述物料混合器（2）作了进一步限定：所述物料混合器（2）为文丘里混合器或静态混合器或混合泵，但是"对比文件1"已经公开了"每级反应器前设置静态混合器"这一技术特征，且以文丘里混合器、静态混合器或混合泵进一步限定物料混合器，也仍然只是达到"物料混合"这一功能，就该专利说明书及现有技术而言，并未达到任何更优的效果，对于本领域技术人员而言，这一点是显而易见的。综上所述，"权利要求2~4"也不具备《专利法》第22条第2款规定的新颖性。

（四）

现以列出的四篇对比文件为依据具体说明上述四项权利要求为什么不具备创造性。其中，"对比文件1"披露的本实用新型的技术特征最多，可以作为评价本实用新型最接近的现有技术。

1."权利要求1"相对于"对比文件1或2"或两者的结合，不具备创造性

该专利要解决的技术问题是：提供一种新的、结构简单、能保持生产连续平稳操作，反应效果好的用于苯酚羟基化制某酚类化工产品的管式反应器，但是根据前面所述，"对比文件1"已经披露了解决这一技术问题的所有必要的技术特征，且在"对比文件1"第3页第1段第15行及第6页论文最后一段［《精细石油化工》2005年第6期（11月/12月）第32页第1段第15行及第35页论文最后一段］明确指出："采用一种新颖的管式连续反应装置对苯酚羟基化制某酚类化工产品工艺过程进行了研究""多级管式反应器结构简单新颖，操作控制简便"。至于该专利"权利要求1""在内反应管（4）的后端部上设有测压仪表"，请求人前已述及，这一技术特征对于本领域技术人员是显而易见的，且这一技术特征对"对比文件1"披露的现有技术的技术效果没有任何积极影响，即"对比文件1"不仅披露了达到"权利要求1"的有益技术效果全部必要技术特征，且能够达到该实用新型想要达到的有益的技术效果，相对于"对比文件1"，"权利要求1"没有实质性特点和进步，不具有《专利法》第22条第3款规定的创造性。

"对比文件2"第3页第1段至第4页最后一段"管式反应器及其工业应用实例"（廖传华、任晓乾、王重庆主编《反应过程与设备》，中国石化出版社2008年7月第1版，第111页第1段至第112页最后一段）披露的内容明确指

出：管式反应器是应用较多的一种连续操作反应器，常见的有水平管式反应器、立管式反应器、盘管式反应器、U形管式反应器；管式反应器的加热或冷却可采用各种方式：①套管或夹套传热；②套管传热；③短路电流加热；④烟道气加热。"对比文件2"还进一步指出："由于管式反应器具有结构简单、加工方便；耐高压、传热面积大，特别适用于强烈放热和加压下的反应；易实现自动控制、节省动力，生产能力高等特点，因此广泛用于气相、均液相、非均液相、气液相、气固相、固相等反应。"因此，"对比文件2"不仅披露了管式反应器的技术之外，还说明在管式反应器上应当注意自动控制，已经给出了在强烈放热和加压下的反应需要安装相应的测温、测压仪表的技术启示，这一点对于本领域技术人员是显而易见的。因此，"权利要求1"相对于"对比文件2"或者"对比文件1和2"的结合，也没有实质性特点和进步，不具有《专利法》第22条第3款规定的创造性。

综上所述，无论是相对于"对比文件1"还是"对比文件2"，或者这两者的结合，"权利要求1"都没有实质性特点和进步，不具有《专利法》第22条第3款规定的创造性。

2. "权利要求2~4"相对于"对比文件1~4"，也不具备创造性

"权利要求2"是对"权利要求1"作了进一步限定的从属权利要求。"权利要求2"进一步限定的技术特征为：所述内反应管（4）的长度为10~5000米，但是，管式反应器的长度及反应器的内管直径大小是根据化工生产中产量的设计要求，计算得出的数据，对于本领域技术人员而言是显而易见的，因此，"权利要求2"没有实质性特点和进步，不具备《专利法》第22条第3款规定的创造性。

"权利要求3"也是对"权利要求1"作了进一步限定从属权利要求，其进一步限定的技术特征为：所述内反应管内径为20~300毫米，相对于"对比文件1"，也没有实质性特点和进步，不具有《专利法》第22条第3款规定的创造性。

"权利要求4"进一步限定的技术特征为：所述物料混合器（2）为文丘里混合器或静态混合器或混合泵。"对比文件3"第3页至第18页（陈志平、章序文、林兴华等编著《搅拌与混合设备》，化学工业出版社2004年5月第1版，第434~449页）详细披露了静态混合器混合机理与分类、结构、技术参数、性能

与特点、主要技术参数的确定、初选数据、安装形式与应用注意事项、应用、应用实例试算、技术进展概述等内容；同时，"对比文件3"第19页至第24页（上述参考书《搅拌与混合设备》第454~459页）披露了射流混合、喷射式混合器（或文丘里管混合器）的详细结构及计算主要技术参数方法。"对比文件4"披露了一种涉及液体或弹性流体泵的齿轮混合泵的详细技术方案。由此可见，静态混合器已经为"对比文件1"和"对比文件3"披露，文丘里混合器已经为对比文件3披露，混合泵已经为对比文件4披露，且用文丘里混合器或静态混合器或混合泵代替物料混合器，对于本领域技术人员而言也是显而易见的，因此，"权利要求4"只是"对比文件1、3、4"披露的技术的简单叠加，没有实质性特点和进步。因此，"权利要求4"也不具备《专利法》第22条第3款规定的创造性。

（五）

综上所述，本实用新型的"权利要求1~4"不符合《专利法》第22条第2款有关新颖性的规定，也不符合《专利法》第22条第3款有关创造性的规定。

为此，本请求人请求专利复审委员会宣告该专利权全部无效。

江苏泓源化工有限公司
二〇一一年九月二日

◆ 专利权人提交的意见陈述书[①]

一、被请求人对权利要求书进行了如下修改

将"权利要求4"记载的"所述物料混合器（2）为混合泵"并入"权利要求1"中，同时将"权利要求4"删除。

修改后的权利要求书如下：

（1）一种用于苯酚羟基化制某酚类化工产品的管式反应器，其特征在于，它设有长管式反应器，所述长管式反应器由内反应管（4）和设在内反应管（4）外

---

① 该陈述书来自该项专利的专利权人，专利复审委员会转交。

的夹套管（6）构成；在内反应管（4）的前端部上连接有物料混合器（2），物料混合器（2）上分别设有苯酚、催化剂和溶剂进料口（1）、过氧化氢进料口（3），在内反应管（4）的前端部上还设有测温仪表（5）；在内反应管（4）的后端部上设有测压仪表（8）和反应物料出口（9）；在夹套管（6）的前后端部分分别设有夹套水进口（10）和夹套水出口（7）；所述的物料混合器（2）为混合泵。

（2）根据"权利要求1"所述的用于苯酚羟基化制某酚类化工产品的管式反应器，其特征在于，所述的内反应管（4）的长度为10~5000米。

（3）根据"权利要求1"所述的用于苯酚羟基化制某酚类化工产品的管式反应器，其特征在于，所述的内反应管（4）的内径为20~300毫米。

二、关于修改后的"权利要求1"具备专利法规定的新颖性和创造性

（一）修改后的"权利要求1"要求保护的技术方案与"对比文件1~4"均不相同，符合专利法规定的新颖性。

（二）修改后的"权利要求1"要求保护的技术方案与最接近的"对比文件1"相比，其主要区别技术特征如下：

（1）物料混合器上分别设有苯酚、催化剂和溶剂进料口、过氧化氢进料口；

（2）在内反应管的后端部上设有测压仪表；

（3）所述的物料混合器为混合泵。

1. 关于区别特征（1）

催化剂进料口的单独设置在本实用新型中主要起以下作用：

催化剂在苯酚羟基化反应中起着不可或缺的作用。合适催化剂的选择、加入量的控制、加入方式的合理设置等对反应过程的最终转化率、选择性等参数具有决定作用。

本实用新型的催化剂进料口的单独设置可以根据反应活性强弱对催化剂加入量进行瞬间操作调整，及时性强，避免反应活性弱造成未反应过氧化氢残余量的增加，即意味着降低操作风险的同时保证反应平稳进行、提高产品收率。如果催化剂与苯酚在容器中混合后进入管式反应器，如要调整反应活性即需调整催化剂的量，则需对容器中已混合的物料进行置换，存在一定滞后性。

2. 关于区别特征（2）

本实用新型中所设的测压仪表作用如下：

苯酚羟基化反应使用强氧化剂过氧化氢，在反应过程中放热明显，同时反应过程受流量、流速、温度等因素影响明显，管道压力会有变化，故在管式反应器后端设置压力表。

（1）考虑过氧化氢的危险特性，在反应过程中当混合泵出现问题会导致流速减慢、流量降低，管道压力显示降低，此时过氧化氢继续加入会出现剧烈反应，引起爆管等严重后果。当测验仪表测出管道压力达到下限时，可通过关闭过氧化氢的加入，保证设备安全使用。

（2）当由于人员控制、物料变化、液体催化剂以及环境温度等引起反应过于激烈时，管道压力同样会出现升高变化，当测验仪表测出管道压力达到上限值时，也可进行过氧化氢加入控制，保证反应平稳。

（3）还可以通过测验仪表测出的压力变化，分析管式反应器反应区的移动，据此作出循环水调节的操作指令。

（4）由于管式反应器普遍存在管道长、弯头多的特点，存在着阻力问题，通过测压仪表显示值，可以直接显示管道压力，体现出口的通畅程度。

（5）通过反应区的压力参数、温度参数的显示，保证过氧化氢残余量的控制，因为当反应区向后移动时，过氧化氢的残余量升高，进入分离系统，将产生严重的不可控制的破坏效果。

3. 关于区别特征（3）

静态混合器的选用可以对物料进行混合，在混合过程中无疑会增加管道的阻力，为输送泵的选型增大选配系数，同时管式反应器的整体结构变得相对复杂。本实用新型选用混合泵，它作为物料输送泵的同时进行物料的剪切混合，简化管式反应器的整体结构。

因此，被请求人认为，本专利"权利要求1"要求保护的技术方案与对比文件相比，具有实质性特点和技术进步，具备专利法规定的创造性。

请合议组依法审查，驳回请求人的无效宣告请求，依法维持本专利权有效，以维护专利权人的合法权益，谢谢！

被请求人：L市某化学工业有限公司

二〇一一年十月三十一日

◆ 请求人提交的意见陈述书

专利复审委员会：

请求人收到专利复审委员会转来的专利权人于 2011 年 11 月 3 日提交的意见陈述书及修改后的权利要求书，现针对修改后的权利要求书补充陈述意见如下。

一、修改后的"权利要求 1"的区别技术特征（1）所述技术方案得不到说明书的支持

专利权人提交的修改后的"权利要求 1"的区别技术特征在于："（1）物料混合器上分别设有苯酚、催化剂及溶剂进料口、过氧化氢进料口。"专利权人认为："催化剂进料口单独设置在该实用新型中可以根据反应活性强弱对催化剂加入量进行瞬间操作，及时性强，避免反应活性弱造成未反应过氧化氢残余量的增加，即意味着降低操作风险的同时保证反应平稳进行、提高产品收率。"专利权人还进一步指出："如果催化剂与苯酚在容器中混合后进入管式反应器，如要调整反应活性即需要调整催化剂的量，则需要对容器中已混合的物料进行置换，存在一定的滞后性。"

请求人认为，第一，无论是修改前的"权利要求 1"还是修改后的"权利要求 1"，对于进料口，均表述为：物料混合器（2）上分别设有苯酚、催化剂和溶剂进料口（1）、过氧化氢进料口（3），结合该专利申请文件的说明书附图，可以明显看出，苯酚、催化剂和溶剂进料口是共同的，即进料口（1），苯酚、催化剂和溶剂在进料前或者进料的同时已经混合，故专利权人所述的"催化剂进料口的单独设置"的技术方案得不到说明书的支持，对于本领域的技术人员而言也并非显而易见。第二，专利权人所述"可以根据反应活性强弱对催化剂加入量进行瞬间操作，及时性强，避免反应活性弱造成未反应过氧化氢残余量的增加，即意味着降低操作风险的同时保证反应平稳进行、提高产品收率"的有益技术效果，也不能得到说明书的支持，对于本领域的技术人员而言也并非显而易见，专利权人迄今也未提供任何证据能够证明其技术方案能够达到上述有益的技术效果。

二、修改后"权利要求1"的区别技术特征（2）所述技术方案得不到说明书的支持，且不符合《专利法》规定的创造性

专利权人认为，修改后的"权利要求1"的区别技术特征（2）在于：在内反应管的后端部上设有测压仪表。专利权人认为该技术特征具有以下作用：①反应过程中当混合泵出现问题会导致流速减慢、流量降低，当测压仪表测出管道压力达到下限时，可通过关闭过氧化氢的加入，保证设备安全使用；②当反应过于激烈时，管道压力同样会出现升高变化，当测压仪表测出管道压力达到上限值时，也可进行过氧化氢控制，保证反应平稳；③可以通过测压仪表测出的压力变化，分析反应器反应区的移动，据此作出循环水调节的操作指令；④由于管式反应器普遍存在管道长、弯头多的特点，存在着阻力问题，通过测压仪表显示值，可以直接显示的管道阻力，体现出口的通畅程度；⑤通过反应区的压力参数、温度参数的显示，保证过氧化氢残余量的控制，因为当反应区向后移动时，过氧化氢残余量升高，进入分离系统，将产生不可控制的破坏效果。

关于专利权人以上意见，请求人认为：

（1）关于通过测压仪表测出管道压力下限、上限值，可进行过氧化氢控制，保证反应平稳。第一，化学反应速度的快慢与反应温度成正比，反应温度越高，反应速度越快。这是显而易见的，在苯酚过氧化氢羟基化制某酚类化工产品过程中也是如此。请求人已经提交的"对比文件1"已经明确证明了这一点，且在苯酚以过氧化氢羟基化制某酚类化工产品过程中，温度是对反应速度、反应结果影响最重要的因素之一，但是无论是该专利的说明书还是既有的对比文件，均看不出压力对苯酚过氧化氢羟基化制某酚类化工产品过程有何影响，因此，专利权人通过测压仪表测出管道压力达到下限、上限值，从而可进行过氧化氢控制的说法不能得到说明书的支持。第二，根据请求人提交的"对比文件1"，可以看出，苯酚过氧化氢羟基化制某酚类化工产品过程是一个放热过程，通过测量反应过程的温度能既方便直接又更及时地判断反应过程的进行程度，从而控制过氧化氢加入量，达到反应平稳的目的，专利权人认为通过控制压力来达到同样目的，不具有任何进步性。第三，即使能够通过控制压力来达到以上有益的技术效果，也应当将压力仪表安装在管式反应器前端，因为在反应器前端，物料刚刚加入时反应物料的浓度最高，反应速度最快，在此处设置测压仪表进行测量控制应该是最直接、最有效的方法，这是显而易见的。第四，即使如专利权人所言，能够通过控制压力来达到以上有益的技术效果，说明书对压力在哪些情况下变化、如何变化，压力的上限、下限是多少，如何进行相应调节等均无任何表述，因此仅仅根据专利权人的技术方案，并不能实现专利权人所言的技术效果，尚不具有《专利法》要求的实用性。

（2）关于专利权人认为可以通过测压仪表测出的压力变化，可以分析反应器反应区的移动，据此做出循环水调节的操作指令、保证过氧化氢残余量的控制，避免过氧化氢残余量升高，进入分离系统，产生不可控制的破坏效果。专利权人的上述意见也得不到说明书的支持。理由如前述（1）所言，需要特别指出的是：如果专利权人所言属实，通过测量反应过程的温度分析反应器反应区的移动，据此做出循环水调节的操作指令、控制过氧化氢残余量应该更方便、更直接、更及时，这是显而易见的，专利权人通过控制压力来达到同样目的，不具有任何进步性。

（3）关于专利权人认为可以通过测压仪表显示值，体现出口的通畅程度。请求人认为，第一，无论该专利说明书，还是既有的对比文件，均表明苯酚过氧化氢羟基化制某酚类化工产品过程是一个纯液相反应，不存在专利权人所言的出口是否通畅的问题。第二，退一步讲，如果要知道出口的通畅程度，完全可以通过在出口处设置一个流量计来进行测量，这样更方便、更直接、更及时。第三，即便如专利权人所言，能够通过控制压力来体现出口的通畅程度，说明书对压力在哪些情况下出口处于何种通畅程度、有何有益技术效果、如何进行相关调节无任何表述，因此仅仅根据专利权人的技术方案，并不能实现专利权人所言的技术效果，不具有《专利法》要求的实用性。

综上，修改后的区别技术特征（2）所述技术方案得不到说明书的支持，且不符合《专利法》规定的创造性。

三、修改后的"权利要求1"的区别技术特征（3）所述技术方案不具有《专利法》规定的创造性

专利权人提交的修改后的"权利要求1"的区别技术特征（3）在于：所述的物料混合器为混合泵。专利权人认为，静态混合器在混合过程中会增加管道的阻力，同时管式反应器的整体结构变得相对复杂，而混合泵在作为物料输送泵的同时进行物料的剪切混合，简化管式反应器的整体结构。

　　请求人认为，第一，专利权人认为混合泵在作为物料输送泵的同时进行物料的剪切混合、简化管式反应器的整体结构的意见得不到说明书的支持。第二，说明书也不能证明静态混合器在混合过程中会增加管道的阻力或者结构复杂。相反，请求人提供的"对比文件3"第8~9页（陈志平、章序文、林兴华等编著《搅拌与混合设备》，化学工业出版社2004年5月第1版，第439~440页）明确指出：静态混合器具有流程简单、结构紧凑、混合性能好、能耗低、操作灵活性大、安装维修简便等优点。因此，修改后的区别技术特征（3）所述技术方案相"对于对比文件3"，采用混合泵代替静态混合器并不能取得任何有益技术效果，没有实质性特点和进步，不具有专利法规定的创造性。

　　综上，请求人认为，修改后的"权利要求书1"要求保护的技术方案与对比文件相比，不能得到说明书的支持，不具有实质性特点和进步，不具备专利法规定的创造性，因此，请求专利复审委员会宣告该实用新型专利全部无效。

请求人：江苏泓源化工有限公司
二〇一一年十二月二十八日

◆ 出具给公安机关的法律意见书

致：L市公安局某分局

　　北京市康达律师事务所南京分所接受犯罪嫌疑人张某的委托，指派本律师担任犯罪嫌疑人张某的辩护人，为其涉嫌侵犯商业秘密罪提供法律帮助和辩护。

　　本律师在听取了犯罪嫌疑人张某的陈述，仔细审核了有关证据并进行了大量的调查和信息技术检索工作的基础上，根据有关法律，认为犯罪嫌疑人张某不构成侵犯商业秘密罪，理由有如下几点。

一、本案所涉技术均为现有技术，不构成技术秘密

　　所谓商业秘密，是指不为公众所知、能为权利人带来经济利益、具有实用性并经权利人采取保密措施的技术信息和经营信息。由此可见，商业秘密包括技术信息和经营信息，且其最重要的特征之一是秘密性，即不为公众所知，换言之，

已为社会公众所知的现有技术不属于商业秘密的范畴。

在此基础上，本律师向公安机关提交8份证据（证据1、证据2、证据3、证据7、证据8附于本《法律意见书》之后，证据4~6已经提交公安机关），证据1~3公开了某酚类化工产品生产的工艺过程及这一工艺中最主要的设备——管式反应器，需要说明：证据1来自"中国优秀硕士学位论文全文数据库"（网址：http：//acad.cnki.net/Kns55/brief/result.aspx?dbPrefix=CMFD），任何一所大学、科研院所均可以检索到该论文全文，任何一台可以上网的电脑也可以在付费后检索到该文（普通个人网络不付费只能检索到论文题目、作者、论文摘要、发表时间等），且辩护人已经从该论文的出处——南京工业大学的图书馆取得该论文并加盖了南京工业大学图书馆的印章；证据2原件保存于南京图书馆，辩护人已从该馆借得原件复印后加盖了南京图书馆的印章以证明与原件核对无误；证据3原件来自南京工业大学图书馆，辩护人也已将该书原件有关内容复印并加盖了南京工业大学图书馆的印章。上述证据明白无误地证明：江苏泓源化工有限公司某酚类化工产品的生产工艺过程及这一工艺中最主要的设备——管道反应器均是现有技术，该技术不可能、也不应该构成任何单位的技术秘密。

二、江苏泓源化工有限公司的相关技术有合法来源

退一步讲，即使本案中江苏泓源化工有限公司某酚类化工产品的生产工艺及主要设备所涉技术不是现有技术，该公司的相关技术也有合法来源，犯罪嫌疑人张某在侦查期间已经向公安机关提交了江苏泓源化工有限公司与南京工业大学、沈阳化工学院中小企业服务中心、湖南化工研究院、某知名大学冯某老师等科研单位及个人之间的合同、付款凭证、发票等，这些证据确凿无疑地证明该公司的有关技术是在支付了巨额的研发经费后与第三人合作开发所得或者购得，并非源自L市某化学工业有限公司或者其原来的员工。

三、犯罪嫌疑人张某并不明知或应知，不构成侵犯商业秘密罪

再者，即使本案所涉技术不是现有技术且其他涉案人员也向江苏泓源化工有限公司泄露了有关技术，基于本罪的主观要件是故意，而犯罪嫌疑人张某对此并不明知或应知，也未使用盗窃、利诱、胁迫等不正当手段获得L市某化学工业有限公司的技术秘密，更无法律上强制性规定或者合同上的约定，故对L市某化学

工业有限公司的技术秘密不负有保密义务，张某本人不涉嫌侵犯商业秘密罪。

四、江苏泓源化工有限公司已就某酚类化工产品生产的工艺过程中的关键设备——用于苯酚羟基化制某酚类化工产品的管式反应器向国家知识产权局专利复审委员会提出无效宣告请求（专利权人为L市某化学工业有限公司）

江苏泓源化工有限公司在检索了大量科技文献并已获得确凿证据的基础上，已于2011年9月2日向国家知识产权局专利复审委员会提出宣告"专利号为ZL201120163008.1、名称为'用于苯酚羟基化制某酚类化工产品的管式反应器'、专利权人为L市某化学工业有限公司的实用新型专利无效"的请求，目前该请求已被受理（证据7为请求宣告无效的收费收据）。若某酚类化工产品生产工艺中的这一关键设备被专利复审委员会宣告无效，则更进一步说明这一生产工艺所涉技术系现有技术，所谓的侵犯商业秘密也就成了无源之水。

五、江苏泓源化工有限公司也不可能构成对L市某化学工业有限公司经营秘密的侵犯

就某酚类化工产品这一产品而言，江苏泓源化工有限公司尚未经营，根本谈不上经营秘密，因此，也不可能构成对L市某化学工业有限公司经营秘密的侵犯。

六、本案的所有犯罪嫌疑人不负有法律上的保密义务，不应当承担任何法律责任

就我国目前的商业秘密保护法律框架而言，没有任何一部国家层次上的法律法规详细清晰地规定员工的保密期限，部分地方性法规对这一点有所涉及。比如，《深圳经济特区企业技术秘密保护条例》第9条明确规定：企业要求员工保守企业技术秘密的，应签订书面的保密协议；没有书面协议或书面协议不明确的，员工的保密义务截至该员工离开企业之日；签订协议的员工离开企业后仍负保密义务，企业应向该员工支付保密费；保密费的数额由企业与员工协商确定。上述规定是员工择业自主权与企业保守商业秘密权互相博弈的结果。辩护人认为：任何一部法律法规在设定权利的时候，必定会赋予相应法律主体相应的义务，以保持权利义务的平衡。换言之，上述深圳市的规定是有着极其深刻的合理性的。具体到本案中，就辩护人所知，尚无证据证明涉案人员在离开L市某化学工业有限公司后自该公司取得过保密费。在此情况下，苛求这些员工承担无期限的保密义务无疑是极不公平的，要求他们对有关行为承担刑事责任更是对刑罚谦抑性原则的严重背离。由此，辩护人认为，本案的所有犯罪嫌疑人不应当承担任何法律责任，最起码不应当承担刑事责任。

七、犯罪嫌疑人张某并非侵犯商业秘密的适格主体

犯罪嫌疑人张某并非江苏泓源化工有限公司的法定代表人，也非L市某化学工业有限公司的员工，不是本案的适格主体。

八、江苏泓源化工有限公司的相关技术与L市某化学工业有限公司的相关技术并不相同，辩护人请求对涉案技术进行司法鉴定

江苏泓源化工有限公司已和南京工业大学作为共同的申请人，就某酚类化工产品生产工艺中的关键设备——反应器向国家知识产权局申请专利，申请号为201120163008.1，名称为"用于苯酚羟基化制某酚类化工产品的循环式反应器"（详见所附证据8，在国家知识产权局网站上任何人都可以免费查询），从公开的技术方案看，完全不同于L市某化学工业有限公司申请的名称为"用于苯酚羟基化制某酚类化工产品的管式反应器"的实用新型的技术方案。因此，辩护人郑重提出请求：就涉案技术是否为现有技术以及江苏泓源化工有限公司的现有相关技术与L市某化学工业有限公司的技术是否相同，辩护人请求公安机关交有关部门进行司法鉴定，并请求在鉴定过程中发表意见。

综上所述，辩护人认为，本案中，即使江苏泓源化工有限公司及张某有一些违规行为，也应当由民事、行政等法律进行调整，而不构成侵犯商业秘密罪。

以上意见，供侦查机关参考。

此致
L市公安局某分局

辩护人：北京市康达律师事务所南京分所
律师：单某某
二〇一一年九月五日

附：证据目录

证据目录

序号	名称	份数	来源	证明目的	备注
1	景晓辉：2002年南京工业大学学位论文：《苯酚双氧水氧化合成邻、对某酚类化工产品新工艺研究》	1	中国优秀硕士学位论文全文数据库（http://acad.cnki.net/Kns55/brief/result.aspx?db Prefix =CMFD）	苯酚双氧水氧化合成邻、对某酚类化工产品已经是现有技术	
2	景晓辉、乔旭：《苯酚羟基化制备某酚类化工产品的研究》，《精细石油化工》，2005年第6期	1	南京图书馆		
3	廖传华、任晓乾、王重庆主编：《反应过程与设备》，中国石化出版社，2008年7月第1版的封面、版权页和第111~112页	1	南京工业大学图书馆	管道反应器已经是现有技术	
4	江苏泓源化工有限公司与第三人的合作合同	66	自存	江苏泓源化工有限公司有关技术系与诸多第三人合作开发	
5	付款凭证	11			
6	发票及收据	3			
7	专利无效申请收费收据	1	自存	江苏泓源化工有限公司已就苯酚双氧水氧化合成某酚类化工产品工艺中关键设备"羟基化管道反应器"向专利复审委员会提出无效宣告申请	

续表

序号	名称	份数	来源	证明目的	备注
8	申请号为201120163008.1，名称为用于苯酚羟基化制某酚类化工产品的循环式反应器申请文件	1	自存	江苏泓源化工有限公司的某酚类化工产品生产关键设备——反应器的技术方案完全不同于L市某化学工业有限公司的技术方案	

◆ 出具给检察机关的法律意见书

L市某人民检察院：

　　受当事人江苏泓源化工有限公司的委托和北京市大成（南京）律师事务所[①]的指派，我在张某等人涉嫌侵犯商业秘密一案中担任犯罪嫌疑人张某的辩护人。经过查阅案卷，会见犯罪嫌疑人，辩护人认为犯罪嫌疑人张某不构成侵犯商业秘密罪，具体法律意见如下。

　　一、犯罪嫌疑人张某实施"某酚类化工产品联产对某酚类化工产品"技术的行为没有给权利人造成重大损失，不具备侵犯商业秘密罪的构成要件

　　《刑法》第219条规定：有下列侵犯商业秘密行为之一，给商业秘密的权利人造成重大损失的，处三年以下有期徒刑或者拘役，并处或者单处罚金；造成特别严重后果的，处三年以上七年以下有期徒刑，并处罚金……从前述侵犯商业秘密罪的定义可知，给商业秘密的权利人造成重大损失是构成本罪的不可或缺的要件。但是，迄今为止，犯罪嫌疑人张某实施"某酚类化工产品联产对某酚类化工产品"技术的行为尚未、也从未投入生产，更没有任何证据证明其给L市某化学工业有限公司（以下简称L市公司）造成任何损失，不具备商业秘密罪的构成要件，因此，不应当以犯罪追究刑事责任。

---

　　① 笔者此时已经转至该律师事务所执业。

二、犯罪嫌疑人张某实施的"某酚类化工产品联产对某酚类化工产品"技术有合法来源

江苏泓源化工有限公司（以下简称泓源公司）先后和南京工业大学、湖南化工研究院、沈阳化工学院兴科中小企业服务中心等高校、科研院所签订了多份技术协议，并已经支付了相应款项，而张某作为泓源化工公司的总经理，其行为系代表泓源化工公司，有关证据在侦查期间已经提供给公安机关，这些证据均表明：犯罪嫌疑人张某实施的"某酚类化工产品联产对某酚类化工产品"技术有合法来源。

三、犯罪嫌疑人张某实施的"某酚类化工产品联产对某酚类化工产品"的技术方案与受害人的技术方案并不一致

犯罪嫌疑人张某实施的"某酚类化工产品联产对某酚类化工产品"技术最关键的步骤是第一步，即苯酚在催化剂存在条件下，经双氧水（H_2O_2）氧化制备某酚类化工产品的羟基化反应，后续的分离提纯步骤是化工反应中的常见设计，且已为多份对比文献所公开。苯酚在催化剂存在条件下经双氧水（H_2O_2）氧化制备某酚类化工产品的羟基化反应涉及两方面技术：生产所涉设备和生产工艺。第一，关于生产所涉设备羟化反应器，泓源公司已就专利权人为L市公司、专利号为ZL200920036553.7、名称为"用于苯酚羟基化制某酚类化工产品的管式反应器"的实用新型专利于2010年9月向国家知识产权局专利复审委员会提出该专利全部无效的申请，并最终获得支持（已经生效），此技术不仅早就于授权公告日即2009年12月9日公开，且已经被宣布全部无效。第二，2011年5月20日，泓源公司与南京工业大学就共同开发的名称为"用于苯酚羟基化制某酚类化工产品的循环式反应器"向国家知识产权局提出了专利申请，且已经获得授权，专利号为ZL201120163008.1。第三，且不论专利号为ZL200920036553.7的专利是否已经被宣布无效，仅仅比较专利号为ZL201120163008.1的专利的权利要求与专利号为ZL200920036553.7的专利的权利要求，即可以明显看出两者的技术方案完全不一样。在两者的技术方案完全不一样的情况下，讨论生产工艺毫无意义，故犯罪嫌疑人张某不可能就羟化反应器所涉技术侵犯L市某化学工业有限公司的技术秘密。

辩护人将国家知识产权局专利复审委员会审查决定书、L市公司及泓源化工公司的专利申请文件附后，供参考（详见附件1~3）。

四、鉴定报告大部分与犯罪嫌疑人张某无关

鉴定机构出具的鉴定报告及司法鉴定意见书包括：①价值评估鉴定报告，对 L 市公司拥有的某酚类化工产品联产对某酚类化工产品专有技术无形资产、研制费用进行了评估；②某司法鉴定中心【2011】鉴字第 44 号，对 L 市公司拥有的某酚类化工产品联产对某酚类化工产品生产技术是否不为公众所知进行了鉴定；③某司法鉴定中心【2011】鉴字第 44—1 号，对杨某等人及相关人员电脑和邮箱中相关技术信息是否与 L 市公司的某酚类化工产品联产对某酚类化工产品生产技术的相关技术信息具有同一性进行鉴定；④某司法鉴定中心【2011】鉴字第 44—2 号，对 L 市公司提供的"苯酚羟基化法生产某酚类化工产品联产对某酚类化工产品的技术补充说明"涉及的技术信息是否不为公众所知悉进行鉴定；⑤某司法鉴定中心【2011】鉴字第 44—3 号，对杨某等人实施的"某酚类化工产品联产对某酚类化工产品"项目涉及的技术信息与 L 市公司的非公知技术信息是否具有同一性进行鉴定。

辩护人认为，上述鉴定报告及司法鉴定意见书中，与犯罪嫌疑人张某有关的只有某司法鉴定中心【2011】鉴字第 44—3 号，理由在于：无论 L 市公司某酚类化工产品联产对某酚类化工产品专有技术价值多少，有多少专有技术不为公众所知，杨某等人电脑中有多少与 L 市公司的非公知专有技术具有同一性，均不能证明、更不能用于作为犯罪嫌疑人张某构成侵犯商业秘密罪的证据。

五、某司法鉴定中心【2011】鉴字第 44—3 号《司法鉴定意见书》所涉"某酚类化工产品联产对某酚类化工产品"部分技术得不到现场勘验记录的支持，且所涉所有技术均已经不受保护或为公众所知悉或为现有技术的简单叠加

（因为涉及具体技术秘密且本案尚处于一审阶段，故此处共删除 6000 多字——笔者注）

基于以上理由，请贵院本着以事实为依据、以法律为准绳的原则，对其做出公正合理的定性。

此致

L 市某人民检察院

北京市大成（南京）律师事务

律师：单某某

二〇一三年三月二十六日

◆L 市某人民检察院不起诉决定书

被不起诉人张某，男，19××年×月×日生，身份证号码（略），汉族，初中文化，盐城汇龙化工有限公司法定代表人，住址（略），户籍所在地（略）。被不起诉人张某因涉嫌侵犯商业秘密罪，2011 年 7 月 2 日被 L 市公安局开发区分局取保候审。

本院于 2013 年 8 月 2 日以被不起诉人张某犯侵犯商业秘密罪做存疑不起诉处理。张某对存疑不起诉不服，向本院申诉。本院于 2014 年 8 月 19 日做出撤销港检刑不诉〔2013〕5 号不起诉决定书的决定。

经本院依法审查查明：

2009 年 11 月份以来，被不起诉人张某在明知 L 市某化学工业公司是"苯二酚"生产反应技术的权利人的情况下，分别采取支付转让费、高待遇从 L 市某化学工业公司技术人员外获取 L 市某化学工业公司"苯二酚"生产反应技术，并在江苏泓源化工有限公司将"苯二酚"产品设备安装到位。

认定上述事实的证据如下：

（1）发破案经过、户口证明、扣押清单、保密协议、中华人民共和国商务部公告等书证；

（2）证人晏某某、刘某标、张某君、张某强等的证言；

（3）被不起诉人张某的供述和辩解；

（4）工业和信息化部某司法鉴定所工信促司鉴中心〔2011〕知鉴字第 044、044－1 号司法鉴定意见书。

本院认为，张某以利诱手段获取权利人商业秘密，未给商业秘密人造成重大损失，其行为不构成侵犯商业秘密罪。根据《中华人民共和国刑事诉讼法》第 173 条第 1 款的规定，决定对张某不起诉。

被不起诉人如不服本决定，可以自收到本决定书后七日内向本院申诉。

被害单位如果不服本决定，可以自收到本决定书后七日以内向 L 市人民检察院申诉，请求提起公诉；也可以不经申请，直接向L市某区人民法院提起自诉。

L市某人民检察院

二〇一四年九月十九日

【律师感悟】

法律，是最后的道德

这个案子自接受委托至今，已历经年，迄今尚未办结。

2011年初夏，扬子江畔，绿荫掩映的金陵城黄埔路，我接待了本案的当事人——一个在化工行业打拼多年、总资产近2个亿的企业老总。他当时给我的印象是已经快被这个案件折腾"疯了"。

我和他在洽谈案情和代理方案的时候，他拒绝让其他任何人在一边旁听，包括我的助理。在我向他提出收费不菲的代理方案后，他不但没有拒绝，反而在我提出的收费额度基础上又增加了一些——这是我第一次遇到这种情况。

他文化程度并不高，初中毕业，凭着韧性，有了这么多资产，可以想见，付出了多少努力。他人也很厚道，倒不是因为他主动要求增加代理费，而是他一直在说：他相信抬头三尺有神灵。

他因为该案，被刑事拘留了37天，对他这样身份、有一定资产的人而言，你可以想象，37天的刑事拘留意味着什么。

他因为本案，投资数千万元的资产处于闲置状态，还得背负着高利贷的本息。

他因为本案，已经花费了数额不菲的各种各样的费用，包括给聘用的技术人员买车、开工资、被公安机关没收的各种资金、资产……

他因为本案，已经想到了他能够想到的所有办法，找了所有能找的所有关系。

他第一次见我的时候，刑事诉讼程序尚未结束，他仍然处于取保候审状态。

他当时状态很不好，终日惶惶。

我告诉他，我只是律师，案件最终的处理结果取决于事实和法律规定以及双方其他力量的博弈。他说他知道，还是一定要委托我。我这样说倒不是先给自己找好个台阶预备着，而是大实话。其实，这种案子，我知道，主要还是案件本身，因为，你找到再硬的关系，也要以法律和事实为基础。

刑事共民事相生，专利与秘密相伴，诉讼和非诉共存，在我倾听了他对这个案子详细的叙述之后，做出对案件的初次判断。

刑事共民事相生。刑事部分，他被刑事拘留37天后处于取保候审状态，由于案情重大、复杂，该地级市检察院在事实上早就已经介入；民事部分，一旦犯罪成立，哪怕是缓刑，紧跟着的是对方天文数字的民事索赔，如果在对方持有人民法院生效的刑事裁判文书作为主要证据的情况下，民事诉讼的结果其实是可以预料的。

专利与秘密相伴。化工领域大部分合成工艺所涉的化工产品的生产工艺主要包括两部分：前期合成（或者叫"反应过程"）和后期精制（中和、蒸馏、离心分离、过滤、提纯等）。当然，万变不离其宗，有些化工产品可能有两步甚至于两步以上的化学反应步骤或者多次提纯精制步骤。其中，前期合成步骤是关键，化学反应工艺参数、原料配比、催化剂等的确定过程是大部分搞科研的化工专家们主要的工作内容，后期精制的技术相对成熟，手持一本《化工设计手册》，一个普通的熟练工程技术人员基本上均可以对付——笔者曾经从事过10年之久的化工技术工作，以上所言，仅系个人观点，欢迎化工领域的专家们指正。作为涉案产品国内首家生产企业，对方拥有涉案产品前期合成工序羟化反应管式反应器的专利，同时拥有涉案产品工艺过程及设备的诸多专利。秘密，系指商业秘密，本案特指技术秘密，当事人正是因为侵犯商业秘密被刑事追诉的，仅仅侵犯专利权不会构成犯罪。当然，我很清楚，专利保护的前提是专利权人对其技术必须充分公开，达到本领域普通技术人员能够实现的程度，而技术秘密，则要求权利人不能公开其技术，否则就不能算是技术秘密了。所以，界定专利技术还是非专利技术，以及原告在本案中主张的技术秘密是否真正具有非公知性并与被告实施的技术相应的技术点具有同一性应当是本案的关键点。

诉讼和非诉共存。诉讼，前已述及，不仅有刑事诉讼，还有我方启动以及对方可能启动的民事诉讼、专利无效请求等。非诉，不仅是指诉讼过程中当事人的咨询、顾问、疑难问题解答，更主要的在于，本案处理的最终目的是要将当事人业已投入的数千万元的资产运转起来，创造效益，并且能够规避法律风险——这种法律风险的规避，我的理解，不是对方不再恶意向公安机关举报或者再次起诉，而是即使再经历类似的过程，也能够立于不败之地。毕竟，所有的律师对企业提供的任何法律服务工作，都服务和服从于企业的商业目的。

利益巨大。存在竞争关系的企业之间互相挖人在当今属于再正常不过的事情，企业的关键技术人员跳槽也不是什么新闻。对一个没有竞业禁止约定或者即使有竞业禁止约定但是企业没有及时足额按规定或者约定支付补偿金的技术人员，到同行业其他企业就业或者高兴起来自己开个公司去和原公司竞争并非什么了不起的事情。何况，即使有竞业禁止约定，也至多2年，因为对于任何一个个体而言，工作数年后其拥有的某领域的技能是他最具价值的财富，已经人格化了，这一财富不属于或者起码不完全属于企业。在劳动者择业自主权和企业知识产权保护的对立矛盾中，究竟哪一个价值取向值得优先考量？很明显，立法者意识到了这一点，做出了审慎和明智的选择。但是立法归立法，司法可能完全是另一码事。本案中，涉案的对方原技术人员劳动合同期限已经届满，即使存在竞业禁止的约定，对方也从未支付过一分钱的补偿。在上述背景下，对方不惜一切代价的行为，一定是有原因的，这原因，说起来很简单：利益巨大，这是我对本案的再次判断。当时我只是猜测，并未言明，但是，在后来的案件办理过程中，当事人的陈述以及案件的其他证据——印证了我的猜测。

所以，一切的一切，从一开始，就注定这个案件不会简单。

刑事共民事相生，专利与秘密相伴，诉讼和非诉共存，对于这种涉及多种类知识产权的复杂案件，首先的问题在于，如何寻找案件的合适切入点，总不能只是等着占尽天时地利人和的对方出招再应对，那结果是可以预料的：

提起公诉—判刑—巨额民事赔偿。

我的选择是,首先立即提起对方拥有专利权的涉案产品所用关键设备——用于苯酚羟基化制某酚类化工产品的管式反应器专利的无效宣告请求。

按照《专利法实施细则》第65条第2款的规定,提起一个有效专利无效宣告请求的理由有十几种,权利要求不具备新颖性及创造性是最常见的提起无效宣告的理由。在这种无效宣告请求中,有价值的对比文件的检索及组合使用是最重要的前提和基础,而对比文件的来源包括世界各国的专利文献数据库、期刊、论文、图书等数种。其中,专利文献数据库、期刊、论文均可以通过网络进行检索、查询,而图书尤其是出版时间比较早的图书,只有亲力亲为去图书馆,且必须对具体行业的特点、基本知识具有相当程度的了解才能在浩如烟海的图书文献中较快地找到有价值的对比文件。例如,一般而言,化工行业突破性的原创性发明创造并不多,现在的化工技术与10年前乃至于20年前的化工技术相比,大部分基础性的技术、设备、工艺等并无太大变化,相比较而言,电子、信息、通信等领域的技术发展可谓日新月异。化工行业的上述特点决定了本案的关键性对比文件的获得很可能来自图书。

因此,本案无效宣告请求中的对比文件没有委托国家知识产权局或者业内的资深人员进行检索,也没有委托任何一家专利代理机构,作为一名在化工行业从事过十余年技术工作的我,知道仅仅凭借在办公室敲敲电脑鼠标是很难找到本案需要的关键对比文件的。那一段时间,南京图书馆、金陵图书馆、南京大学图书馆、南京工业大学图书馆……通过一切关系能进入的图书馆是我频繁出入的地方。果然,功夫不负有心人,在金陵图书馆已经不对外出借的仅用于馆藏的图书中,我找到了我的所需。

2011年9月2日,我方向专利复审委员会提起涉案产品所用关键设备——用于苯酚羟基化制某酚类化工产品的管式反应器专利的无效宣告请求。

2011年11月中旬,收到专利复审委员会转来的专利权人于2011年11月3日提交的意见陈述书及修改后的权利要求书。

2011年11月28日,针对对方修改后的权利要求书、意见陈述书,我方向专利复审委员会提交了我方的意见陈述书。

对方请了一个当地知名的专利事务所的主任作为代理人,撰写了《意见陈述书》，并出席了专利复审委员会的口头审理。他口齿伶俐，口头审理中反应超快。口头审理结束等待签字的时间里，我了解到对方代理人人脉深厚，从业多年，办理过很多知名案件。我问对方双方是否能够和解：对方放弃追究我方刑事责任和民事责任，我方撤回无效请求。对方代理人一口予以回绝，说这个案件已经不是案件本身的问题了。

我不再说话，大家都清楚，不可能调解、和解。

2012年4月18日，国家知识产权局发文，涉案专利无效请求审查决定书，第18415号，专利复审委员会宣告对方拥有专利权的涉案产品所用关键设备——用于苯酚羟基化制某酚类化工产品的管式反应器专利权全部无效。

对专利复审委员会无效宣告请求审查决定提起行政诉讼的期限届满，对方没有提起行政诉讼。

至此，我们取得了本案件第一步的胜利。

然后是刑事部分。

在接受委托后不久，我就向案件侦查机关——当地市公安局某分局提交了书面的法律意见书，阐述了对该案的看法。平心而论，由于从接受委托到提交法律意见书时间较短的原因，该法律意见书很是粗疏。在提起涉案产品所用关键设备——用于苯酚羟基化制某酚类化工产品的管式反应器专利的无效宣告请求后，我已经拥有数百篇资料文献。

然后是公安机关向区检察机关移送审查起诉，因为案情复杂，区检察机关迅即将案件报送市检察机关审查起诉。在此期间，我认真研究了刑事部分的案情，发现本案能够据以定性的主要证据是国家某部委下属的一家知识产权司法鉴定中心出具的鉴定结论。该鉴定结论认为，根据现场勘查、对方提供的商业秘密清单等证据，对方提供的商业秘密清单中计有16处技术点具有非公知性，构成技术秘密，其中我的当事人实施的涉案产品的生产工艺及设备中有10处与上述16处具有同一性。

在此情况下，如果只是简单地质疑知识产权司法鉴定机构的公平公正性，至多是侦查机关重新委托第三方进行鉴定，对于侵犯商业秘密达10处之多的本案，必须将这10处全部推翻，否则毫无意义，其困难可想而知。

好在此时，我已经拥有在提起涉案产品所用关键设备——用于苯酚羟基化制某酚类化工产品的管式反应器专利的无效宣告请求过程中检索到的大量资料文献这一优势。于是，我利用这一优势，撰写了近万字的第二份法律意见书，并附上了22份附件——在数百份查询下载或者复制的资料文献中遴选而出，在认真对每一处技术秘密进行分析比对的基础上，详细地阐述了10处技术秘密并不构成技术秘密的理由和依据。所述法律意见书已经附于本案"法律文书"部分。（因为案涉技术秘密，涉及具体技术秘密点技术分析和技术比对的部分均已经删除，实在遗憾）

L市检察机关在接受案件以后，为慎重起见，又将该案以内部请示的方式移送省检察院请示，前前后后，审查起诉时间累计长达一年余。

省检察院也不敢妄下结论，经与省高级人民法院会商，结论依然是：不能定！

于是，2013年8月2日，检察机关最终以事实不清，证据不足为由，决定对我的当事人不起诉。

这算是打赢了这场"战争"的关键一役，我的当事人也因此信心大增。

还有非诉部分——专项法律服务。

前面已经说过，本案处理的最终目的是要将业已投入的数千万元的资产运转起来，创造效益，并且能够避免法律风险，如果不能实现这一终极目标，无论怎么说，本案的结果都不能堪称完美。我的计划是：重新自行委托另一家起码在业务、口碑等诸方面不逊于原司法鉴定中心的"京字头"知识产权司法鉴定中心，对涉案的10处技术秘密重新进行再次鉴定；为保险起见，检索文献的截止日期是对方的技术人员到我方的工作日。涉案10处原告主张的技术秘密中，如果经再次司法鉴定确系技术秘密的，则进行必需的技术改造，规避掉所涉技术秘密即可。

第二次司法鉴定过程中，我向司法鉴定中心提供了我已经检索到全部文献，并一再声明，请他们务必秉承公平、公正的原则，（技术秘密）是就是，不是就不是，因为，这一次的鉴定结论将是实施技术改造的最重要的依据，将来一旦再次发生诉讼，鉴定中心的鉴定人员必须对不构成商业秘密的部分充分阐明理由。

结果不出所料，第二次的司法鉴定结论印证了我的判断，工信部下属的那一家司法鉴定中心判断为技术秘密的10处技术大部分并不是技术秘密，我的当事人只需要对其中极少的部分进行技术改造,而且,以我的判断,技术改造的成本并不是很高。

可是,此时,因为这个长达5年多的案件,我的当事人已经"奄奄一息",在本案处理期间,一直不敢生产。对任何一家民营企业而言,5年多不生产,还要背负着高利贷,其结果,可想而知。

我曾经多次反思过:也许我错了,如果一开始就建议当事人转产其他化工产品,就不至于走得这么远,我也是在后来的案件办理过程中发现这一问题,其实可以这样简单来处理的。

当然,当事人的总经理从来没有怪过我,相反,对我尊崇有加,我愈加心底不安。

其实,从一开始,我就认识到,全方位把控案件是办理好此案的关键。我固然认真考量,但还是对有些事、有些人估计不足,这是本案走到现在为止我最刻骨铭心的感受。这一感受在我以后的执业生涯中还将不断遇见。本书后文的洪某某涉嫌销售伪劣产品案较本案而言,有过之而无不及,此不赘述。

如果仅就案件办理而言,我问心无愧,我认为自己是全方位地把控了案件的,迄今为止,案件办理本身尚算成功。审理本案的审判长数次在刚刚闭庭时当着所有的诉讼参与人对我说:"能请到单律师,真的是当事人的幸运!"

这个案子,真正精彩的是延续至今的民事诉讼过程,可是因涉及商业秘密,此处尚不能明言,但愿有机会公开说出来。最新的消息是:我的当事人引进了其他投资者,不日将启动技术改造。

法律,是最后的道德!我的当事人到竞争对手内部挖人的行为固然不妥,但就迄今为止的证据而言,充其量也只是道德的问题,而法律,只应当介入必须由法律介入的领域,尤其是最严厉的刑事法律——这是法律尤其是刑法谦抑性的必然要求。

2014年7月27日于秦淮河畔

Chapter 3
第三章
张家港市骏马钢帘线有限公司侵害发明专利案

【案情简介】

2013年7月15日,全球汽车轮胎用钢帘线研发、生产制造巨头(其合资企业也是国内该行业的龙头老大)总部位于比利时的贝卡尔特公司,委托北京某知名律师事务所律师,向北京市第二中级人民法院提起《专利合作条约》(PCT)发明专利侵权诉讼,起诉张家港市骏马钢帘线有限公司(以下简称骏马公司)分别侵犯其专利号为 ZL94193801.8 及 ZL02808857.3 的 PCT 发明专利,请求法院判令被告立即停止侵犯原告专利权的行为,即立刻停止制造、许诺销售和销售侵犯原告专利的产品,判令被告赔偿原告经济损失并承担原告为制止侵权行为支出的合理费用(包括但不限于调查取证费、公证费、律师费、差旅费等)暂计人民币100万元(原告保留根据后续获知的证据增加赔偿金额的权利),同时判令被告承担本案全部诉讼费用。

在起诉骏马公司的同时,贝卡尔特公司还在北京市第二中级人民法院起诉了山东胜通钢帘线有限公司(以下简称胜通公司)侵犯其上述两发明专利,除了被告不同,其余诉讼请求、事实及理由基本一致。

鉴于骏马公司和胜通公司在国内汽车用钢帘线行业的生产

能力、影响力均处于前列的背景，该案件一时在业内观者如潮。

2013年8月6日，骏马公司收到了北京市第二中级人民法院邮寄的应诉通知书、开庭传票以及原告的诉状、证据等诉讼材料。

【办理过程】

2013年8月21日，骏马公司向国家知识产权局提起涉案专利无效请求；同日，向北京市第二中级人民法院提出管辖权异议、案件中止审理请求。

2013年9月3日，原定的第一次开庭时间因为骏马公司提出管辖权异议被推迟。

2013年9月20日，请求人骏马公司向专利复审委员会提交了《补充意见陈述书》，在法定期限内补充了证据并增加了无效理由。

2013年12月9日，针对专利权人在口头审理过程中的陈述，骏马公司向专利复审委员会提交了《补充意见陈述书》。

2013年12月5日，北京市第二中级人民法院第一次开庭审理本案。此前一日，法院开庭审理原告诉胜通公司二专利侵权案，笔者向法庭提出旁听原告诉胜通公司二专利侵权案请求，被法庭拒绝；同样，胜通代理人向法庭提出旁听原告诉骏马公司专利侵权案，亦被法庭拒绝。

2013年12月16日，北京市第二中级人民法院第二次开庭审理本案。

2013年12月27日，骏马公司向法庭提交了《调取证据申请书》，请求法庭调取涉案专利无效过程中的口头审理笔录。

2014年1月28日，原告撤回了骏马公司侵犯其ZL94193801.8专利的诉讼，同时，还撤回了胜通公司侵犯其ZL02808857.3专利的诉讼。但是，原告诉骏马公司侵犯ZL02808857.3专利的诉讼，以及其诉胜通公司侵犯ZL94193801.8专利的诉讼，没有撤回，继续在北京市第二中级人民法院进行审理。

2014年2月25日，贝卡尔特公司再次委托前述某知名律师事务所，向北京市第三中级人民法院提起诉讼，起诉骏马公司侵害其专利号为ZL94193801.8的PCT发明专利，请求法院判令被告立即停止侵犯原告专利权的行为，即立刻停止制造、许诺销售和销售侵犯原告专利的产品，判令被告赔偿原告经济损失并承担原告为制止侵权行为所支出的合理费用（包括但不限于调查取证费、公证费、律师费、差旅费等）暂计人民币150万元（原告保留根据后续获知的证据增加赔偿金额的权利），同时判令被告承担本案全部诉讼费用。同样，在起诉骏马公司的同时，贝卡尔特公司还在北京市第三中级人民法院起诉胜通公司侵犯其ZL02808857.3的发明专利。

北京市第二中级人民法院决定将其继续审理的涉及ZL02808857.3发明专利的案涉产品交司法鉴定机构鉴定，经实验并对实验结果进行质证后，就ZL02808857.3号发明专利侵权一案于2014年12月26日下达了一审判决，判令骏马公司停止制造、销售涉案产品并赔偿贝卡尔特公司经济损失人民币50万元及其因诉讼支出的合理费用人民币10万元。骏马公司不服，提起上诉，2015年9月25日，北京市高级人民法院驳回上诉，维持原判。骏马公司立即准备向最高人民法院提出再审申请。

在此期间，两个涉及ZL94193801.8及ZL02808857.3发明专利无效请求的结果在二次口头审理并更换了合议组成员后先后下达，专利复审委员会决定均予以维持。骏马公司于法定期间均提起了行政诉讼。

此时，贝卡尔特公司向北京市第三中级人民法院提起的涉及ZL94193801.8发明专利的侵权诉讼，在北京市第三中级人民法院进行调解，调解范围涵盖贝卡尔特公司与骏马公司的一揽子案件（包括北京高院的二审判决）。

【处理结果】

2014年1月28日，原告撤回了骏马公司侵犯其ZL94193801.8专利的诉讼，北京市第二中级人民法院裁定，准许其撤回起诉。

2014年2月25日，贝卡尔特公司再次委托前述某知名律师事务所，向北京市第三中级人民法院提起发明专利诉讼。

2015年11月25日，北京市第三中级人民法院就两个发明专利侵权案一并调解结案。按照调解协议，骏马公司撤回了在北京知识产权法院的两个行政诉讼，同时，未就北京市高级人民法院的二审判决向最高人民法院提出再审申请。

【法律文书】①

法律文书目录

第一部分 涉及 ZL94193801.8

一、专利无效及行政诉讼法律文书

专利权无效宣告请求书（正文）

专利权人意见陈述书

检索报告

意见陈述书（正文）

补充意见陈述书

专利复审委员会无效宣告请求审查决定书（第 23692 号）

行政起诉状（附证据目录）

撤诉申请书

行政裁定书

二、人民法院民事诉讼法律文书

北京市第二中级人民法院起诉状

代理词（北京市第二中级人民法院）

调取证据申请书

北京市第二中级人民法院裁定书

代理词（北京市第三中级人民法院）

技术特征比较表

北京市第三中级人民法院民事调解书

第二部分 涉及 ZL02808857.3

一、专利无效及行政诉讼法律文书②

专利权无效宣告请求书（正文）

---

① 本部分法律文书较多，涉及两个发明专利交叉进行的全部无效及诉讼过程，笔者将法律文书目录列于文前，以防混淆。需要说明的是，部分法律文书内容或者法律文书本身进行了省略，以免赘述。

② 此处省略了行政起诉状、撤诉申请书、行政裁定书，最终处理结果请参见北京市第三中级人民法院民事调解书。

专利权人意见陈述书

检索报告

意见陈述书

补充意见陈述书

专利复审委员会无效宣告请求审查决定书（缩略版）①

二、人民法院民事诉讼法律文书②

一审代理词

补充代理词

一审判决书（缩略版）

民事上诉状

二审代理词

补充代理词（一）

补充代理词（二）

二审判决书

第一部分　涉及 ZL94193801.8

一、专利无效及行政诉讼法律文书

◆ 专利权无效宣告请求书（正文）

专利复审委员会：

　　本请求人对专利号为 ZL94193801.8、专利权人为贝卡尔特公司、名称为

---

① 专利复审委员会审查决定书、人民法院的裁判文书可以登录专利复审委员会官网、中国裁判文书网查询详细内容，且 ZL94193801.8 已收录类似法律文书，故为节省篇幅，ZL02808857.3 所涉文书作缩略版处理，下同。

② 该部分省略原告的民事起诉状（与 ZL94193801.8 民事诉状内容基本一致）、请求法庭调取案涉专利无效口头审理的笔录的请求书、请求法庭向司法鉴定专家组提供口头审理笔录、庭审笔录及录像的请求书。法庭最终没有将有关材料提供给专家组，请参见后文代理词。

"开放式钢丝绳结构"的发明专利提出无效宣告请求,该专利申请号为94193801.8,申请日为1994年12月9日,优先权日为1993年12月15日、1994年3月8日及1994年5月19日,授权公告号为CN1046332C,授权公告日为1999年11月10日。

本请求人根据《专利法》(1992年)第48条以及《专利法实施细则》(1992年)第66条的规定提出无效宣告请求,认为上述发明专利不符合《专利法》第22条第2款、第3款有关新颖性、创造性的规定。

本请求人提出下述请求:

由于该发明的全部权利要求不具备新颖性和创造性,请求专利复审委员会宣告该发明专利权部分无效。

(一)

本请求人提供下列对比文件作为请求宣告该专利部分无效的证据:

(1)专利号为US5020312的美国发明专利说明书,该专利申请号为US19890428225,申请日为1989年10月26日,优先权日为1989年5月23日,授权日为1991年6月4日。

(2)申请号为89205021.7的中国发明专利说明书,该专利申请日为1989年4月24日,公告日为1990年3月7日,公告号为CN2054044U。

(3)张明珂:《生产钢帘线用捻制设备》,《金属制品》1992年第18卷第3期第50~55页。

上述对比文件的公开日期均早于本专利的申请日,构成本专利的现有技术。

(二)

本请求人请求宣告无效的发明专利涉及一种开放式钢丝绳结构,根据该专利说明书的记载,其公开了一种能够被橡胶充分渗透的、而制造起来不费钱并对其组成元件(钢丝)没有损伤的钢丝绳。

该发明包括17个权利要求,其中有权利要求1~5及权利要求17分别如下。

1. 一种具有至少一个强度元件(100、116、118)和一条纵向中心轴线(112)的钢丝绳(114),所说元件都按捻制节距捻曲在所说钢丝绳内并在垂直于纵向轴线的平面(YZ)上具有突出部,所说突出部形成曲线(178、180、182、184),其中至少一条为凸形曲线,其曲率半径在一最大值和最小值之间交替变化，所说钢丝绳还以下列特性中的一个或者两个作为特征：

①沿着纵向中心轴线量得的所说至少一条曲线在最小两个曲率半径之间的距离与形成所说至少一条曲线的元件的半节距不同；

或

②所说曲线中至少有一条曲线与所说曲线中另一条曲线基本不同。

2. 按照权利要求1的钢丝绳，其特征为，沿着纵向中心轴线量得的所说至少一条曲线在两个最小曲率半径之间的距离小于形成所说至少一条曲线的元件的半节距。

3. 按照权利要求1的钢丝绳，其特征为，所说凸形曲线基本上像一个多角形。

4. 按照权利要求1的钢丝绳，其特征为，所有所说强度元件都形成所说凸形曲线。

5. 按照权利要求1的钢丝绳，其特征为，所说强度元件为一具有多根钢丝（120、122、124、126、128、130）的股绳（116、118）。

……

17. 一种用来使钢丝绳（114）的强度元件（100）变形的装置，其特征为具有一个基体（102），其上有一中心轴线和一周边表面（108、110），当一强度元件在所说基体的周边表面上被拉动超过一个至少为90°的角度时所说基体可环绕其中心轴线转动，所说周边表面有一在最大值和最小值之间交替变动的曲率半径，以使在其上绕过的元件得到一条曲线，其曲率半径在一最大值和最小值之间变动。

（三）

现以所列出的对比文件1、对比文件2为依据具体说明所述权利要求1~5为什么不具备新颖性和创造性。

1. 相对于对比文件1，权利要求1、权利要求4、权利要求5不具备新颖性

（1）相对于对比文件1，权利要求1不具备新颖性。

对比文件1披露了一种由三股或三股以上钢结构捻合而成的钢帘线及其制造方法，该发明的权利要求为：一种由三股或者三股以上钢丝捻合而成的钢帘线，所述每股钢丝向一个纵向方向延伸，所述每股钢丝再合股成钢丝绳，至少所述一股钢丝顺着纵向方向变形呈Z形，以使钢丝与纵向轴线形成一个锐角，所述钢丝

因此与中心轴线有一与角度相对应的缝隙（对比文件1第3页）；对比文件1说明书披露：该发明还提供了一种生产上述钢帘线的方法，特征及步骤如下：将一股或者一股以上的钢丝穿过类似一对齿轮中啮合齿轮面的变形元件，来改变该股钢丝的形状，然后，将所述钢丝经过合股机来合股，还可根据变形部分需要的捻距和形状来合适地选择变形元件的捻距和齿轮表面的结构，比如，两股或以上钢丝需要变形，可以对变形部分的捻距和形状进行合适地选择，以使每股之间的变形相同或者不同（对比文件1第4页29~34行）；涉案专利说明书也指出：还有一个现有技术的专利文献US5020312公开了另一种方法来使组成钢丝绳中的数根或全部变形以便得到能被橡胶充分渗透的钢丝绳，它是将数根或全部钢丝通过一对齿轮状元件的齿表面使钢丝得到曲折的形状，这种齿轮状元件的两齿间的节距是可以选择的，以使在钢丝绳的每一个捻制节距内可以在钢丝之间得到不止一个的微间隙，这样便可以保证橡胶的充分渗透而不会发生部分负荷延伸率较大的缺点，并且这两个齿轮状元件不是由外力驱动的而是由钢丝本身驱动的，因此这个过程是不耗能而又不费钱的（ZL94193801.8专利文献第6页第12~20行）；对比文件1的附图4还披露了钢丝变形、合股的示意图（对比文件1第6页附图4）。可见，权利要求1的技术特征中，至少有一个强度元件和一条纵向中心轴线的钢丝绳、所说元件都按捻制节距捻曲在所说钢丝绳内并在垂直于纵向轴线的平面（YZ）上具有突出部、所说突出部形成曲线（178、180、182、184）其中至少一条为凸形曲线、其曲率半径在一最大值和最小值之间交替变化、沿着纵向中心轴线量得的所说至少一条曲线在最小两个曲率半径之间的距离与形成所说至少一条曲线的元件的半节距不同、所说曲线中至少有一条曲线与所说曲线中另一条曲线基本不同等技术特征已经全部为对比文件1公开，因此，相对于对比文件1，权利要求1要求保护的技术方案属于现有技术，不具备《专利法》第22条第2款规定的新颖性。

（2）相对于对比文件1，权利要求4、权利要求5也不具备新颖性。

权利要求4的权利要求为：按照权利要求1的钢丝绳，其特征为，所有所说强度元件都形成所说凸形曲线；权利要求5的权利要求为：按照权利要求1的钢丝绳，其特征为，所说强度元件为一具有多根钢丝（120、122、124、126、128、130）的股绳。对比文件1披露的技术方案中，经过齿轮变形的钢丝凸起形成凸形曲线是一必然结果,这对本领域人员而言是显而易见的;至于权利要求 5 所述强度元件为一具有多根钢丝的股绳更为对比文件 1 所披露。可见,权利要求 4、权利要求 5 的技术特征均已经为对比文件 1 所披露,因此,在权利要求 1 不具有新颖性的情况下,相对于对比文件 1,权利要求 4 和权利要求 5 要求保护的技术方案不具备《专利法》第 22 条第 2 款规定的新颖性。

2. 相对于对比文件 1,或者对比文件 1 和对比文件 2 的结合,或者对比文件 1 和对比文件 3 的结合,权利要求 1~5 不具备创造性

根据涉案专利权利要求书及说明书的记载,该发明的目的在于提供一种可充分渗入橡胶、制造经济的钢丝帘线。请求人现以对比文件 1、2、3,作为评价权利要求 1 不具备创造性的对比文件,其中对比文件 1 披露的本发明权利要求 1 的技术特征最多,可以作为评价权利要求 1 最接近的对比文件。

(1) 相对于对比文件 1,或者对比文件 1 和对比文件 2 的结合,或者对比文件 1 和对比文件 3 的结合,权利要求 1 不具备创造性。

涉案专利指出,对比文件 1 披露的技术方案的缺点在于:齿轮状元件会在钢丝滚轧到某种程度,以致钢丝,特别是其上的薄镀层(适宜为黄铜或锌,其厚度大大小于 1 微米)受到损伤,或者会导致齿轮状元件本身大量磨损,或者两种情况都有,对包有镀层的钢丝造成的损伤能可观地降低这种钢丝的抗疲劳性和黏着强度(ZL94193801.8 专利文献第 6 页第 20~24 行)。事实上,对比文件 1 明确指出:可根据变形部分需要的捻距和形状来合适地选择变形元件的捻距和齿轮表面的结构(对比文件 1 第 4 页第 31~32 行),这一结构完全可以是曲率半径较大的凸起状元件,这样就完全可以解决涉案专利所言的对比文件的缺点。可见,实现橡胶充分渗入、制造经济的技术问题已经为对比文件 1 所公开的技术方案所解决,达到权利要求 1 想要达到的有益的技术效果的全部必要技术特征均已为对比文件 1 所公开,相对于对比文件 1,权利要求 1 没有突出的实质性特点和显著的进步,未实现任何意想不到的技术效果,这对本领域技术人员是显而易见的。因此,权利要求 1 不具有《专利法》第 22 条第 3 款规定的创造性。

对比文件 2 披露了一种双捻机捻制钢帘线的预成型装置,其说明书指出:由于钢丝的曲率半径变化不同,使钢帘线的中间芯线长、面线短,容易产生张力不均匀引起帘线起壳、绞花、翻肚、捻距不均(对比文件 2 第 3 页第 7~10 行,说明

书第 1 页);对比文件 2 进一步指出:预成型装置包括锥形变形器和压线模……当钢丝经过锥形变形器的辊轮,在辊轮间反复弯曲进行强制变形……形成预定的永久变形(对比文件 2 第 3 页第 18～22 行)。可见,对比文件 1 和对比文件 2 的结合能够实现权利要求 1 的全部有益的技术效果,相对于对比文件 1 和对比文件 2 的结合,权利要求 1 没有突出的实质性特点和显著的进步,未实现任何意想不到的技术效果,这对本领域技术人员是显而易见的。因此,权利要求 1 不具有《专利法》第 22 条第 3 款规定的创造性。

对比文件 3 对生产钢帘线用捻制设备进行了比较详细、系统的阐述,指出:钢丝沿着转动体边缘的导线通过预变形器,到达捻制点捻成股或绳子(对比文件 3 第 1 页左侧第 9～11 行);在对比文件 3 的图 1① 中,可以明显看出所述转动体基本为一轮状形状(对比文件 3 第 1 页图 1),该轮状结构在对比文件 3 图 2 中被表述成转动体、在对比文件 3 图 3、图 4、图 6、图 7、图 8、图 9 中被表述成飞轮转动体(对比文件 3 第 2～6 页图 3、图 4、图 6、图 7、图 8、图 9);对比文件 3 还进一步指出:管式捻股机和跳绳式捻股机在正常捻制时,每根钢丝通过反向扭转,在预变器中被弯成螺旋形状(正弦波轨迹),以使它们在捻制后得到稳定的捻距(对比文件 3 第 3 页左侧第 7～10 行)。可见,对比文件 1 和对比文件 3 的结合能够实现权利要求 1 的全部有益的技术效果,相对于对比文件 1 和文件 3 的结合,权利要求 1 没有突出的实质性特点和显著的进步,未实现任何意想不到的技术效果,这对本领域技术人员是显而易见的。因此,权利要求 1 不具有《专利法》第 22 条第 3 款规定的创造性。

(2)相对于对比文件 1,或者对比文件 1 和对比文件 2 的结合,或者对比文件 1 和对比文件 3 的结合,权利要求 2、3、4、5 也不具备创造性。

涉案专利说明书指出:专利文献 US—A—5020312 所述齿轮状元件的两齿间的节距是可以选择的,以使在钢丝绳的每一个捻制节距内可以在钢丝之间得到不止一个的微间隙(ZL94193801.8 专利文献第 6 页,说明书第 2 页第 15～17 行)。根据对比文件 1 披露的技术方案,经过其所述的变形元件变形后的钢丝的凸起形成的凸形曲线因齿轮表面的凸起不同而不同,可以是圆形、多角形或者其他规

---

① 本章所提到的图与附图均做省略处理。若有读者想进一步了解,请登录国家知识产权局官方网站查阅案涉专利说明书,网址:http://www.sipo.gox.cn,下同。

则、不规则形状,可以对一根或者一根以上或者全部钢丝进行变形形成凸形曲线,所述股绳可以为一根或者多根钢丝。可见,相对于对比文件1,权利要求2、3、4、5未实现任何意想不到的技术效果,不具有突出的实质性特点和显著的进步,这对本领域技术人员是显而易见的。因此,权利要求1不具有《专利法》第22条第3款规定的创造性。

根据对比文件2,可以看出,经过对比文件2所述的锥形变形器变形后的钢丝的凸起形成的凸形曲线曲率半径是可以不同的,所述曲线可以是圆形、多角形或者其他规则或者不规则形状,可以对所有钢丝进行变形,形成凸形曲线,所述钢丝当然也可以是一根或者多根。可见,相对于对比文件1和对比文件2的结合,权利要求2、3、4、5未实现任何意想不到的技术效果,不具有突出的实质性特点和显著的进步,这对本领域技术人员是显而易见的。因此,权利要求1不具有《专利法》第22条第3款规定的创造性。

根据前述对比文件3,可以看出,经过对比文件3所述的预变形器(飞轮转动体)变形后的钢丝的凸起形成的凸形曲线曲率半径因变形器的表面形状不同而不同,可以是圆形、多角形或者其他规则或者不规则形状,可以对所有钢丝进行变形,形成凸形曲线,所述钢丝当然也可以是一根或者多根。可见,相对于对比文件1和对比文件3的结合,权利要求2、3、4、5未实现任何意想不到的技术效果,不具有突出的实质性特点和显著的进步,这对本领域技术人员是显而易见的,因此,权利要求2、3、4、5不具有《专利法》第22条第3款规定的创造性。

(四)

现以所列出的对比文件1、2、3为依据具体说明所述权利要求17要求为什么不具备新颖性及创造性。

1. 相对于对比文件1,权利要求17不具备新颖性

权利要求17要求保护的是一种用来使钢丝绳的强度元件变形的装置,其特征为具有一个基体,其上有一中心轴线和一周边表面,当一强度元件在所说基体的周边表面上被拉动超过一个至少为90°的角度时所说基体可环绕其中心轴线转动,所说周边表面有一在最大值和最小值之间交替变动的曲率半径,以使在其上绕过的元件得到一条曲线,其曲率半径在一最大值和最小值之间变动。简言之,权利要求17的技术特征在于一个表面具有不同曲率半径的凸起的转动体,以实

现对钢丝的不规则变形的目的。前述对比文件 1 的说明书关于"选择变形元件的捻距和齿轮表面的结构"的阐述及附图 4 披露了权利要求 17 的全部必要技术特征，对比文件 1 能够达到权利要求 17 所述的全部的有益的技术效果，因此，相对于对比文件 1，权利要求 17 要求保护的变形装置属于现有技术，不具备《专利法》第 22 条第 2 款规定的新颖性。

2. 相对于对比文件 1，或者对比文件 1 和对比文件 2 的结合，或者对比文件 1 和对比文件 3 的结合，权利要求 17 不具备创造性

对比文件 1 披露的本发明权利要求 17 的技术特征最多，可以作为评价权利要求 17 的最接近的对比文件。

权利要求 17 要求保护一个表面具有不同曲率半径的凸起的转动体，所述不同曲率半径的凸起的转动体已为前述对比文件 1 所公开，相对于对比文件 1，权利要求 17 没有突出的实质性特点和显著的进步，未实现任何意想不到的技术效果，这对本领域技术人员是显而易见的，不具有《专利法》第 22 条第 3 款规定的创造性。

对比文件 2 披露了钢丝曲率半径不同钢帘线的预成型装置，将对比文件 1 和对比文件 2 结合，能够实现权利要求 17 所述的有益的技术效果。因此，相对于对比文件 1 和对比文件 2 的结合，权利要求 17 没有突出的实质性特点和显著的进步，不具有《专利法》第 22 条第 3 款规定的创造性。

对比文件 3 披露了被表述成飞轮转动体的预变形器，将对比文件 1 和对比文件 3 结合，能够实现权利要求 17 所述的有益的技术效果。因此，相对于对比文件 1 和对比文件 3 的结合，权利要求 17 没有突出的实质性特点和显著的进步，不具有《专利法》第 22 条第 3 款规定的创造性。

（五）

综上所述，本发明的权利要求 1、4、5、17 不符合《专利法》第 22 条第 2 款有关新颖性的规定，权利要求 1、2、3、4、5、17 不符合《专利法》第 22 条第 3 款有关创造性的规定。

为此，本请求人请求专利复审委员会宣告该专利权部分无效。

请求人：张家港市骏马钢帘线有限公司

二〇一三年八月二十一日

◆ 专利权人意见陈述书[①]

致：国家知识产权局专利复审委员会

针对专利复审委员会 2013 年 8 月 20 日转发的请求人就专利 ZL94193801.8（以下简称本专利）提出的无效宣告请求，专利权人认为：本专利权利要求 1、4、5、17 符合《专利法》第 22 条第 2 款的规定；权利要求 1～5 及权利要求 17 符合《专利法》第 22 条第 3 款的规定，请求专利复审委员会维持本专利专利权有效，驳回请求人的无效请求。具体意见见下文。

1. 请求人提交的对比文件 1 的中文译本存在多处错误

请求人在无效请求书中提交了对比文件 1（US5020312——笔者注）的译文，该译文存在下列 5 处翻译错误。

（1）权利要求 1 中的 "more than three strands of wire（三股以上钢丝）" 错误地翻译成 "三股或者三股以上钢丝"，实际上应当翻译成 "三股以上钢丝"。

（2）权利要求 1 中的 "each strand extending in alongitudinal direction thereof" 错误地翻译成 "所述每股钢丝向一个纵向方向延伸"，实际上应当翻译成 "每根股绳沿其纵向方向延伸"。

（3）权利要求 1 中的 "said tire cord having gaps in a center thereof corresponding to positions of the angles" 错误地翻译成 "所述钢丝因此与中心轴线有一与角度相对应的缝隙"，实际上应当翻译成 "所述钢帘线在其相应于所述锐角位置的中心具有多个间隙"。

（4）说明书发明内容部分 "passing one or more of strands which are three or more, between meshed tooth surfaces of a pair of gear-like marking elements so as to mark the strands in a zig-zagging shape" 错误地翻译成 "将一股或一股以上的钢丝穿过类似一对齿轮中啮合齿轮面的变形元件，来改变该钢丝的形状"，应当翻译成 "将三股或更多股股绳的一股或多股递送到一对齿轮状压制元件的啮合齿面之间，以便将股绳压制出锯齿形状"。

[①] 专利权人提交给专利复审委员会，并转交请求人，下同。

（5）说明书背景技术部分第一段中的"in order to prevent occurrence of the problem of rust that is caused by moisture having entered into a cavity in the center part of a steel cord and that has been inherent to non-open twisted steel cords"错误地翻译成"来防止水分进入钢帘线中央引起生锈而带来的问题，非开放型钢帘线没有这一问题"，应当翻译成"以防止出现由已经进入钢帘线中心部分的孔腔中的潮气引起的、并且对于非开放式捻制的钢帘线来说固有存在的生锈问题"。

除了上述译文错误之外，请求人提交的译文还存在多处错误，因此我们提交了附件1——新的中文译文，请求合议组以该译文为基础进行审查。

2. 涉案专利权利要求1、4、5、17符合《专利法》第22条第2款规定的新颖性

（1）权利要求1、4、5相对于对比文件1具备新颖性。

①对比文件1至少没有公开权利要求1中的特征（1）所说突出部形成曲线，其中至少有一条为凸形曲线；②沿着纵向中心轴线量得的所说至少一条曲线在两个最小曲率半径之间的距离与形成所说至少一条曲线的元件的半节距不同；③所说曲线中至少有一条曲线与所说曲线中另一曲线基本不同。

具体而言，对比文件1公开了一种轮胎帘线A由5根股绳加捻而成，每根股绳在加捻之前预先经过由一对齿轮状的，由金属、硬质合成树脂或类似材料元件组成的压制元件7进行压制，股绳经过压制产生大致锯齿形的压痕。虽然对比文件1中的股绳在加捻之前进行了预先的压制处理，在垂直于钢帘线纵向轴线的平面上形成有突出部，但是这些突出部并未形成凸形曲线。具体对比在下方的视图更清晰地示出，其中左侧视图是本专利形成的凸曲线，右侧视图是对比文件1形成的曲线。

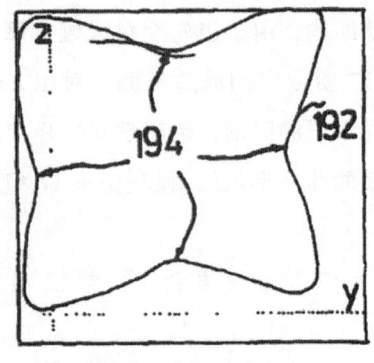
本专利形成的凸曲线图

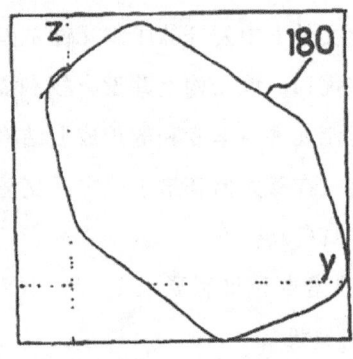
对比文件1形成的曲线图

通过上面两个图比对，可以发现，左侧本专利形成的是凸曲线，右侧对比文件 1 形成的是有凹有凸的曲线。这种区别是由于对股绳进行预先处理的工艺不同所导致的，本专利的股绳经过的预处理装置是本专利附图 2a 和附图 2b 所示的装置，它与对比文件 1 中的一对齿轮状的压制元件对股绳所做地预处理不同。对比文件 1 中的齿轮状元件会使股绳上面的薄镀层受到损伤，降低股绳的抗辨疲劳性和粘着程度。本专利的这种预处理装置相比于对比文件 1 对股绳造成的强度损失要小。

对比文件 1 在本专利授权公告说明书首页被列为参考文献，本专利的背景技术部分也提及了对比文件 1，并且详细介绍了（本专利说明书第 2 页、第 10 页最后 1 段、第 11 页最后一部分）对比文件 1 所存在的上述缺陷；对比文件 1 在本专利的国际公布文本 WO95/16816 的国际检索报告中也被列为不影响专利新颖性和创造性的 A 类文献。请求人用专利背景技术所提及的文件来无效本专利，理由不充分。

由于独立权利要求 1 具备新颖性，相应的，其所有从属权利要求都具备新颖性，请求人所提出的权利要求 4、5 也当然具备新颖性。

请求人认为"经过齿轮变形的钢丝凸起形成凸形曲线是一必然结果，这对本领域技术人员是显而易见的"。这种推论毫无根据，并且与事实不符。

（2）权利要求 17 相对于对比文件 1 具备新颖性。

对比文件 1 至少没有公开权利要求 17 的下述技术特征"当一强度元件在所说基体的周边表面上被拉动超过一个至少为 90°的角度时所说基体可环绕其中心轴转动，所说周边表面有一在最大值和最小值之间交替变动的曲率半径"。

对比文件 1 中公开的压制元件是齿轮状结构，由于齿轮交替设置，每两个齿之间存在豁口，该结构上并没有权利要求 17 所限定的周边平面，对比文件 1 中公开的压制元件与本专利的预成型结构存在本质的区别，也就没有公开"所说周边表面有一在最大值和最小值之间交替变动的曲率半径"，权利要求 17 相对于对比文件 1 具备新颖性。

3. 涉案专利权利要求 1~5、权利要求 17 符合《专利法》第 22 条第 3 款规定的创造性

（1）权利要求 1~5 相对于对比文件 1 或者对比文件 1 和对此文件 2 的结合

或者对比文件1和对比文件3的结合具备创造性。

首先,请求人并未就权利要求1相对于上述对比文件的结合不具备创造性的具体理由进行详细阐述,因此其请求应当视为未提出。

即使考虑上述对比文件组合,权利要求1也具有创造性。参见上文对权利要求1新颖性的评述,权利要求1相对于对比文件1至少存在下述区别技术特征:①所说突出部形成曲线,其中至少有一条为凸形曲线;②沿着纵向中心轴线量得的所说至少一条曲线在两个最小曲率半径之间的距离与形成所说至少一条曲线的元件的半节距不同;③所说曲线中至少有一条曲线与所说曲线中另一曲线基本不同。

对比文件2公开了一种双捻机捻制钢帘线的预成型装置,对比文件2中公开了"在双捻机面线架和双捻机的外过捻器之间装上预成型装置,预成型装置包括锥形变形器和压线模",但是其中钢丝经过锥形变形器的辊轮,在辊轮间反复弯曲进行强制变形,但是这种变形与本专利的变形器不同,对比文件2中的变形器变形时增加钢丝的松弛程度,给予弯曲余量,形成预定的永久变形,其中并未形成突出部,也未形成凸形曲线,因此上述三个区别技术特征并未在对比文件2公开。

对比文件3是一篇期刊杂志,其中公开了一种生产钢帘线用捻制设备,具体公开了双捻股绳机,但并没有任何涉及上述三个技术特征的内容。

上述三个区别技术特征均没有在对比文件1~3中公开,而且上述区别技术特征一方面很大程度地减小了钢丝绳受损程度,另一方面又增强了橡胶的渗透率,增大了轮胎的工作寿命,因此权利要求1相对于对比文件1或者对比文件1和对比文件2的结合或者对比文件1和对比文件3的结合具备创造性。

另外,权利要求2~5都从属于权利要求1,其中从属权利要求2~4的附加技术特征进一步限定了凸形曲线,这些特征也都没有在对比文件中公开,权利要求2~5具备创造性。

(2)权利要求17相对于对比文件1或者对比文件1和对比文件2的结合或者对比文件1和对比文件3的结合具备创造性。

首先,请求人并未就权利要求17相对于上述对比文件的结合不具备创造性的具体理由进行详细阐述,因此其请求不应当考虑。

即使考虑上述对比文件组合，权利要求17也具有创造性。结合上文对于权利要求17的新颖性的评述，可以确定权利要求17的技术特征："当一强度元件在所说基体的周边表面上被拉动超过一个至少为90°的角度时所说基体可环绕其中心轴转动，所说周边表面有一在最大值和最小值之间交替变动的曲率半径"，没有在对比文件1~3中任一篇中公开，权利要求17所限定的技术方案完全不同于对比文件1~3中所限定的内容，也没有任何的技术启示对他们进行结合从而得到权利要求17的技术方案，因此权利要求17具备创造性。

综上所述，涉案专利权利要求1~17符合《专利法》第22条第2款和第3款的规定，请求专利复审委员会维持专利权有效。

专利权人：贝卡尔特公司

代理机构：北京市某律师事务所

代理人：徐某　吴某某

◆ 检索报告

项目名称　开放式钢丝绳结构

专　利　号　94193801.8

委　托　方　××××

委托日期　2013年9月6日

A. 检索种类　　　　☒宣告无效　　　□查新

B. 检索依据的技术材料（见附件）

C. 检索确定的主题分类（IPC第8版）

D07B 1/06

D. 检索的国际专利分类领域（IPC第8版）

D07B1，D07B7，D02G3，B60C9，

E. 检索工具：（略）

S系统

检索用专利文献

☒ 国际专利文献数据库（INPADOC）

☒ 德温特世界专利索引数据库（DWPI）

☒ 中国专利文摘数据库（CNABS/CPRSABS）

☒ 世界专利文摘库（SIPOABS）

☒ 中国香港文摘数据库（HKABS）

☒ 中国台湾文摘库（TWABS）

☐ 化学物质登记数据库（REGISTRY）

☒ 专利全文数据库（CN/EP/US/WO/JP）

☐ 美国化学文摘（CA/CAPlus）

☐ 中国外观设计专利数据库

☐ 基因序列数据库（DGENE/USGENE/PCTGENE）

☐ 其他：_____

检索用非专利文献

☒ 中国知网系列数据库（CNKI）

☒ 万方数据知识服务平台

☐ 汤森路透 ISI Web of Knowledge 平台

☐ 国家图书馆非专利期刊

☐ 荷兰医学文摘库（EMBASE）

☐ 互联网

☐ 美国工程索引库（EI）

☐ 英国科学文摘库（INSPEC）

☐ 中国药物数据库

☐ 知识产权网（IP.COM）

☐ 其他：_____

F. 使用的中文与外文检索关键词

橡胶、弹性、曲率、延伸、PLE、钢丝、节距、捻制、开放、rubber、elastic、curvature、steel、wire、cord、ratio、open

G. 相关专利文献

类型*	公开号/公告号	公开/公告日期	分类号	相关部分	涉及的权利要求编号※
X	US4738096A	1988-04-19	D02G 3/48	说明书第2栏~第6栏以及附图2-5	1~16
Y					1~16
Y	EP0363893A	1990-04-18	D07B 1/06	说明书附图	1~16

H. 相关非专利文献

类型*	书名、期刊或文摘名称（包括卷号或期刊号）	文章标题	相关部分	涉及的权利要求编号※
X	金属制品 第18卷第3期	生产钢帘线用捻制设备	图2	17

*引用文件的专用类型：（仅针对含有权利要求的检索文本）	
"X" 单独一篇与权利要求相关的文件	"A" 反映相关现有技术的文件
"Y" 和检索报告中其他 Y 类文献组合与权利要求相关的文件	"E" 抵触申请文件
"R" 在申请日或申请日后公开的同一申请人的属于同样的发明创造的专利或专利申请文件以及他人在申请日向专利局提交的、属于同样的发明创造的专利申请文件	"P" 中间文件，其公开日在申请的申请日与所要求的优先权日之间的文件，或者会导致需要核实该申请优先权的文件

I. 检索意见

一、事实认定

1. 本检索项目所涉及的专利 94193801.8

本检索项目涉及国家知识产权局于 1999 年 11 月 10 日授权公告的名称为"开放式钢丝绳结构"的"ZL94193801.8"号发明（以下简称本专利），其申请日为 1994 年 12 月 9 日，优先权日为 1993 年 12 月 15 日。

2. 引用的对比文件及对比文件中的相关内容

对比文件 1：US4738096A　公开日为 1988 年 4 月 19 日

对比文件 1 中的相关内容：说明书第 2~6 栏以及附图 2~5

对比文件 1 为本专利的现有技术

对比文件 2：EP0363893A2　公开日为 1990 年 4 月 18 日

对比文件 2 中的相关内容：说明书附图

对比文件 2 为本专利的现有技术

对比文件 3：生产钢帘线用捻制设备　公开日为 1992 年 12 月 31 日

对比文件 3 中的相关内容：附图 2

对比文件 3 为本专利的现有技术

二、有关权利要求与现有技术相关程度的评述

（1）关于权利要求 1，对比文件 1 公开了一种具有多个钢丝 a1~a4（即本申请的至少一个强度元件）和一条纵向中心轴线的钢丝绳（见图 2），所有元件都按捻制节距捻曲在钢丝绳内并在垂直于纵向轴线的平面上具有突出部（参见图 3~图 5），突出部形成凸形曲线，曲率半径在一最大值和一最小值之间交替变化，所说曲线中至少有一条曲线和所说曲线中另一条曲线基本不同。由此可见，对比文件 1 已经公开了权利要求 1 中的一个技术方案。因此权利要求 1 不具备新颖性。

对比文件 2 公开了权利要求 1 的前序部分（见说明书附图），区别技术特征在于：（1）沿着纵向中心轴线量得的所说至少一条曲线在两个最小曲率半径之间的距离与形成所说至少一条曲线的元件的半节距不同；或（2）所说曲线中至少有一条曲线与所说曲线中另一条曲线基本不同。对比文件 1 公开了特征（2），因此权利要求 1 不具备创造性。

而对于包含特征"沿着纵向中心轴线量得的所说至少一条曲线在两个最小曲率半径之间的距离与形成所说至少一条曲线的元件的半节距不同"的技术方案,该特征属于本领域的公知常识,因为为了防止钢丝绳的高度过高,导致钢丝绳体积过大,过粗,将曲线两个最小的曲率半径之间的距离设置的小一些,对于本领域技术人员来说是很公知的技术。因此包含特征"沿着纵向中心轴线量得的所说至少一条曲线在两个最小曲率半径之间的距离与形成所说至少一条曲线的元件的半节距不同"的技术方案不具备创造性。

(2) 关于权利要求2,对比文件1并没有公开,具备新颖性,但是没有创造性,理由参见权利要求1的第三段的评述。

(3) 关于权利要求3,对比文件1已经公开了其附加技术特征,曲线是一个多角形(见图3~图5)。因此权利要求3不具备新颖性。

(4) 关于权利要求4,对比文件1已经公开了其附加技术特征,a1-4都是凸形曲线(见图2)。因此权利要求4不具备新颖性。

(5) 关于权利要求5,对比文件1已经公开了其附加技术特征,a1-4形成股绳(见图2)。因此权利要求5不具备新颖性。

(6) 关于权利要求6~7,对比文件1已经公开了其附加技术特征,a1-4形成股绳(见图2)。因此权利要求5不具备新颖性。

(7) 权利要求8~9中的附加技术特征是本领域的常规选择,因此不具备创造性。

(8) 权利要求10的附加技术特征已经被对比文件2公开(见对比文件2说明书第1页第40~45行),因此权利要求10不具备创造性。

(9) 权利要求11中的附加技术特征是本领域的常规选择,因此不具备创造性。

(10) 权利要求12中的附加技术特征已经被对比文件1公开(见图4),因此不具备创造性。

(11) 权利要求13~14中的附加技术特征是本领域的常规选择,因此不具备创造性。

(12) 权利要求15是一个独立权利要求,对比文件1公开了具有纬线和经线的钢丝绳织物,当其引用的权利要求1~14不具备新颖性或创造性时,其也不具备新颖性或创造性。

（13）权利要求 16 是一个独立权利要求，对比文件 1 公开了一种具有多个钢丝 a1～a4（本申请的至少一个强度元件）和一条纵向中心轴线的钢丝绳（见图 2）的制作方法，所有元件都按捻制节距捻曲在钢丝绳内并在垂直于纵向轴线的平面上具有突出部（见图 3～图 5），突出部形成凸形曲线，曲率半径在一最大值和一最小值之间交替变化，所说曲线中至少有一条曲线和所说曲线中另一条曲线基本不同。由此可见，对比文件 1 已经公开了权利要求 1 中的一个技术方案。因此权利要求 1 不具备新颖性。

对比文件 2 公开了权利要求 1 的前序部分（见说明书附图），区别技术特征在于：（1）沿着纵向中心轴线量得的所说至少一条曲线在两个最小曲率半径之间的距离与形成所说至少一条曲线的元件的半节距不同；或（2）所说曲线中至少有一条曲线与所说曲线中另一条曲线基本不同。对比文件 1 公开了特征（2），因此权利要求 1 不具备创造性。

而对于包含特征"沿着纵向中心轴线量得的所说至少一条曲线在两个最小曲率半径之间的距离与形成所说至少一条曲线的元件的半节距不同"的技术方案，该特征属于本领域的公知常识，因为为了防止钢丝绳的高度过高，导致钢丝绳体积过大，过粗，将曲线两个最小的曲率半径之间的距离设置的小一些，对于本领域技术人员来说是很公知的技术。因此包含特征"沿着纵向中心轴线量得的所说至少一条曲线在两个最小曲率半径之间的距离与形成所说至少一条曲线的元件的半节距不同"的技术方案不具备创造性。

关于权利要求 17，对比文件 3 公开了一种跳绳式捻股机（用来使钢丝绳的强度元件变形的装置），具有一个转动体 3，具有一中心轴线和一周边表面，当钢丝在转动体的周边表面上被拉动超过 90°时，转动体可环绕中心轴线转动（见图 2），其于对比文件 3 的区别在于：周边表面有一在最大值和最小值之间交替变动的曲率半径，以使在其上绕过的元件得到一曲线，其曲率半径在最大值和最小值之间变动，对比文件 3 公开了钢丝在捻制之前是呈正弦波轨迹，但是本领域技术人员知晓，根据所需要的波形，将转动体的形状设置成相应的形状是很公知的技术，从而得到"转动体周边表面有一在最大值和最小值之间交替变动的曲率半径，以使在其上绕过的元件得到一曲线，其曲率半径在最大值和最小值之间变动"的技术方案，因此权利要求 17 不具备创造性。

综上所述，本授权的所有权利要求都不具备新颖性或创造性。

◆ 意见陈述书（正文）

专利复审委员会：

本意见陈述书是请求人对专利号为 ZL94193801.8、专利权人为贝卡尔特公司、名称为"开放式钢丝绳结构"的发明专利于 2013 年 8 月 20 日提出的无效宣告请求而补充的证据及增加的理由进行的陈述，该发明专利无效请求的案件编号为 4W102401。

由于该发明的全部权利要求都不具备新颖性或创造性，本请求人请求专利复审委员会宣告该发明专利权全部无效。

（一）

本请求人已经提供下列对比文件作为请求宣告该专利无效的证据：

（1）专利号为 US—A—5020312 的美国发明专利说明书，该专利申请号为 US19890428225，申请日为 1989 年 10 月 26 日，优先权日为 1989 年 5 月 23 日，授权日为 1991 年 6 月 4 日。

（2）申请号为 89205021.7 的中国发明专利说明书，该专利申请日为 1989 年 4 月 24 日，公告日为 1990 年 3 月 7 日，公告号为 CN2054044U。

（3）张明珂：《生产钢帘线用捻制设备》，《金属制品》1992 年第 18 卷第 3 期第 50~55 页。

本请求人补充提供下列对比文件作为请求宣告该专利全部无效的证据：

（4）专利号为 US4738096A 的美国发明专利说明书，该专利公开日为 1988 年 4 月 19 日。

（5）专利号为 EP0363893A2 的欧洲发明专利说明书，该专利公开日为 1990 年 4 月 18 日。

上述对比文件的公开日期均早于本专利的申请日，构成本专利的现有技术。

（二）

本请求人请求宣告无效的发明专利包括 17 个权利要求，请求人在《无效宣

告请求书》中已经对权利要求1~5及权利要求17分别进行了陈述,该发明专利的权利要求6~16分别为:

6. 按照权利要求1的钢丝绳,其特征为,所说强度元件为一根钢丝(100)。

7. 按照权利要求6的钢丝绳,其特征为,所说强度元件具有三到五根钢丝(100、132)。

8. 按照权利要求7的钢丝绳,其特征为,所说钢丝绳的每一根所说钢丝在拉伸张力为50牛顿时都有一个部分负荷延伸率(PLE),该延伸率与每一根其他钢丝的PLE值比较相差都不超过0.20%。

9. 按照权利要求7的钢丝绳,其特征为,所说钢丝绳在拉伸张力为50牛顿时有一低于0.30%的部分负荷延伸率。

10. 按照权利要求6的钢丝绳,其特征为,所说钢丝绳具有多于五根的钢丝(138、140、142、144、146、148、150、152)。

11. 按照权利要求10的钢丝绳,其特征为,所说钢丝都具有相同的捻制步骤和相同的捻制方向。

12. 按照权利要求11的钢丝绳,其特征为,所说钢丝绳中每一个能将相邻的三根钢丝在横截断面上组成一个三角形的三钢丝组合,至少应有一根所说钢丝形成所说凸形曲线。

13. 按照权利要求1的钢丝绳,其特征为,所说捻制节距具有一个无穷大值。

14. 按照权利要求6的钢丝绳,其特征为,所说钢丝绳只有一根钢丝。

15. 一种具有纬线(160)和经线(162)的钢丝编织物,其特征为,所说纬线或所说经线或两者至少部分为按照权利要求1~14制成的钢丝绳。

16. 一种用来制造钢丝绳(114)的方法,该钢丝绳具有一条纵向轴线(112)和至少一个强度元件(100),每一个强度元件都以一个捻制节距捻曲在所说钢丝绳内,所说方法具有以下步骤:

① 使所说元件(100)中至少有一个元件接受弯曲操作,从而使所说至少一个元件得到特定的曲线,其曲率半径在一最大值和一最小值之间变动;

② 使所说元件中的至少一个元件与其他元件一起组成所说钢丝绳;

所说方法还以下列特性中的一个或两个作为特征:

(1) 沿着纵向中心轴线量得的所说特定曲线在两个最小曲率半径之间的距离

与形成所说特定曲线的所说至少一个元件的半节距不同；

(2) 所说特定曲线基本上不同于其他元件所描绘出的曲线。

(三)

现以所列出的对比文件为依据对所述专利的全部权利要求进行补充评述。

(1) 关于权利要求1，对比文件4公开了一种具有多个钢丝 a1 – 4（即本申请的至少一个强度元件）和一条纵向中心轴线的钢丝绳（见图2），所有元件都按捻制节距捻曲在钢丝绳内并在垂直于纵向轴线的平面上具有突出部（见图3～图5），突出部形成凸形曲线，曲率半径在一最大值和一最小值之间交替变化，所说曲线中至少有一条曲线和所说曲线中另一条曲线基本不同。由此可见，对比文件4已经公开了权利要求1中的一个技术方案，因此权利要求1不具备新颖性。

对比文件5公开了权利要求1的前序部分（见说明书附图），区别技术特征在于：(1)沿着纵向中心轴线量得的所说至少一条曲线在两个最小曲率半径之间的距离与形成所说至少一条曲线的元件的半节距不同；或(2)所说曲线中至少有一条曲线与所说曲线中另一条曲线基本不同。对比文件4公开了特征(2)，因此相对于对比文件4与对比文件5的结合，权利要求1不具备创造性。

而对于包含特征"沿着纵向中心轴线量得的所说至少一条曲线在两个最小曲率半径之间的距离与形成所说至少一条曲线的元件的半节距不同"的技术方案，该特征属于本领域的公知常识，因为为了防止钢丝绳的高度过高，导致钢丝绳体积过大，过粗，将曲线两个最小的曲率半径之间的距离设置的小一些，对于本领域技术人员来说是很公知的技术。因此包含特征"沿着纵向中心轴线量得的所说至少一条曲线在两个最小曲率半径之间的距离与形成所说至少一条曲线的元件的半节距不同"的技术方案不具备创造性。

对比文件1也披露了可根据变形部分需要的捻距和形状来合适地选择变形元件的捻距和齿轮表面的结构，可以对变形部分的捻距和形状进行合适地选择，以使每股之间的变形相同或者不同（见原《无效宣告请求书》权利要求1不具备新颖性第一段的评述），可见，对比文件1也公开了特征(2)，因此相对于对比文件1与对比文件5的结合，权利要求1也不具备创造性。

对比文件4和对比文件1的结合，或者对比文件4和对比文件3的结合也能够实现权利要求1的全部有益的技术效果，这是显而易见的，因此，相对于对比文件4和对比文件1的结合或者对比文件4和对比文件3的结合，权利要求1没有突出的实质性特点和显著的进步，不具备创造性。

（2）关于权利要求2，对比文件4并没有公开，具备新颖性，但是没有创造性，理由参见上述关于权利要求1的第三段的评述。

（3）关于权利要求3，对比文件4已经公开了其附加技术特征，曲线是一个多角形（见图3～图5），因此权利要求3不具备新颖性。

对比文件1也已经公开了权利要求3的附加技术特征，曲线是一个多角形（见图2），因此相对于对比文件1，权利要求3也不具备新颖性。

对比文件4和对比文件1的结合，或者对比文件4和对比文件5的结合，或者对比文件1和对比文件5的结合，均能够实现权利要求3的全部有益的技术效果，这是显而易见的，因此，相对于对比文件4和对比文件1的结合或者对比文件4和对比文件5的结合，或者对比文件1和对比文件5的结合，权利要求3也不具备创造性。

（4）关于权利要求4，对比文件4已经公开了其附加技术特征，a1-4都是凸形曲线（见图2），因此权利要求4不具备新颖性。

对比文件1也公开了权利要求4的附加技术特征，全部突出部都是凸形曲线（见图1），因此相对于对比文件1，权利要求4也不具备新颖性。

对比文件4和对比文件1的结合，或者对比文件4和对比文件5的结合，或者对比文件1和对比文件5的结合，均能够实现权利要求4的全部有益的技术效果，这是显而易见的，因此，相对于对比文件4和对比文件1的结合或者对比文件4和对比文件5的结合，或者对比文件1和对比文件5的结合，权利要求4不具备创造性。

（5）关于权利要求5，对比文件4已经公开了其附加技术特征，a1-4形成股绳（见图2），因此权利要求5不具备新颖性。

对比文件1也已经公开了权利要求5的附加技术特征，钢丝帘线A由5股（1）合股而成（见图1），因此相对于对比文件1，权利要求5也不具备新颖性。

对比文件4和对比文件1的结合，或者对比文件4和对比文件5的结合，或者对比文件1和对比文件5的结合，均能够实现权利要求4的全部有益的技术效果，因此，相对于对比文件4和对比文件1的结合或者对比文件4和对比文件5的结合，或者对比文件1和对比文件5的结合，权利要求5不具备创造性。

(6) 关于权利要求6~7，对比文件4已经公开了其附加技术特征，a1-4形成股绳（见图2），因此权利要求6~7不具备新颖性。

对比文件1也已经公开了权利要求6~7的附加技术特征，钢丝帘线A由5股（1）合股而成（见图1），因此相对于对比文件1，权利要求6~7也不具备新颖性。

权利要求6~7的附加技术特征已经分别被对比文件1和对比文件4公开（见对比文件1图3和对比文件4图3~图5），因此权利要求6~7不具备创造性。

(7) 权利要求8~9中的附加技术特征是本领域的常规选择，因此不具备创造性。

(8) 权利要求10的附加技术特征已经被对比文件5公开（见对比文件5说明书第1页第40~45行），因此权利要求10不具备创造性。

权利要求10的附加技术特征也已经被对比文件2公开（见对比文件2第4页第20~25行），因此权利要求10也不具备创造性。

(9) 权利要求11中的附加技术特征是本领域的常规选择，因此不具备创造性。

(10) 权利要求12中的附加技术特征已经被对比文件4公开（见图4），因此不具备创造性。

(11) 权利要求13~14中的附加技术特征是本领域的常规选择，因此不具备创造性。

(12) 权利要求15是一个独立权利要求，对比文件4公开了具有纬线和经线的钢丝绳织物，当其引用的权利要求1~14不具备新颖性或创造性时，其也不具备新颖性或创造性。

(13) 权利要求16是一个独立权利要求，对比文件4公开了一种具有多个钢丝a1~a4（本申请的至少一个强度元件）和一条纵向中心轴线的钢丝绳（见图2）的制作方法，所有元件都按捻制节距捻曲在钢丝绳内并在垂直于纵向轴线的平面上具有突出部（见图3~图5），突出部形成凸形曲线，曲率半径在一最大值和一最小值之间交替变化，所说曲线中至少有一条曲线和所说曲线中另一条曲线基本不同。由此可见，对比文件 4 已经公开了权利要求 16 中的一个技术方案。因此权利要求 16 不具备新颖性。

对比文件 5 公开了权利要求 1 的前序部分（见说明书附图），区别技术特征在于：（1）沿着纵向中心轴线量得的所说至少一条曲线在两个最小曲率半径之间的距离与形成所说至少一条曲线的元件的半节距不同；或（2）所说曲线中至少有一条曲线与所说曲线中另一条曲线基本不同。对比文件 4 公开了特征（2），因此权利要求 16 不具备创造性。

而对于包含特征"沿着纵向中心轴线量得的所说至少一条曲线在两个最小曲率半径之间的距离与形成所说至少一条曲线的元件的半节距不同"的技术方案，该特征属于本领域的公知常识，因为为了防止钢丝绳的高度过高，导致钢丝绳体积过大，过粗，将曲线两个最小的曲率半径之间的距离设置的小一些，对于本领域技术人员来说是很公知的技术。因此包含特征"沿着纵向中心轴线量得的所说至少一条曲线在两个最小曲率半径之间的距离与形成所说至少一条曲线的元件的半节距不同"的技术方案不具备创造性。

（14）关于权利要求 17，对比文件 3 公开了一种跳绳式捻股机（用来使钢丝绳的强度元件变形的装置），具有一个转动体 3，具有一中心轴线和一周边表面，当钢丝在转动体的周边表面上被拉动超过 90°时，转动体可环绕中心轴线转动（见图 2），其与对比文件 3 的区别在于：周边表面有一在最大值和最小值之间交替变动的曲率半径，以使在其上绕过的元件得到一曲线，其曲率半径在最大值和最小值之间变动，对比文件 3 公开了钢丝在捻制之前是呈正弦波轨迹，但是本领域技术人员知晓，根据所需要的波形，将转动体的形状设置成相应的形状是很公知的技术，从而得到"转动体周边表面有一在最大值和最小值之间交替变动的曲率半径，以使在其上绕过的元件得到一曲线，其曲率半径在最大值和最小值之间变动"的技术方案，因此权利要求 17 不具备创造性。

（四）

综上所述，本发明的所有的权利要求都不具备新颖性或创造性，为此，本请求人请求专利复审委员会宣告该专利权全部无效。

请求人：张家港市骏马钢帘线有限公司

二〇一三年九月二十二日

◆ 补充意见陈述书

专利复审委员会：

　　本补充意见陈述书是请求人对专利号为 ZL94193801.8、专利权人为贝卡尔特公司、名称为"开放式钢丝绳结构"的发明专利于 2013 年 8 月 20 日提出的无效宣告请求而进行的补充陈述，主要针对合议组当庭转交的专利权人在口头审理过程中的意见陈述进行评述。该发明专利无效请求的案件编号为 4W102401。

　　由于该发明的权利要求 1、3~7、16、17 不具备新颖性，权利要求 1~7、10~12、17 不具备创造性，权利要求 2 属于公知常识，权利要求 8、9、11、13、14 的附加技术特征是本领域的常规选择，权利要求 15 不具备新颖性或创造性，本请求人请求专利复审委员会宣告该发明专利权全部无效，具体陈述意见如下。

　　（1）请求人对提出的全部无效理由，除口头审理过程中当庭放弃的结合对比方式外，均结合对比文件进行了详细阐述，其理由完全能够成立。

　　无效理由详见《无效宣告请求书》《补充意见陈述书》及口头审理笔录，请求人不再赘述。

　　（2）专利权人所言"凸形曲线"，对比文件 1 及对比文件 4 均已经公开。

　　首先，请求人认为，专利权人所言权利要求 1 中的"凸形曲线"，并非圆弧、圆形或者接近圆弧、圆形的曲线，对比文件 1 的 Z 形曲线（专利权人所言"锯齿状"曲线）也是凸形曲线，并非凹形曲线或者直线，至于专利权人引用的涉案专利说明书附图客观形成的投影为圆弧形曲线，只是说明书的记载，权利要求 1 的保护范围应当以权利要求 1 的文字记载为准。

　　其次，对比文件 4 也公开了专利权人所言权利要求 1 中的"凸形曲线"技术方案，曲率半径交替变化，详见对比文件 4 的图 2 及《补充意见陈述书》第（三）部分有关权利要求 1 的评述第 1 段。

　　本《补充意见陈述书》未提及的地方，以《无效宣告请求书》《意见陈述书》及口头审理中的意见陈述为准。

综上所述，该发明的权利要求1、3～7、16、17不具备新颖性，权利要求1～7、10～12、17不具备创造性，权利要求2属于公知常识，权利要求8、9、11、13、14的附加技术特征是本领域的常规选择，权利要求15不具备新颖性或创造性，为此，本请求人请求专利复审委员会宣告该专利权全部无效。

请求人：张家港市骏马钢帘线有限公司

二〇一三年十二月九日

◆专利复审委员会无效宣告请求审查决定书（第23692号）

申请号或专利号：94193801.8	发文序号：2014082700294470
案件编号：4W102401	
发明创造名称：开放式钢丝绳结构	
专利权人：贝卡尔特公司	
无效宣告请求人：张家港市骏马钢帘线有限公司	

无效宣告请求审查决定书

（第23692号）

根据《专利法》第46条第1款的规定，专利复审委员会对无效宣告请求人就上述专利权所提出的无效宣告请求进行了审查，现决定如下：

☐宣告专利权全部无效。

☐宣告专利权部分无效。

■维持专利权有效。

根据《专利法》第46条第2款的规定，对本决定不服的，可以在收到本通知之日起3个月内向北京知识产权法院起诉，对方当事人作为第三人参加诉讼。

附：决定正文18页（正文自第2页起算）。

合议组组长：冯某　　主审员：郭某某　　参审员：张某某

中华人民共和国国家知识产权局专利复审委员会
无效宣告请求审查决定（第 23692 号）

案件编号	第 4W102401 号
决定日	2014 年 08 月 21 日
发明创造名称	开放式钢丝绳结构
国际分类号	D07B 1/06　D07B 7/02
无效宣告请求人	张家港市骏马钢帘线有限公司
专利权人	贝卡尔特公司
专利号	94193801.8
申请日	1994 年 12 月 09 日
优先权日	1993 年 12 月 15 日
授权公告日	1999 年 11 月 10 日
无效宣告请求日	2013 年 08 月 20 日
法律依据	专利法第 22 条第 3 款

决定要点：
　　在判断一项权利要求所要求保护的技术方案是否具备创造性时，应将权利要求作为一个整体，并结合说明书及附图所公开的内容作以正确理解，不能将彼此关联的技术特征进行简单的割裂对比

　　当试图以两篇及以上的对比文件评述一项权利要求的创造性时，应当以本领域技术人员的视角，将所有现有技术证据作以整体理解，从整体上把握是否存在改进最接近对比文件的动机或启示以及其他对比文件是否给出了相应的结合启示，以保证创造性评价的客观性

一、案由

本无效宣告请求涉及国家知识产权局于 1999 年 11 月 10 日授权公告的名称为"开放式钢丝绳结构"的 94193801.8 号发明专利权，其最早的优先权日是 1993 年 12 月 15 日，申请日为 1994 年 12 月 9 日，授权公告时的专利权人是贝克特股份有限公司，后变更为贝卡尔特公司。

该发明专利授权公告的权利要求书如下：

1. 一种具有至少一个强度元件（100、116、118）和一条纵向中心轴线（112）的钢丝绳，所说元件都按捻制节距捻曲在所说钢丝绳内并在垂直于纵向轴线的平面（YZ）上具有突出部，所说突出部形成曲线（178、180、182、184），其中至少有一条为凸形曲线，其曲率半径在一最大值和一最小值之间交替变化，所说钢丝绳还以下列特性中的一个或两个作为特征：

（1）沿着纵向中心轴线量得的所说至少一条曲线在两个最小曲率半径之间的距离与形成所说至少一条曲线的元件的半节距不同；

或

（2）所说曲线中至少有一条曲线与所说曲线中另一条曲线基本不同。

2. 按照权利要求1的钢丝绳，其特征为，沿着纵向中心轴线量得的所说至少一条曲线在两个最小曲率半径之间的距离小于形成所说至少一条曲线的元件的半节距。

3. 按照权利要求1的钢丝绳，其特征为，所说凸形曲线基本上像一个多角形。

4. 按照权利要求1的钢丝绳，其特征为，所有所说强度元件都形成所说凸形曲线。

5. 按照权利要求1的钢丝绳，其特征为，所说强度元件为一具有多根钢丝（120、122、124、126、128、130）的股绳（116、118）。

6. 按照权利要求1的钢丝绳，其特征为，所说强度元件为一根钢丝（100）。

7. 按照权利要求6的钢丝绳，其特征为，所说强度元件具有三到五根钢丝（100、132）。

8. 按照权利要求7的钢丝绳，其特征为，所说钢丝绳的每一根所说钢丝在拉伸张力为50牛顿时都有一个部分负荷延伸率（PLE），该延伸率与每一根其他钢丝的PLE值比较相差都不超过0.20%。

9. 按照权利要求7的钢丝绳，其特征为，所说钢丝绳在拉伸张力为50牛顿时有一低于0.30%的部分负荷延伸率。

10. 按照权利要求6的钢丝绳，其特征为，所说钢丝绳具有多于五根的钢丝（138、140、142、144、146、148、150、152）。

11. 按照权利要求10的钢丝绳，其特征为，所说钢丝都具有相同的捻制步骤和相同的捻制方向。

12. 按照权利要求 11 的钢丝绳，其特征为，所说钢丝绳中每一个能将相邻的三根钢丝在横断截面上组成一个三角形的三钢丝组合，至少应有一根所说钢丝形成所说凸形曲线。

13. 按照权利要求 1 的钢丝绳，其特征为，所说捻制节距具有一个无穷大值。

14. 按照权利要求 6 的钢丝绳，其特征为，所说钢丝绳只有一根钢丝。

15. 一种具有纬线（160）和经线（162）的钢丝绳织物，其特征为，所说纬线或所说经线或两者至少部分为按照权利要求 1~14 制成的钢丝绳。

16. 一种用来制造钢丝绳（114）的方法，该钢丝绳具有一条纵向轴线（112）和至少一个强度元件（100），每一个强度元件都以一个捻制节距捻曲在所说钢丝绳内，所说方法具有下列步骤：

——使所说元件中至少有一个元件接受弯曲操作，从而使所说至少一个元件得到特定的曲线，其曲率半径在一最大值和一最小值之间变动；

——使所说元件中的至少一个元件与其他元件一起组成所说钢丝绳。

所说过程还以下列特性中的一个或两个作为特征：

（1）沿着纵向中心轴线量得的所说特定曲线在两个最小曲率半径之间的距离与形成所说特定曲线的所说至少一个元件的半节距不同；

（2）所说特定曲线基本上不同于其他元件所描绘出的曲线。

17. 一种用来使钢丝绳（114）的强度元件（100）变形的装置，其特征为具有一个基体（102），其上有一中心轴线和一周边表面（108、110），当一强度元件在所说基体的周边表面上被拉动超过一个至少为 90°的角度时所说基体可环绕其中心轴线转动，所说周边表面有一在最大值和最小值之间交替变动曲率半径，以使在其上绕过的元件得到一条曲线，其曲率半径在一最大值和最小值之间变动。

针对上述专利权（以下简称本专利），张家港市骏马钢帘线有限公司（以下简称请求人）于 2013 年 8 月 20 日向专利复审委员会提出无效宣告请求，请求宣告本专利权部分无效，其无效宣告理由为：权利要求 1、4、5、17 不符合《专利法》第 22 条第 2 款的规定，权利要求 1~5、17 不符合《专利法》第 22 条第 3 款的规定。同时，请求人提交了如下证据：

证据1：公开日为1991年6月4日，公开号为US5020312A的美国专利说明书复印件及其中文译文，共13页。

证据2：公告日为1990年3月7日，公告号为CN2054044U的中国实用新型专利申请说明书复印件，共6页。

证据3：《金属制品》1992年第18卷第3期登载的《生产钢帘线用捻制设备》一文的复印件，共6页。

请求人认为：权利要求1、4、5、17相对于证据1不具备新颖性；权利要求1～5、17相对于证据1，或者证据1、证据2的结合，或者证据1、证据3的结合不具备创造性，其中，证据1作为最接近对比文件。

经形式审查合格后，专利复审委员会受理了上述请求，于2013年8月20日向双方当事人发出了《无效宣告请求受理通知书》，并将《专利权无效宣告请求书》及其证据副本转送给专利权人，要求其在指定的期限内答复，同时成立合议组对本无效宣告请求案进行审理。

2013年9月22日，请求人提交了补充意见陈述书，增加了权利要求3、6、7、15、16不具备新颖性，权利要求6～16不具备创造性的无效理由，请求宣告本专利全部无效，并增补了如下证据。

证据4：公开日为1988年4月19日，公开号为US4738096A的美国专利说明书复印件及其中文译文，共18页。

证据5：公开日为1990年4月18日，公开号为EP0363893A2的欧洲专利申请说明书复印件及其中文译文，共31页。

请求人认为：①权利要求1中包含特征（2）的技术方案相对于证据4不具备新颖性；证据5公开了权利要求1的前序部分，证据1、证据4均公开了权利要求1中的特征（2），权利要求1中包含特征（2）的技术方案相对于证据4、证据5的结合，或者证据1、证据5的结合不具备创造性；权利要求1中的特征（1）属于公知常识，权利要求1中包含特征（1）的技术方案不具备创造性；权利要求1相对于证据4、证据1的结合，或者证据4和证据3的结合不具备创造性；②权利要求2～14的附加技术特征或被证据1、2、4、5中之一所公开，或属于本领域的公知常识，因此，权利要求2不具备创造性，权利要求3、4、5、6、7相对于证据1或证据4均不具备新颖性；权利要求3、4、5相对于证据4与证据1的结合，或者证据4与证据5的结合，或者证据1与证据5的结合不具备创造性；权利要求6~14不具备创造性；③独立权利要求15的主题名称被证据4公开，在权利要求1~14不具备新颖性或创造性时，权利要求15同样也不具备新颖性或创造性；④独立权利要求16中包含特征（2）的技术方案被证据4公开，该技术方案相对于证据4不具备新颖性；证据5公开了权利要求16的前序部分，证据4均公开了权利要求16中的特征（2），权利要求16中包含特征（2）的技术方案相对于证据4、证据5的结合不具备创造性；权利要求16中的特征（1）属于公知常识，权利要求16中包含特征（1）的技术方案不具备创造性；⑤独立权利要求17相对于证据3和公知常识的结合不具备创造性。

2013年9月25日，专利权人针对向其转送的无效宣告请求书提交了意见陈述书，认为：①证据1的中文译文存在翻译错误，专利权人提交了证据1的全文译文；②证据1中的股绳在加捻之前虽然进行了预先的压制处理，在垂直于钢帘线纵向轴线的平面上形成有突出部，但是这些突出部并未形成凸形曲线，而形成了有凸有凹的曲线，也即证据1并未公开权利要求1中的特征"所说突出部形成曲线，其中至少有一条为凸形曲线"，此外，证据1还至少没有公开权利要求1中的特征（1）和（2），因此，权利要求1相对于证据1具备新颖性，进而权利要求4、5也具备新颖性；③证据1至少没有公开权利要求17中的"当一强度元件在所说基体的周边表面上被拉动超过一个至少为90°的角度时所说基体可环绕其中心轴转动，所说周边表面有一在最大值和最小值之间交替变动的曲率半径"，权利要求17相对于证据1具备新颖性；④权利要求1或权利要求17与证据1的区别技术特征在证据2、证据3中也没有被公开，这些区别技术特征取得了有益的技术效果，权利要求1或权利要求17相对于证据1或证据1和证据2的结合、或证据1和证据3的结合均具备创造性。在此基础上，权利要求2~5也具备创造性。

2013年10月11日，合议组将专利权人于2013年9月25日提交的上述意见陈述书及其附件转送给请求人，并要求其在指定期限内答复。

2013年10月16日，合议组将请求人于2013年9月22日提交的补充意见陈述书及其附件转送给专利权人，并要求其在指定期限内答复。

2013年11月5日，合议组向双方当事人发出《无效宣告请求口头审理通知书》,定于 2013 年 12 月 3 日在专利复审委员会进行口头审理。

2013 年 11 月 28 日,专利权人针对向其转送的请求人的补充意见陈述书及其附件提交意见陈述书,认为:①证据 4 中的金属丝在垂直于纵向轴线的平面上形成的曲线均是圆形的,并非凸形曲线;权利要求 1~16 相对于证据 4 均具备新颖性;②证据 1 至少没有公开凸形曲线的相关特征,权利要求 4~7 相对于证据 1 具备新颖性;③请求人并未针对其提出的权利要求 1 相对于证据 4、证据 5 的结合,证据 4、证据 1 的结合,证据 4、证据 3 的结合,或者证据 1、证据 5 的结合不具备创造性的理由作出具体说明,合议组应当不予考虑。证据 5 没有公开权利要求 1 中的特征(1)和(2),权利要求 1 相对于证据 4、证据 5 的结合具备创造性;④证据 1、证据 5 均没有公开与凸形曲线相关的特征,权利要求 1 相对于证据 1、证据 5 的结合具备创造性;⑤权利要求 16 相对于证据 5、证据 4 的结合具备创造性;权利要求 17 相对于证据 3 和公知常识的结合具备创造性。

口头审理如期举行,双方当事人均参加了口头审理。通过本次口头审理,明确并记录了如下事项。

(1) 请求人明确其无效宣告理由为:权利要求 1、3~7、15~17 不符合《专利法》第 22 第 2 款的规定,权利要求 1~17 不符合《专利法》第 22 条第 3 款的规定。

(2) 合议组当庭告知双方当事人:鉴于请求人并未在请求书或意见陈述书中对证据 4、证据 1 的结合,以及证据 4、证据 3 的结合这两种证据使用方式作出具体说明,合议组在本案中对上述证据使用方式不予考虑。双方当事人对此没有异议。

(3) 请求人明确证据使用方式如下:权利要求 1、3~7、17 相对于证据 1 不具备新颖性;权利要求 1、3、7、15、16 相对于证据 4 不具备新颖性;权利要求 1~5、17 相对于证据 1,或证据 1、证据 2 的结合,或证据 1、证据 3 的结合不具备创造性;以证据 5 为最接近的对比文件,证据 5 公开了权利要求 1 的前序部分,证据 1 或证据 4 公开了权利要求 1 中的(2)特征,特征(1)是本领域的公知常识,在此基础上权利要求 1 的所有技术方案不具备创造性;权利要求 2~14 的评述方式与请求书及意见陈述书一致;证据 4 公开了一种钢丝绳织物,在权利要求 1~14 不具备新颖性、创造性时,权利要求 15 也不具备新颖性或创造性;

证据5公开了权利要求16的前序部分，证据4公开了特征（2），而特征（1）是公知技术，在此基础上，权利要求16的所有方案不具备创造性；权利要求17相对于证据3与公知常识的结合不具备创造性。

（4）专利权人对证据1~5的真实性没有异议，仅对证据1中文译文的准确性提出异议；请求人同意证据1的中文译文以专利权人提交的文本为准。

（5）合议组当庭将专利权人于2013年11月28日提交的意见陈述书转送给请求人，当庭告知请求人可于口头审理结束后10个工作日内提交书面答复意见。

2013年12月16日，请求人提交意见陈述书，认为：权利要求1中的"凸形曲线"并非圆弧、圆形或接近圆弧、圆形的曲线，证据1中的Z形曲线也是凸形曲线，证据1、证据4均公开了"凸形曲线"；请求人提出的无效理由均能够成立。鉴于请求人的这些主张已经在口头审理过程中充分论述，本案合议组不再予以转文。

在上述工作的基础上，合议组认为本案的事实已经清楚，可以做出审查决定。

二、决定的理由

1. 关于证据认定

证据1~5均为专利文献的复印件，专利权人对证据1~5的真实性没有异议，对证据2~5的中文译文的准确性没有提出异议，合议组对证据1~5的真实性及证据2~5中文译文的准确性予以认可。据口头审理过程中双方当事人达成的一致意见，证据1的中文译文以专利权人提交的翻译文本为准。证据1~5均属于公开出版物，它们的公开日期在本专利的申请日之前，证据1~5公开的技术内容可以作为现有技术来评价本专利的新颖性、创造性。

2. 关于权利要求1~17的保护范围

专利权人主张权利要求1、16均包含3个技术方案，权利要求16中限定的"特定的曲线"指代"凸形曲线"，请求人对此表示认可。

经查，权利要求1要求保护一种具有至少一个强度元件和一条纵向中心轴线的钢丝绳，所述钢丝绳以特征（1）、特征（2）中的一个或两个作为特征。也即，权利要求1包含如下三个技术方案：①权利要求1前序部分与特征（1）组合而成的技术方案(即下文所称"权利要求1特征(1)方案");②权利要求1前序部分与特征(2)组合而成的技术方案(下文所称"权利要求1特征(2)方案");③权利要求1前序部分与特征(1)以及特征(2)组合而成的技术方案(下文所称"权利要求1组合方案")。

权利要求16要求保护一种用来制造钢丝绳的方法,所说方法以特征(1)、特征(2)中的一个或两个作为特征。也即,权利要求16包含如下三个技术方案:①权利要求16前序部分与特征(1)组合而成的技术方案(下文所称"权利要求16特征(1)方案");②权利要求16前序部分与特征(2)组合而成的技术方案(下文所称"权利要求16特征(2)方案");③权利要求16前序部分与特(1)以及特征(2)组合而成的技术方案(下文所称"权利要求16组合方案")。

判断本专利权利要求1~17的保护范围的关键在于确定本专利中"凸形曲线"或"特定的曲线"的含义。经查,权利要求1限定了"所说元件都按捻制节距捻曲在所说钢丝绳内并在垂直于纵向轴线的平面(YZ)上具有突出部,所说突出部形成曲线(178、180、182、184)",权利要求16限定了"所说特定曲线基本上不同于其他元件所描绘出的曲线",同时,说明书第4页第2段载明"被至少一个强度元件的突出部在垂直于纵向轴线的平面上,在超过该元件的捻制节距的长度上描绘出凸形曲线"。另外,说明书第20页第4段还写明"所有图12到图15都有一个共同点……它们的形状除了测量误差之外,总是凸形的而决不会是凹形的"。本领域技术人员基于本专利权利要求书和说明书明确记载的上述技术信息,并进一步结合附图12~18可以确认,本专利中所述的"凸形曲线"是指"强度元件的突出部在垂直于纵向轴线的平面上所描绘出的凸形的曲线,它没有凹的部分"。

鉴于双方当事人均认可权利要求16中的"特定的曲线"指代"凸形曲线",故权利要求16中"特定的曲线"同样具有上述含义。

3. 关于新颖性

《专利法》第22条第2款规定:新颖性,是指在申请日以前没有同样的发明或者实用新型在国内外出版物上公开发表过、在国内公开使用过或者以其他方式为公众所知,也没有同样的发明或者实用新型由他人向国务院专利行政部门提出过申请并且记载在申请日以后公布的专利申请文件中。

3.1 权利要求 1、3~7 相对于证据 1 是否具备新颖性

请求人主张：证据 1 附图 1 显示三根据齿状直接捻制在一起，该锯齿直线发生曲线变形，形成凸起部，图中沿 X 轴即纵轴方向延伸的曲线相当于本专利的凸曲线，并且证据 1 中的钢丝在 YZ 平面的投影也是一个封闭的曲线，证据 1 公开了权利要求 1 的全部技术特征，因此，权利要求 1 相对于证据 1 不具备新颖性。

经查，证据 1 公开了一种具有三股以上钢丝股绳（相当于本专利的强度元件）的钢帘线（相当于本专利的钢丝绳），每根股绳沿其纵向方向延伸，所述多根钢丝绳捻制在一起，在所述股绳的至少一股上形成有沿长度方向大致锯齿形的被压制处理的部分并因此在所述股绳之间形成 0.05 毫米或以上的间隙；上述钢丝帘线是通过如下方法制造的：首先将三股或更多股股绳的一股或多股递送到一对齿轮状压制元件的啮合齿面之间，以便将股绳压制出锯齿形状，此后，将股绳传递到加捻机以对股绳加捻，所述压制元件 7 由一对齿轮状，由金属、硬质合成树脂或类似材料制成的元件组成，并随股绳 1 的行进一起联动或由来自电源或类似的驱动力被驱动而旋转，压制部分的齿距及其齿面的结构可适当地根据待加捻股绳的压制部分的所需节距和形状来选择，以使股绳的钢丝可以彼此相同或彼此不同，因此，沿圆周方向在被压制部分之间形成多于一个的间隙，这些间隙沿纵向方向存在于被压制部分的节距上，由此能够确保橡胶沿着纵向方向渗入（见证据 1 中文译文权利要求 1、说明书第 1 页第 20 行至第 2 页倒数第 8 行，附图 1~4）。

证据 1 附图 3 示出的是帘线中股绳的正视图，即股绳沿 X 轴方向的延伸曲线，而并非垂直于 X 轴的 YZ 平面内的视图，故而其并不等同于本专利中的凸曲线。本领域技术人员可以推知，证据 1 如附图 3 所示的股绳在垂直于纵向轴线的 YZ 平面上的投影也能够形成曲线，但是该曲线不仅具有突出部分，还存在凹入部分，也即该曲线与本专利中的凸形曲线并不相同。因此，证据 1 没有公开权利要求 1 前序部分中与凸形曲线有关的如下特征"其中至少有一条为凸形曲线，其曲率半径在一最大值和一最小值之间交替变化"，也没有公开权利要求 1 中用于进一步限定凸形曲线的特征（1）与特征（2）。基于上述区别技术特征的存在，同时，上述区别技术特征也不属于本领域内惯常手段的直接置换，因此，权利要

求 1 的全部技术方案相对于证据 1 均具备新颖性。

在权利要求 1 相对于证据 1 具备新颖性的情况下，权利要求 1 的从属权利要求 3~7 相对于证据 1 也具备新颖性。

3.2 权利要求 17 相对于证据 1 是否具备新颖性

请求人主张：证据 1 披露了权利要求 17 的全部必要技术特征，证据 1 能够达到权利要求 17 所述的有益的技术效果，因此，权利要求 17 相对于证据 1 不具备新颖性。

合议组认为，权利要求 17 要求保护一种用来使钢丝绳的强度元件变形的装置，其包括但不限于如下特征"当一强度元件在所说基体的周边表面上被拉动超过一个至少为 90°的角度时所说基体可环绕其中心轴线转动"，该技术特征使权利要求 17 所要求保护的技术方案能够取得"避免变形装置损伤强度元件"的技术效果。由上文第 3.1 节证据 1 公开的技术内容可知，证据 1 公开的一对齿轮状压制元件可以对强度元件实施变形，但是齿轮状压制元件会对强度元件的表面镀层造成损伤从而对强度元件的性能造成不良影响；另外，上述特征中还涉及齿轮状压制元件与强度元件之间的运动关系，但是，证据 1 仅披露了"压制元件 7 由一对齿轮状，由金属、硬质合成树脂或类似材料制成的元件组成，并随股绳 1 的行进一起联动或由来自电源或类似的驱动力被驱动而旋转"，而并未具体公开与权利要求 17 中限定的上述技术特征相等同的运动方式，得到的曲线也不相同。另外，该区别技术特征也不能由本领域内的惯用技术手段直接替换得到，因此，权利要求 17 相对于证据 1 具备新颖性。

3.3 权利要求 1、3~7 相对于证据 4 是否具备新颖性

请求人主张：证据 4 公开了一种具有多个钢丝和一条纵向中心轴线的钢丝绳，证据 4 的附图 3~附图 5 显示元件上具有突出部，突出部形成曲线，曲率半径在最大和最小之间交替变化，除此之外，权利要求 1 特征（2）方案的其余特征也被证据 4 公开，权利要求 1 相对于证据 4 不具备新颖性。

经查，证据 4 公开了一种用于强化例如轮胎和皮带等橡胶产品的开放型金属绳，其目的在于，在将金属丝嵌入到橡胶中的时候，这种金属绳的橡胶渗透率不会在通常作用于绳子上的拉力下降低，同时能够稳定低负荷下的伸长率，防止绳子和橡胶复合物的断裂强度降低（见证据 4 中文译文第 2 页左栏尾段至右栏第 1

段)。证据 4 附图 2 和附图 3 示出了根据本发明的第一实施例的金属绳,其中图 2 是金属绳的正视图,图 3 是图 2 中绳子的截面图,该金属被构造成四根金属丝 a1、a2、a3 和 a4 被松弛地捻搓在一起,金属丝 a1 构成一个绳子单元(第一绳子单元),而其余的三根金属丝 a2、a3 和 a4 构成另一个绳子单元(第二绳子单元),构成第二绳子单元的这些金属丝的预成型比率是相同的,这个预成型比率小于构成第一绳子单元的金属丝 a1 的预成型比率;捻搓这些金属丝时的捻搓间距通常是金属丝直径的 30 倍至 80 倍(见证据 4 中文译文第 3 页左栏第 3 段,附图 2、3)。其中,预成型比率的意思是用间距和直径与成品绳子的间距和直径一样的螺旋形状形成一些构成绳子的金属丝部件,比率是螺旋直径 D_f 除以密集堆积的绳子的直径 D_c,通常,开放型绳子中的金属丝部件的预成型比率大于 1;所谓开放型绳子,如图 1 所示,这种绳子是通过松弛地捻搓多条金属丝 a 而制成的,每根金属丝的预成型比率通常在 1.05 至 1.40 的范围内(见证据 4 中文译文第 1 页左栏尾段至右栏第 1 段)。使用上述构造的开放型金属绳可以取得如下技术效果:施加拉力后,即使预成型比率较小的金属丝 a2、a3 和 a4 拢在一起,预成型比率较大的金属丝 a1 也不会靠近其余的这些金属丝。因此,可以在金属丝 a1 与其余的金属丝之间形成充足的空间让橡胶渗透进来,橡胶通过上述的充足空间渗透到绳子中,由此防止湿气或盐水进入绳子中,结果是,可以防止绳子腐蚀,并且因而可以防止腐蚀导致橡胶产品的品质下降(见证据 4 中文译文第 3 页右栏第 1 段)。

本领域技术人员由证据 4 公开的上述技术内容可以确定,附图 3 是开放型金属绳在垂直于纵轴方向所作的截面图,突出于 a2、a3、a4 的突出部分 a1 仅表示构成第一绳子单元的金属丝 a1 的一个截面,其并不等同于本专利中元件在垂直于纵轴方向的 YZ 平面中的突出部。对于作为强度元件的单根金属丝而言,在捻制之前,a1、a2、a3、a4 均经过了螺旋预成型,但是证据 4 实现其发明目的的关键手段在于金属丝 a1 与金属丝单元 a2、a3、a4 的预成型比率不同,而并未公开对每一根金属丝实施了区别于背景技术的螺旋预成型方式。证据 4 限定了最终制成的金属绳是一种开放型金属绳,而根据如图 1 所示的由预成型方式相同的金属丝制成的开放型金属绳的截面图示,本领域技术人员可以确认,开放型金属绳中每根金属丝在垂直于纵轴方向的 YZ 平面的投影没有形成突出部。由此可知,图

2 所示金属绳中的每根金属丝在垂直于纵轴方向的 YZ 平面的投影上也没有形成突出部，从而其投影曲线也不能等同于本专利中由突出部所描绘出的凸形曲线。

证据 4 的附图 4、附图 5 表示的是区别于图 3 的另外两个实施例的金属绳截面图，它们与附图 3 之间的区别主要在于构成金属绳的金属丝的根数不同。基于上文同样的理由，附图 4、附图 5 也均未公开本专利中的突出部及由其绘出的凸形曲线。

综上所述，证据 4 至少没有公开权利要求 1 限定部分中的如下技术特征"所说元件都按捻制节距捻曲在所说钢丝绳内并在垂直于纵向轴线的平面（YZ）上具有突出部，所说突出部形成曲线（178、180、182、184）"。

同时，该区别技术特征也不能由本领域的惯用技术手段直接替换得到，因此，权利要求 1 相对于证据 4 均具备新颖性。

在权利要求 1 相对于证据 4 具备新颖性的情况下，从属于权利要求 1 的权利要求 3~7 相对于证据 4 也均具备新颖性。

3.4 权利要求 15 相对于证据 4 是否具备新颖性

请求人主张：证据 4 公开了一种钢丝绳织物，在权利要求 1~14 不具备新颖性时，权利要求 15 也不具备新颖性。

合议组认为，由上文 3.3 节可知，权利要求 1 相对于证据 4 具备新颖性，因此，其从属权利要求 2~14 相对于证据 4 也均具备新颖性。在此基础上，独立权利要求 15 所要求保护的所有技术方案相对于证据 4 也均具备新颖性。

3.5 权利要求 16 相对于证据 4 是否具备新颖性

请求人主张：证据 4 公开了一种钢丝绳的制作方法，附图 3~附图 5 公开了突出部及由突出部形成的凸形曲线，总之，已经公开了权利要求 16 中的一个技术方案，权利要求 16 相对于证据 4 不具备新颖性。

经查，权利要求 16 所要求保护的方法中限定了"从而使所说至少一个元件得到特定的曲线"，且双方当事人均认可"特定的曲线"即指代"凸形曲线"。基于上文第 3.3 节基本相同的理由，合议组认为，证据 4 并未公开权利要求 16 中与凸形曲线相关的技术特征，而这些特征也不能由本领域内的惯用技术手段直接替换得到，因此，权利要求 16 相对于证据 4 也具备新颖性。

4. 关于创造性

《专利法》第 22 条第 3 款规定："创造性，是指同申请日以前已有的技术相比，该发明有突出的实质性特点和显著的进步，该实用新型有实质性特点和进步。"

4.1 权利要求1~5相对于证据1、证据1与证据2的结合、证据1与证据3的结合是否具备创造性

请求人主张：①证据1明确指出"可根据变形部分需要的捻距和形状来合适地选择变形元件的捻距和齿轮表面的结构"，该结构完全可以是曲率半径较大的凸起状元件，因此，权利要求1相对于证据1是显而易见的。②证据2公开了对钢丝进行预变形而提高橡胶渗透效率，权利要求1相对于证据1、2的结合是显而易见的。③证据3第1页左栏第9~11行、第2页左栏第7~9行、第3页左栏第7~10行以及附图1、附图3、附图4、附图6~附图9说明钢丝在捻制之前进行了预变形，或在捻制之前呈正弦波轨迹，证据3所述的飞轮转动体（相当于预变形器）可以是圆形、多角形或其他规则或不规则形状，由此可以对所有钢丝进行变形，形成凸形曲线，权利要求1相对于证据1、证据3的结合是显而易见的。证据1、2、3均公开了权利要求2、3、4、5的附加技术特征。总之，权利要求1~5相对于证据1、证据1与证据2的结合、证据1与证据3的结合不具备创造性。

合议组认为，由上文第3.1节可知，证据1没有公开权利要求1前序部分中与凸形曲线有关的如下特征"其中至少有一条为凸形曲线，其曲率半径在一最大值和一最小值之间交替变化"，也没有公开权利要求1中用于进一步限定凸形曲线的特征（1）与特征（2）。

第一，尽管证据1给出的关于"可根据变形部分需要的捻距和形状来合适地选择变形元件的捻距和齿轮表面的结构"的指引可促使本领域技术人员根据需要改变齿轮表面的结构，但其合理选择的范围不会超出"递送到一对齿轮状压制元件的啮合齿面之间，以便将股绳压制出锯齿形状"这一基本技术手段，而锯齿形状的钢丝在YZ平面的投影不能形成凸曲线，也就是说，即便本领域技术人员对证据1的技术方案做出合理的改进，也不能显而易见地得到权利要求1的所要求保护的其强度元件可以在垂直于纵轴方向的平面上描绘出凸曲线的钢丝绳。另外，没有证据表明所述区别技术特征属于本领域的公知常识。上述区别技术特征是本专利用于促使橡胶充分渗透、提高钢丝绳品质的关键技术手段，能够取得提

高橡胶渗透率、具有低 PLE 值、制造简单且对钢丝没有损伤的技术效果。总之，权利要求 1 所要求保护的所有技术方案相对于证据 1 并非是显而易见的，均具备有益的技术效果，因此，它们均具备突出的实质性特点和显著的进步，具备创造性。

第二，经查，证据 2 公开了一种双捻机捻制钢帘线的预成型装置，其目的在于采用预成型装置使双捻机制出的钢帘线消除应力，使钢帘线平直、不松散、不绞花、不翻肚。该预成型装置安装在双捻机面线架和双捻机的外过捻器之间，包括锥形变形器和压线模；钢丝经过锥形变形器的辊轮，在辊轮间反复弯曲进行强制变形，变形时增加钢丝的松弛程度，给了弯曲余量，形成预定的永久变形，这种永久残余曲率同股绳在绳中的螺旋线曲率相吻合，从而可消除钢帘线的捻制应力和钢丝拉拔应力；压线模是用于控制捻制绳股成型、定径的工具，其模孔直径为所捻钢帘线的直径，压线模与锥形变形器紧密配合完成钢帘线的预先弯曲、扭转变形，压模将绳股捋直，确保绳股的顺利合拢，使钢丝束张力一致，钢帘线不翻肚。以捻制"3+9+15"钢帘线为例，以"3+9"的钢丝束为钢帘线的芯线，外绕 15 根钢丝，面线、芯线从双捻机的分线盘出来，芯线由预变形器的中心孔通过，15 根面线经过预变形器上的辊轮组，当钢丝以 S 形经过辊轮组后，"3+9"的芯线和 15 根面线组成的钢丝束通过压线模，钢丝束从压线模出来后经过双捻机的外过捻器，以 2.2 倍的双捻比进入双捻机中进行捻制，即可生产出合格的"3+9+15"的钢帘线（见证据 2 说明书第 3 页第 3~5 段，第 4 页第 3、4 段、尾段至第 5 页第 1 段，附图 1、附图 2）。

可见，证据 2 中的预变形器确属在捻制之前对钢丝进行预变形的装置，预成型后的钢丝呈 S 形，证据 2 对捻制前的钢丝实施预变形的目的在于"使双捻机制出的钢帘线消除应力"，而并非基于提高橡胶渗透性的动机。总之，本领域技术人员不能确定证据 2 中作为强度元件的钢丝在垂直于纵轴方向的平面内是否具有突出部及突出部可以描绘出凸形曲线，即证据 2 没有公开权利要求 1 前序部分中关于凸形曲线的相关特征。另外，也没有证据表明它们属于本领域的常规技术手段。所述区别技术特征是本专利用于促使橡胶充分渗透、提高钢丝绳品质的关键技术手段，能够取得提高橡胶渗透率、具有低 PLE 值、制造简单且对钢丝没有损伤的技术效果。总之，权利要求 1 所要求保护的所有技术方案相对于证据 1、证据2的结合并非是显而易见的，它们均具备有益的技术效果。因此，它们均具备突出的实质性特点和显著的进步，具备创造性。

第三，另查，证据3是一篇介绍各类生产钢帘线用捻制设备的综述性文章，其中，第1页左栏第9~11行记载了管式捻股机中"钢丝沿着转动体边缘的导线管通过预变形器，到达捻制点捻成股或绳子"，第2页左栏第7~9行介绍了"跳绳式捻股机同管式捻股机一样，使钢丝在捻制之前呈正弦波轨迹"，第3页左栏第7~10行载明"管式捻股机和跳绳式捻股机在正常捻制时，每根钢丝通过反向扭转，在预变器中被弯成螺旋形状（正弦波轨迹），以使它们在捻制后得到稳定的捻距"。由上述内容可知，证据3中对钢丝采取预变形措施的目的在于使它们在捻制后得到稳定的捻距，其仅公开了预变形后的钢丝呈螺旋形状，而没有进一步披露钢丝在垂直于纵轴方向的平面内是否具有突出部及突出部可以描绘出凸形曲线。证据3附图1示出了管式捻股机的工作原理简图，附图3、附图4、附图6~附图9是双捻股绳机的工作原理简图，本领域周知飞轮转动体的作用在于通过带动钢丝高速旋转而对钢丝进行捻制，因此飞轮转动体并非一种预变形器，钢丝经过飞轮转动体之后形成了一次捻制，而不会形成本专利所述的突出部及由突出部所描绘出的凸形曲线。

可见，证据3并未公开权利要求1前序部分中关于凸形曲线的相关特征，也没有证据表明它们属于本领域的常规技术手段。所述区别技术特征是本专利用于促使橡胶充分渗透、提高钢丝绳品质的关键技术手段，能够取得提高橡胶渗透率、具有低PLE值、制造简单且对钢丝没有损伤的技术效果。总之，权利要求1所要求保护的所有技术方案相对于证据1、证据3的结合并非是显而易见的，它们均具备有益的技术效果，因此，它们均具备突出的实质性特点和显著的进步，具备创造性。

综上所述，权利要求1所要求保护的所有技术方案均具备创造性。以此为基础，从属于权利要求1的权利要求2~5也均具备创造性。

4.2 权利要求17相对于证据1、证据1与证据2的结合、证据1与证据3的结合是否具备创造性

请求人主张：①权利要求17相对于证据1是显而易见的，未实现任何意料不到的技术效果。②证据2披露了钢丝曲率半径不同钢帘线的预成型装置，将证

据 1、证据 2 结合能够实现权利要求 17 所述的有益的技术效果，相对于该种证据组合，权利要求 17 没有突出的实质性特点和显著的进步。③证据 3 披露了飞轮转动体（相当于预变形器），将证据 1、证据 3 结合能够实现权利要求 17 所述的有益的技术效果，相对于该种证据组合，权利要求 17 没有突出的实质性特点和显著的进步。

如上文第 3.2 节所述，权利要求 17 与证据 1 相比，至少存在如下区别技术特征"当一强度元件在所说基体的周边表面上被拉动超过一个至少为 90°的角度时所说基体可环绕其中心轴线转动"。由该区别技术特征可知，权利要求 17 所保护的技术方案实际要解决的技术问题是"如何避免变形装置损伤强度元件"。

第一，纵观证据 1 公开的整体技术内容，合议组认为，证据 1 的发明目的在于通过一对齿轮状压制元件将钢丝压制成锯齿形状后再行捻制，进而提高橡胶的渗透性，有鉴于采用一对齿轮状压制元件进行压制是其关键技术手段，因此，本领域技术人员不容易从避免强度元件表面受到损伤的角度对该技术手段实施改进。除此之外，也没有其他明显的动机激励本领域技术人员将证据 1 的技术方案改进为权利要求 17 所保护的技术方案。没有证据证明上述区别技术特征属于本领域的常规技术手段，该技术手段使权利要求 17 所保护的技术方案具有有益的技术效果。本领域技术人员在证据 1 的基础上不能显而易见地得到权利要求 17 所要求保护的技术方案，权利要求 17 具备突出的实质性特点和显著的进步。

第二，经查，证据 2 所公开的预变形器的结构如下：包括 15 辊轮组，每一个辊轮组有 3 个辊轮，辊轮直径为 18mm，最外两个辊轮的中心距为 15.2mm，辊轮弧度的曲率半径为 5mm，锥形变形器锥度为 24°，主机转速为 1500 转/分，钢丝在锥形预变形器上的辊轮速度为 48m/转（参见证据 2 说明书第 4 页尾段至第 5 页第 1 段，附图 1）。由此可见，预变形器受驱动力驱动，而不是由强度元件运动到一定限度时带动其转动，证据 2 没有公开上述区别技术特征。没有证据证明上述区别技术特征属于本领域的常规技术手段，该技术手段使权利要求 17 所保护的技术方案具有有益的技术效果。本领域技术人员在证据 1 的基础上结合证据 2 不能显而易见地得到权利要求 17 所要求保护的技术方案，权利要求 17 具备突出的实质性特点和显著的进步。

第三，如上文第 4.1 节所述，证据 3 没有公开预变形器的具体结构，也没有公开其与强度元件之间的运动关系,即证据3没有公开上述区别技术特征。没有证据证明上述区别技术特征属于本领域的常规技术手段,该技术手段使权利要求17所保护的技术方案具有有益的技术效果。本领域技术人员在证据1的基础上结合证据3不能显而易见地得到权利要求17所要求保护的技术方案,权利要求17具备突出的实质性特点和显著的进步。

4.3 以证据5作为最接近的对比文件,权利要求14是否具备创造性

请求人主张:证据5公开了权利要求1的前序部分,权利要求1要求保护的技术方案相对于证据5的区别技术特征在于特征(1)和/或特征(2)。证据1或证据4公开了特征(2),特征(1)是本领域的公知常识,因此,权利要求1特征(2)方案相对于证据5、证据4的结合,或者证据5、证据1的结合不具备创造性,权利要求1的特征(1)方案和组合方案也不具备创造性。从属权利要求2~14的附加技术特征或被证据公开,或属于本领域的常规选择,在权利要求1不具备创造性的情况下,权利要求2~14也不具备创造性。

合议组认为,在判断一项权利要求所要求保护的技术方案是否具备创造性时,应将权利要求作为一个整体,并结合说明书及附图所公开的内容作以正确理解,不能将彼此关联的技术特征进行简单的割裂对比。

从本专利说明书整体公开的技术内容来看,本专利所要解决的技术问题之一在于"开放度较大的钢丝绳虽然可以提高橡胶渗透率,但是会导致钢丝绳的直径过大和部分负荷延伸率(PLE)过高,钢丝绳内部结构不稳定,当将这种钢丝绳应用于轮胎时,会对轮胎的转向性能和耐用性产生不良影响",现有技术针对上述技术问题所作的技术改进又引发了"耗能大、制造成本高、对强度元件的表面造成损伤"等后续技术问题(见本专利说明书第1页第4段至第2页尾段),本专利解决上述技术问题的基本技术设想是对钢丝绳内部的某些强度元件实施不损害强度元件表面的特殊变形以在不同强度元件之间形成微间隙,从而在提高橡胶渗透率的同时,实际降低了钢丝绳的直径及PLE值,提高了钢丝绳的反复弯曲抗力和反复拉力负荷拉力(见本专利说明书第14页尾段至第18页倒数第3段)。

4.3.1 权利要求1特征(1)方案相对于证据5和公知常识的结合是否具备创造性

经查,证据5公开了一种具有新绞合结构的钢丝帘线,基于常规开放型帘线

中"自由空间由于施加到钢丝帘线上的张力而减小"和因抗张强度或扭转力造成钢丝帘线的转动致使"材料导线之间的间隙减小"等原因所导致的橡胶穿透性降低、钢丝帘线的腐蚀和分离等技术问题,证据5具体公开了一种目的在于"在用橡胶覆盖钢丝帘线时提高橡胶的穿透性,以及提高钢丝帘线的耐腐蚀性"的技术方案:圆形截面以及具有 $1 \times 5 \times 0.25$ 的绞合的单层绞合开放型结构的帘线是通过在S绞合方向上并且以 10mm 的绞合间距P缠结五条材料导线(1)(每条导线具有 $25mm\varphi$ 的直径d并且在其表面镀有黄铜)而形成;随后,通过处理构件,例如,辊模、具有椭圆形孔的模具、纠编辊等,上述帘线被制成为钢丝帘线(2),在所述钢丝帘线中,在帘线的纵向方向上其外圆具有相同方向的大体椭圆形,在较长直径轴线方向上,位于两个椭圆末端区域处的邻接材料导线(1)大体上彼此接触,位于另一区域处的邻接材料导线(1)之间的平均间隙为 0.11mm 并且较长直径 D_2 与较短直径 D_1 之间的比率约为 1.36,上述平均间隙应优选在 0.05mm 至 0.25mm 的范围内。另外,上述钢丝帘线(2)的组成使得从椭圆的较长直径轴线向上以及向下定位的材料导线形成较长滞后环形的间隙,并且此类间隙在帘线的纵向方向上以大体规则的间隔存在,所述滞后环形的间隙W的最大宽度为材料导线直径的 0.57。由于上述钢丝帘线的截面大体上为椭圆形,并且在帘线的纵向方向上,椭圆方向连续地在相同方向上形成,即使将外力施加到帘线上,也可以防止沿着材料导线的螺旋走向旋转。此外,由于在较长直径轴线方向上,两个椭圆末端区域中的材料导线被制成为大体上彼此接触并且在另一区域中,材料导线之间具有间隙,因此可以防止材料导线由于外力而自由移动,因此可以防止由于橡胶硫化时橡胶的流动产生的外压力而使材料导线之间的间隙减小,并且橡胶进入帘线中的渗透在较大程度上得到提高,从而提高了抗腐蚀性(见证据5中文译文第1页尾段至第2页第1段、第4段,第5页15行至第6页第2行,第6页第14行至第22行,附图1a、1b、1c)。

整体而言,证据5所要解决的技术问题在于"因开放型钢丝绳的结构不稳定所导致的橡胶穿透性降低、耐腐蚀性能下降"以及"钢丝帘线容易损坏",为了解决上述问题,证据5将已捻制好的开放型钢丝帘线经过辊制或压模等强制变形从而形成了具有特定截面结构和纵向形变的钢丝绳,避免了材料导线的螺旋旋转和自由移动等结构不稳定的问题,进而提高了橡胶渗透率的抗腐蚀性能。

对比后可知，本专利沿着纵向中心轴线量得的所说至少一条曲线在两个最小曲率半径之间的距离与形成所说至少一条曲线的元件的半节距不同，其中，所述曲线是对前序部分凸形曲线的进一步限定；证据5未明确公开沿着纵向中心轴线测量其强度元件形成的椭圆形曲线的两个最小曲率半径之间的距离的方法以及该距离与元件半节距之间的关系，仅从便于进行特征对比的角度考虑，本领域技术人员可以确定证据5中强度元件在垂直于纵轴的平面内的投影也形成椭圆形的凸形曲线，该椭圆形曲线两个最小曲率半径之间的距离与元件的半节距相同，故而权利要求1特征（1）方案与证据5的区别表现在特征（1）上。然而，合议组认为，证据5整体公开的技术内容与本专利具有较大差别，不足以启示本领域技术人员对证据5作以改进。

请求人主张该区别特征属于本领域的公知常识，但没有提供任何证据对此加以证明，合议组对其主张不予支持。另外，本领域技术人员也没有明显的动机对证据5进行显而易见地改进从而得到权利要求1特征（1）方案。因此，权利要求1特征（1）方案相对于证据5和公知常识的结合并非显而易见，其具备突出的实质性特点和显著的进步，具备创造性。

4.3.2 权利要求1特征（2）方案相对于证据5和证据4的结合是否具备创造性

合议组认为，特征（2）是对前序部分凸形曲线所作的进一步限定，其表示一条凸形曲线的幅度、或相位、或两者都基本上不同于其他凸形曲线的幅度或相位（见本专利说明书第4页第12行、第13行），本领域技术人员由此可以确定，在权利要求1特征（2）方案中，钢丝绳的不同强度元件形成的凸形曲线存在区别，且彼此之间客观上形成了微小间隙。该微小间隙的存在不仅可提高钢丝绳的橡胶渗透率，它们还可在客观上降低钢丝绳的直径，降低PLE值，提高钢丝绳的强度性能。

分析上文第4.3.1节所述证据5公开的技术内容可知，证据5中所有材料导线在垂直于纵轴方向的YZ平面的突出部形成的椭圆形是相同的，同时，证据5通过将已捻制好的开放型钢丝帘线经过辊制或压模等强制变形方式在位于椭圆形截面短轴处的邻接材料导线（1）之间形成了间隙，同时从椭圆的较长直径轴线向上以及向下定位的材料导线也形成了较长滞后环形的间隙。

对比可知，两者的区别特征虽然仅表现在特征（2）上，但是，从该区别特征所实现的技术效果分析，两者实质上的差别还在于，证据5形成的间隙仅用于橡胶渗透，该间隙对降低钢丝绳直径和PLE值并无帮助。由此可见，本专利实际所要解决的技术问题在于：开放型钢丝绳在提高橡胶渗透率的同时，存在直径过大、PLE过高、结构不稳定的技术缺陷，有益于改进上述缺陷的现有的钢丝绳预变形技术则会损害其强度性能。

如上文第3.3节所述，证据4解决橡胶渗透率降低的技术手段在于在提高开放型钢丝绳中某一钢丝的预成型比率从而在不同钢丝之间形成利于橡胶渗透的间隙，证据4文字部分没有明确记载上述技术手段还可以解决开放型钢丝绳直径过大、PLE过高等技术问题，相反，本领域技术人员可以确认该技术手段反而会进一步加大钢丝绳的直径，同时PLE过高的技术问题也不能得到实际解决。总之，证据4没有公开进一步限定凸形曲线的特征（2），也没有给出解决上述技术问题的技术启示。

另外，合议组认为，本领域技术人员没有动机将证据5与其他现有技术相结合从而得出权利要求1特征（2）方案。具体而言，证据5所试图解决的开放型钢丝绳的结构不稳定问题与本专利关注的技术问题之一是相同的，尽管证据5解决该问题的技术手段与本专利存在显著差别，证据5确实解决了该问题，这意味着本领域技术人员在面对证据5时，不会再关注该技术问题并以此为目标对证据5实施改进，另外，证据5也没有给出其意图解决开放型钢丝绳直径过大、PLE过高、钢丝绳强度受损这类技术问题的论述或暗示，这表明证据5整体公开的技术信息尚不足以激励本领域技术人员在本领域或相近领域内寻找技术手段以解决本专利实际解决的技术问题。除此之外，本领域技术人员也不容易想到将证据5改进成为本专利的其他明显理由或动机。

此外，将证据5、证据4生硬结合在一起而得到的技术方案与本专利权利要求1特征（2）方案存在较大差别，必须由本领域技术人员付出创造性的劳动作做一步的改进。

综上所述，本领域技术人员没有充分的动机对证据5作出改进以解决本申请所要解决的技术问题，证据4也没有给出解决上述技术问题的技术启示，本领域技术人员不容易想到将证据5、证据4相结合，两者结合之后也不能显而易见地得到权利要求 1 特征（2）方案。因此，权利要求 1 特征（2）方案具有突出的实质性特点和显著的进步，具备创造性。

4.3.3 权利要求 1 特征（2）方案相对于证据 5 和证据 1 的结合是否具备创造性

上文第 4.3.2 节中关于本专利及证据 5 相关内容的论述同样适用于本节。

证据 1 所公开的技术信息参见上文第 3.1 节。

分析证据 1 可知，证据 1 意图解决的技术问题"钢帘线结构不稳定、帘线横截面上的大的凹凸、低负荷下过度的延伸率"与本专利关注的部分技术问题基本相同，证据 1 也公开了在强度元件之间形成微间隙以及强度元件可以彼此不同的技术手段，但是，由于证据 1 的强度元件在垂直于纵轴的 YZ 平面内的投影并未形成凸形曲线，而权利要求 1 特征（2）中的曲线指代凸形曲线，证据 1 并未公开权利要求 1 中的特征（2）。尽管证据 5 公开了前序部分中与凸形曲线相关的技术特征，证据 5 与证据 1 的结合看似已覆盖了权利要求 1 特征（2）方案的所有技术特征。但是，合议组认为，判断权利要求 1 特征（2）方案相对于证据 5 和证据 1 的结合是否具备创造性的关键同样在于确认本领域技术人员是否有动机将两者结合在一起，以及结合之后形成的技术方案与权利要求 1 特征（2）方案是否相近。

如上文所述，证据 5 整体公开的技术信息尚不足以激励本领域技术人员在本领域或相近领域内寻找技术手段以解决本专利实际解决的技术问题。除此之外，本领域技术人员也不容易想到将证据 5 改进成为本专利的其他明显理由或动机。证据 1 与证据 5 所解决的技术问题有较大差别，尽管两者均意图解决"开放型钢丝绳结构不稳定"这一技术问题，但是两者解决该技术问题的技术手段差别较大：证据 5 公开的开放型钢丝绳意味着在捻制成绳之前需要对强度元件实施螺旋预成型，捻制成绳之后的钢丝绳又经历了物理强制形变；而证据 1 的钢丝绳在捻制之前先对强度元件实施齿轮压制变形，经捻制之后即可成绳。通常，本领域技术人员没有必要将采用不同手段解决同一问题的两项现有技术结合在一起。另外，证据 1 也并未公开本专利中凸形曲线相关的技术特征。可见，证据 5 与证据 1 之间在技术问题、技术手段、技术效果之间存在较大差别，在没有其他明显理由或启示的情况下，本领域技术人员不容易想到将证据 5 与证据 1 结合进而得到本专利的技术方案。另外，将证据5、证据1生硬结合在一起而得到的技术方案与本专利权利要求1特征（2）方案存在较大差别，为得到权利要求1特征（2）方案，本领域技术人员还必须付出创造性的劳动对其做进一步的改进。

综上所述，本领域技术人员没有对证据5做出改进以解决本申请所要解决的技术问题的动机，证据1也没有给出解决上述技术问题的技术启示，本领域技术人员不容易想到将证据5、证据1相结合，两者结合之后也不能显而易见地得到权利要求1特征（2）方案。因此，权利要求1特征（2）方案具有突出的实质性特点和显著的进步，具备创造性。

4.3.4 权利要求1组合方案是否具备创造性

结合上文中评述权利要求1特征（1）方案和特征（2）方案的具体理由可知，请求人所主张的以证据5为最接近对比文件的所有证据使用方式都不能破坏权利要求1组合方案的创造性，该技术方案也具有突出的实质性特点和显著的进步，具备创造性。

综上所述，第4.3.1、4.3.2、4.3.3、4.3.4节的内容可知，权利要求1的所有技术方案均具备创造性。在此基础上，从属于权利要求1的权利要求2~14也具备创造性。

4.4 权利要求15是否具备创造性

请求人主张：证据4公开了一种钢丝绳织物，在权利要求1~14不具备创造性时，权利要求15也不具备创造性。

合议组认为，权利要求15所要求保护的钢丝绳织物中的纬线和/或经线均采用了权利要求1~14所制成的钢丝绳，由上文第4.3节可知，权利要求1~14所要求保护的钢丝绳均具备创造性，故而，权利要求15的所有技术方案也均具备创造性。

4.5 以证据5作为最接近的对比文件，权利要求16是否具备创造性

请求人主张：证据5公开了权利要求16的前序部分，权利要求16要求保护的技术方案相对于证据5的区别技术特征在于特征（1）和/或特征（2）。证据4公开了特征（2），特征（1）是本领域的公知常识，因此，权利要求16的所有技术方案均不具备创造性。

权利要求16要求保护一种用来制造钢丝绳的方法，其前序部分与权利要求1

的前序部分相比,仅是表述方式的差异,两者无实质上的区别,并且权利要求 16 同样以特征(1)和/或特征(2)作为特征部分。

基于与上文第 4.3 节相同的理由,合议组认为,权利要求 16 特征(1)方案相对于证据 5 和公知常识的结合具备创造性,权利要求 16 特征(2)方案相对于证据 5 和证据 4 的结合具备创造性,权利要求 16 组合方案也同样具备创造性。

4.6 权利要求 17 相对于证据 3 和公知常识的结合是否具备创造性

请求人主张:权利要求 17 与证据 3 的区别在于"周边表面有一在最大值和最小值之间交替变动的曲率半径,以使在其上绕过的元件得到一条曲线,其曲率半径在一最大值和最小值之间变动",但是该区别属于本领域的公知技术,因此,权利要求 17 相对于证据 3 和公知常识的结合不具备创造性。

合议组认为,如上文第 4.2 节所述,证据 3 没有公开预变形器的具体结构,也没有公开其与强度元件之间的运动关系,即证据 3 至少没有公开权利要求 17 中的如下技术特征"当一强度元件在所说基体的周边表面上被拉动超过一个至少为 90° 的角度时所说基体可环绕其中心轴线转动"。同时,证据 3 与权利要求 17 的区别还在于"周边表面有一在最大值和最小值之间交替变动的曲率半径以使在其上绕过的元件得到一条曲线,其曲率半径在一最大值和最小值之间变动"。请求人并未就其"区别特征属于公知技术"的主张进行举证,在此情况下,合议组对其主张不予支持。故而,权利要求 17 相对于证据 3 和公知常识的结合具备创造性。

综上所述,权利要求 1、权利要求 3~7、权利要求 15~17 均符合《专利法》第 22 条第 2 款的规定,权利要求 1~17 均符合《专利法》第 22 条第 3 款的规定。

基于上述理由,合议组作出如下决定。

三、决定

维持 94193801.8 号发明专利权有效。

当事人对本决定不服的,可以根据《专利法》第 46 条第 2 款的规定,自收到本决定之日起叁个月内向北京市第一中级人民法院起诉。根据该款的规定,一方当事人起诉后,另一方当事人作为第三人参加诉讼。

合议组组长:冯某
主审员:郭某某
参审员:张某某

第三章 张家港市骏马钢帘线有限公司侵害发明专利案

◆ 行政起诉状 （附证据目录）

原告：张家港市骏马钢帘线有限公司，法定代表人杨某，董事长，住所地（略）。

被告：国家知识产权局专利复审委员会，住所地北京市海淀区北四环西路9号银谷大厦10～12层，法定代表人张某某，副主任。

第三人：贝卡尔特公司，比利时兹韦弗海姆·贝卡尔特大街2号B8550，法定代表人 Paul Buysse 和 Albrecht De Graeve。

诉讼请求：

（1）请求人民法院依法判决撤销被告作出的第23692号《无效宣告请求审查决定书》。

（2）请求人民法院依法判令被告承担本案的诉讼费用。

事实与理由：

2013年8月21日，原告就第三人为专利权人的专利（专利号：ZL94193801.8）向被告提出无效宣告请求，并在法定期限内增加了理由、补充了证据。原告认为：

（1）对比文件1（证据3，下同）及对比文件4（证据6，下同）已经公开了权利要求1中的技术方案，因此权利要求1不具备新颖性。相对于对比文件4与对比文件5（证据7，下同）的结合，或者对比文件1和对比文件2（证据4，下同）的结合，或者对比文件1和对比文件3（证据5，下同）的结合，权利要求1不具备创造性。

（2）权利要求2对于本领域技术人员来说是公知的技术，包含特征"沿着纵向中心轴线量得的所说至少一条曲线在两个最小曲率半径之间的距离与形成所说至少一条曲线的元件的半节距不同"的技术方案不具备创造性。同时，相对于对比文件1和对比文件2的结合，或者对比文件1和对比文件3的结合，权利要求

2 也不具备创造性。

（3）关于权利要求 3，对比文件 4 已经公开了其附加技术特征，曲线是一个多角形（见图 3 ~ 图 5），因此权利要求 3 不具备新颖性。同时，相对于对比文件 1 和对比文件 2 的结合，或者对比文件 1 和对比文件 3 的结合，权利要求 3 也不具备创造性。

（4）关于权利要求 4，对比文件 4 已经公开了其附加技术特征，a1 – 4 都是凸形曲线（见图 2），对比文件 1 也公开了权利要求 4 的技术方案，因此权利要求 4 不具备新颖性。同时，相对于对比文件 1 和对比文件 2 的结合，或者对比文件 1 和对比文件 3 的结合，权利要求 4 也不具备创造性。

（5）关于权利要求 5，对比文件 4 已经公开了其附加技术特征，a1 – 4 形成股绳（见图 2），对比文件 1 也公开了权利要求 5 的技术方案，因此权利要求 5 不具备新颖性。同时，相对于对比文件 1 和对比文件 2 的结合，或者对比文件 1 和对比文件 3 的结合，权利要求 5 也不具备创造性。

（6）关于权利要求 6 ~ 7，对比文件 4 已经公开了其附加技术特征，a1 – 4 形成股绳（见图 2），因此权利要求 6 ~ 7 不具备新颖性。权利要求 6 ~ 7 的附加技术特征已经分别被对比文件 1 和对比文件 4 公开（见对比文件 1 图 3 和对比文件 4 图 3 ~ 图 5），因此权利要求 6 ~ 7 不具备创造性。

（7）权利要求 8 ~ 9 中的附加技术特征是本领域的常规选择，因此不具备创造性。

（8）权利要求 10 的附加技术特征已经被对比文件 5 公开（见对比文件 5 说明书第 1 页第 40 ~ 45 行），权利要求 10 的附加技术特征也已经被对比文件 2 公开（参见对比文件 2 第 4 页第 20 ~ 25 行），因此权利要求 10 不具备创造性。

（9）权利要求 11 中的附加技术特征是本领域的常规选择，因此不具备创造性。

（10）权利要求 12 中的附加技术特征已经被对比文件 4 公开（见图 4），因此不具备创造性。

（11）权利要求 13 ~ 14 中的附加技术特征是本领域的常规选择，因此不具备创造性。

（12）权利要求 15 是一个独立权利要求，对比文件 4 公开了具有纬线和经线的钢丝绳织物，当其引用的权利要求 1~14 不具备新颖性或创造性时，其也不具备新颖性或创造性。

（13）对比文件 4 已经公开了权利要求 16 中的一个技术方案，因此权利要求 16 不具备新颖性。

（14）对比文件 3 公开了钢丝在捻制之前是呈正弦波轨迹，但是本领域技术人员知晓，根据所需要的波形，将转动体的形状设置成相应的形状是很公知的技术，从而得到"转动体周边表面有一在最大值和最小值之间交替变动的曲率半径，以使在其上绕过的元件得到一曲线，其曲率半径在最大值和最小值之间变动"的技术方案，因此权利要求 17 不具备创造性。同时，相对于对比文件 1 和对比文件 2 的结合，或者对比文件 1 和对比文件 3 的结合，权利要求 17 不具备创造性。

详见附后的证据《无效宣告请求书》《补充意见陈述书》及《补充意见陈述书》

综上所述，涉案专利的权利要求 1、3~7、16、17 不具备新颖性，权利要求 1~12、17 不具备创造性，权利要求 2 属于公知常识，权利要求 8、9、11、13、14 的附加技术特征是本领域的常规选择，权利要求 15 不具备新颖性及创造性，故涉案的专利权应当全部被宣告无效，因此，原告认为，被告维持 94193801.8 号发明专利权有效的具体行政行为不符合法律规定，故特诉至贵院，请求依法判如所请。

此致
北京知识产权法院

具状人：张家港市骏马钢帘线有限公司

二〇一四年十一月二十八日

附：证据目录

序号	证据名称	数量	证据来源	证明的事实和内容
1	第 23692 号《无效宣告请求审查决定书》	1	自存	被告已经做出具体行政行为
2	无效宣告请求书、补充意见陈述书、补充意见陈述书（二）	1	自存	涉案专利的全部权利应当全部被宣告无效
3	US—A—5020312 的美国发明专利说明书（中英文）	1	国家知识产权局网站及美国专利商标局网站	
4	申请号为 89205021.7 的中国发明专利说明书	1	国家知识产权局网站	
5	张某某：《生产钢帘线用捻制设备》	1	中国知网	
6	专利号为 US4738096A 的美国发明专利说明书	1	国家知识产权局网站及美国专利商标局网站	
7	专利号为 EP0363893A2 的欧洲发明专利说明书	1	国家知识产权局网站及欧洲专利局网站	

◆ 撤诉申请书

北京知识产权法院：

  我司诉被告国家知识产权局专利复审委员会、第三人贝卡尔特公司专利无效宣告请求纠纷一案（专利号：ZL94193801.8），现我司已经与专利权人达成调解协议，请求撤回起诉，请贵院批准为感！

张家港市骏马钢帘线有限公司
二〇一五年十一月三十日

◆ 行政裁定书

中华人民共和国北京知识产权法院
行政裁定书

（2014）京知行初字第 102 号

原告张家港市骏马钢帘线有限公司，住所地中华人民共和国江苏省张家港市杨舍镇乘航河东路。

法定代表人杨某，董事长。

委托代理人单某某，北京大成（南京）律师事务所律师。

被告中华人民共和国国家知识产权局专利复审委员会，住所地中华人民共和国北京市海淀区北四环西路 9 号银谷大厦 10~12 层。

法定代表人张某某，副主任。

委托代理人郭某某，中华人民共和国国家知识产权局专利复审委员会审查员。

委托代理人房某某，中华人民共和国国家知识产权局专利复审委员会审查员。

第三人贝卡尔特公司，住所地比利时王国兹韦弗海姆·贝卡尔特大街 2 号 B8550。

法定代表人阿尔布莱特·德格拉夫，董事长；马修·泰勒，董事。

委托代理人徐某，北京市金杜律师事务所律师。

委托代理人张某某，北京市金杜律师事务所律师。

原告张家港市骏马钢帘线有限公司因发明专利权无效行政纠纷一案，不服中华人民共和国国家知识产权局专利复审委员会于 2014 年 8 月 21 日做出的第 23692 号无效宣告请求审查决定，于法定期限内向本院提起行政诉讼。本院于 2014 年 12 月 2 日受理后，依法组成合议庭，并通知贝尔卡特公司作为本案的第三人参加诉讼。

在本案审理过程中，原告张家港市骏马钢帘线有限公司于 2015 年 11 月 30 日向本院申请撤回本案起诉。

经审查本院认为，原告张家港市骏马钢帘线有限公司的撤诉申请意思表示真实，符合有关法律规定，且未侵害他人的合法权益，依法应予准许。依照《行政诉讼法》第 62 条之规定，本院裁定如下：

准许原告张家港骏马钢帘线有限公司撤回对被告中华人民共和国国家知识产权局专利复审委员会的起诉。

案件受理费人民币 100 元，减半收取人民币 50 元，由原告张家港市骏马钢帘线有限公司负担（已交纳）。

审判长　张某某

审判员　姜某某

审判员　周某某

书记员　李某某

二〇一五年十二月十七日

二、人民法院民事诉讼法律文书

◆ 北京市第二中级人民法院起诉状

民事起诉状①

原告：贝卡尔特公司

住所地：比利时兹韦弗海姆贝卡尔特大街 2 号 B8550。

法定代表人：Paul Buysse 和 Albrecht De Graeve

被告 1：张家港市骏马钢帘线有限公司。

住所地：苏州市张家港市杨舍镇乘航河东路。

法定代表人：杨某某

被告 2：北京国鑫德胜商贸有限公司

住所地：北京市朝阳区育慧北路 8 号三区 3 号楼二层 C2111 号。

法定代表人：张某

案由：发明专利侵权纠纷

---

① 本部分摘自法庭转交的原告诉讼材料。

诉讼请求：

请求判令被告一立刻停止制造、许诺销售和销售侵犯原告专利的产品；判令被告二立即停止销售侵犯原告专利的产品；

请求判令被告一赔偿原告经济损失及原告为制止侵权行为所支出的合理费用（包括但不限于调查取证费、公证费、律师费、差旅费等）共计人民币100万元，原告保留根据后续获知的证据增加赔偿金额的权利；

请求判令两被告承担本案全部诉讼费用。

事实和理由：

原告系中国发明专利第ZL94193801.8号"开放式钢丝绳结构"（以下简称涉案专利）的专利权人。涉案专利的申请日为1994年12月9日，授权公告日为1999年11月10日。目前，涉案专利处于有效状态。

涉案专利涉及一种用来加强弹性制品如橡胶制品、输送带等的钢丝绳和钢丝绳织物，还涉及一种用来加强橡胶制品用的钢丝绳的制造方法和使钢丝绳的强度元件变形的装置。根据涉案专利技术生产的钢丝绳具有广泛的优点：能够被橡胶充分渗透、具有低的负荷延伸率（PLE）而制造起来不费钱且对其组成元件（钢丝）没有损伤。该涉案专利是原告经过多年研究和大量财力投入取得的核心技术成果。原告专利产品凭借其优良的性能和可靠质量，在该行业赢得了良好的声誉，在国内市场上占有相当大的市场份额。

原告通过公证购买方式从北京国鑫德胜商贸有限公司（以下简称国鑫德胜）处购得张家港市骏马钢帘线有限公司（以下简称骏马公司）生产的型号为4+6×0.30HT的钢帘线产品（以下简称涉案产品），并取得了骏马公司发给国鑫德胜的发货单、标有国鑫德胜和骏马公司名称的样品袋、盖有骏马公司公章的质量证明书、盖有国鑫德胜公章的收据和交货单、标有骏马公司名称和地址的产品包装纸箱、国鑫德胜出具的销售发票、国鑫德胜提供的来自骏马公司的产品宣传册等资料。这些证据证明，骏马公司制造、许诺销售和销售了涉案产品；国鑫德胜销售了涉案产品。

原告对公证购买得到的上述涉案产品进行检测，并与涉案专利进行侵权对比分析后发现，该涉案产品的技术方案与涉案专利权利要求记载的技术方案一致，特征一一对应，完全落入涉案专利的保护范围。

《专利法》第11条规定，发明和实用新型专利权被授予后，除本法另有规定的以外，任何单位或者个人未经专利权人许可，都不得实施其专利，即不得为生产经营目的制造、使用、许诺销售、销售、进口其专利产品，或者使用其专利方法以及使用、许诺销售、销售、进口依照该专利方法直接获得的产品。根据该规定，两被告未经原告许可，擅自制造、许诺销售、销售涉案专利产品的行为，侵犯了原告涉案专利的专利权，依法应当承担停止侵权、赔偿损失、消除影响等民事责任。

由于两被告的上述侵权行为给原告造成了巨大的经济损失，原告为维护自身的合法权益，特向贵院提起诉讼，恳请贵院依法支持原告的所有诉讼请求。

此致

北京市第二中级人民法院

具状人：贝卡尔特公司

委托代理人：北京市某某律师事务所

徐某、张某某

日期：二〇一三年七月十五日

◆代理词（北京市第二中级人民法院）

审判长、审判员、人民陪审员：

北京大成（南京）律师事务所接受张家港市骏马钢帘线有限公司的委托，指派我担任贝卡尔特公司诉张家港市骏马钢帘线有限公司发明专利纠纷一案【（2013）二中民初字第12575号】被告的代理人，经两次庭审，本案的基本事实已经清楚，现根据庭审的实际情况，发表如下代理意见，供合议庭参考。

一、对原告主要证据的简要说明

迄今为止，原告为证实被告产品侵权提供的主要证据有证据5【（2012）京长安内经证字第20974号公证书】及证据6【2013年12月5日庭审中实验测量结果】，其余证据只有在构成侵权的前提下才有评价的意义，在此，代理人郑重声明：代理人发表的任何代理意见不代表认可上述其余证据的证明效力，也不代表认可当庭实验的产品系被告生产，更不代表认可被告产品构成侵权。

关于证据5，只能证实被告生产了钢帘线产品，不具有关联性，不再赘述。

关于证据6，除了当庭及前述的意见，代理人首先需要说明的是：根据原告的当庭陈述，原告系从实验记录解析得出数据，再以特定的程序打开这些数据，从而得出侵权结论，但是，进行解析的程序不能提供给被告。由此，被告认为，不仅实验样品系原告单方提供、实验过程系原告单方操作，且实验结果也是原告在自行处理以后，再告诉被告：不能告诉你数据及侵权结论是怎么来的。因此，被告认为证据6不能作为本案裁判的依据。

二、根据实验，涉案产品（实验产品，下同）与涉案专利（ZL94193801.8，下同）权利要求1相比，至少缺少（或存在不同）以下5处特征

与涉案专利权利要求1的技术方案相比，涉案产品至少缺少（或存在不同）以下5处特征：

序号	涉案专利权利要求1技术特征	被控侵权产品特征	二者是否一致	备注
1	（强度）元件都按捻制节距捻曲在钢丝绳内	内层钢丝没有捻曲在钢丝绳内	否	退捻实验证明，结合原告当庭及无效过程中解释权利要求的阐述
2	互相缠绕在一起	内层钢丝不互相缠绕且不与外层缠绕	否	退捻实验证明，结合原告当庭及无效过程中解释权利要求的阐述
3	不分层、不分组	分层	否	退捻实验证明，且原告当庭及无效过程中解释权利要求的阐述
4	其曲率半径在一最大值和最小值之间交替变化	曲率半径不变	否	结合原告当庭及无效过程中解释权利要求的阐述
5	沿着纵向中心轴线量得的所说至少一条曲线在最小两个曲率半径之间的距离与形成所说至少一条曲线的元件的半节距不同	规则变形，不具有此两个特征中的任何一个	否	原、被告当庭陈述，且原告实验未能证明
	所说曲线中至少有一条曲线与所说曲线中另一条曲线基本不同。			

需要指出的是：①上述缺少或不同的5处特征，有一处成立，涉案产品即不构成侵权；②被告发表上述意见不代表被告认可涉案产品（原告提交法庭的涉嫌侵权产品）系被告的产品。

三、涉案专利要求保护的技术系现有技术

首先，被告认为，涉案专利要求保护的技术系现有技术。证据1（US—A—5020312专利和说明书）及证据4（US4738096A专利说明书）、尤其是证据4披露了涉案专利权利要求1的全部必要技术特征，详见被告已经提交法庭的《专利权无效宣告请求书（正文）》第三部分关于权利要求1不具备新颖性的阐述及《补充意见陈述书（正文）》第（三）部分关于权利要求1不具备新颖性的阐述。

其次，被告以现有技术抗辩的前提是法庭认为涉案产品构成侵权，但据现有情况，被告认为不能判定涉案产品侵权，故被告需要声明：被告以现有技术抗辩不代表被告认可涉案产品侵权，更不代表被告认可其产品侵权。

上述意见即为法庭要求被告另行提交现有技术抗辩比对的书面意见，被告不再提交其他现有技术抗辩比对的书面意见。

四、原告现有证据不能支持其诉请合法有据

1. 原告未能证明涉案产品是否具有权利要求1的部分技术特征

根据庭审，原告陈述其涉案专利权利要求1的特征还包括：所述钢丝绳还以下列特性中的一个或者两个作为特征：①沿着纵向中心轴线量得的所说至少一条曲线在最小两个曲率半径之间的距离与形成所说至少一条曲线的元件的半节距不同；②所说曲线中至少有一条曲线与所说曲线中另一条曲线基本不同。但是，具体到本案，原告未能证明涉案产品是否具有上述技术特征，根据民事诉讼"谁主张、谁举证"的原则，原告的诉讼请求应当予以驳回。

2. 既有的实验已经能够判定涉案产品不侵权，应当驳回原告诉请

详见本代理词第二部分的表格，此不赘述。

五、其他需要说明的问题

（1）上述两专利的权利要求1的保护范围可能存在四种关系，无论是原告的当庭陈述，还是仅就两专利的权利要求1的字面来看，都证明原告认为被告同一产品侵犯其两专利的主张是站不住脚的（详见代理人在ZL02808857.3专利侵权一案代理词中陈述，【案号：（2013）二中民初字第12575号】）。

（2）关于被告已就涉案专利在答辩期内提起无效请求、原告发票等费用并不

合理、实验样品和被告的产品说明、原告的口头审理笔录等事宜,均同本代理人在 ZL02808857.3 一案【案号:(2013)二中民初字第 12575 号】的代理词中陈述一致,此不赘述。

综上所述,根据现有事实,即可得出原告的诉讼请求无法得到支持的结论,请法庭依法裁判,驳回原告的诉讼请求。

以上意见,供合议庭参考。

北京大成(南京)律师事务所
律师:单某某
二〇一三年十二月十八日

◆ 调取证据申请书

申请人:张家港市骏马钢帘线有限公司,住所地江苏省张家港市杨舍镇乘航河东路 80 号,法定代表人杨某某,该公司董事长。

请求事项:请求人民法院依法调取国家知识产权局专利复审委员会发明专利无效口头审理过程中专利权人签字的口头审理笔录(专利复审委员会案号:4W102401)。

事实和理由:

贝卡尔特公司诉申请人发明专利侵权一案〔【法院案号:(2013)二中民初字第 12575 号】,(专利号:ZL94193801.8)〕,申请人在答辩期内提起了涉案专利的无效请求。因无效过程中专利权人对涉案专利权利要求的陈述对本案裁判存在较大影响,2013 年 12 月 17 日,申请人已经向国家知识产权局专利复审委员会申请调取上述口头审理笔录,作为本案的证据,但被该局以案件尚未处理结束为由,拒绝了申请人的请求。现为了公正处理此案,请求贵院依法调取上述证据。

特此申请!

此致

北京市第二中级人民法院

申请人:张家港市骏马钢帘线有限公司
二〇一三年十二月二十七日

◆ 北京市第二中级人民法院裁定书

中华人民共和国北京市第二中级人民法院
民事裁定书

（2013）二中民初字第××号

原告贝卡尔特公司，住所地比利时王国兹韦弗海姆·贝卡尔特大街2号B8550。

法定代表人Paul Buysse、Albrecht De Graeve，董事长、董事。

委托代理人吴某某，北京市某律师事务所上海分所律师。

委托代理人张某某，北京市某律师事务所律师。

被告北京国鑫德胜商贸有限公司，住所地中华人民共和国北京市朝阳区育慧北路8号三区3号楼二层C2111号。

法定代表人张某，经理。

委托代理人杨某，北京市中资律师事务所律师。

委托代理人刘某，女，汉族，19××年××月××日出生，住所地（略）。

被告张家港市骏马钢帘线有限公司，住所地中华人民共和国江苏省苏州市张家港市杨舍镇乘航河东路。

法定代表人杨某，经理。

委托代理人单某某，北京市大成（南京）律师事务所律师。

委托代理人张某某，男，汉族，19××年××月××日出生，该公司员工，住所地（略）。

本院在审理原告贝卡尔特公司诉被告北京国鑫德胜商贸有限公司、张家港市骏马钢帘线有限公司侵害发明专利权纠纷一案中，原告贝卡尔特公司于2014年1月14日申请撤回对本案的起诉。

本院认为，原告贝卡尔特公司申请撤诉，符合法律规定，应予准许。依照《中华人民共和国民事诉讼法》第14条第1款、第154条第1款第（5）项之规定，裁定如下：

准许原告贝卡尔特公司撤回起诉。

案件受理费50元，减半收取25元，由贝卡尔特公司负担（已交纳）。

审判长　何　某

代理审判员　韩某某

人民陪审员　雷某某

二〇一四年一月二十八日

书记员　黄　某

◆代理词（北京市第三中级人民法院）[①]

审判长、审判员：

北京大成（南京）律师事务所接受张家港市骏马钢帘线有限公司的委托，指派我担任贝卡尔特公司诉张家港市骏马钢帘线有限公司发明专利纠纷一案被告的代理人，现根据庭审情况，发表如下代理意见，供法庭参考。

一、涉案产品与涉案专利权利要求1相比，缺少四处（或存在不同）技术特征

与涉案专利权利要求1的技术方案相比，涉案产品至少缺少（或存在不同）四处技术特征，具体见附表《ZL94193801.8专利权利要求1与被控侵权产品技术特征比较表》。

被告认为，涉案专利权利要求1作为独立权利要求，在涉案产品与权利要求1相比较时缺少或存在不同技术特征的前提下，其与从属权利要求相比，也一定缺少或存在不同的技术特征。

二、涉案产品的预成型技术系现有技术

涉案产品的预成型技术系现有技术，被告证据1（US4738096A专利说明书）

[①] 原告在北京市第二中级人民法院撤诉后，又于2014年2月在北京市第三中级人民法院提起诉讼，诉状内容与其在北京市第二中级人民法院提起诉讼的内容相同，故予以省略。

披露了涉案产品预成型的全部技术特征，具体为：该文献公开了一种具有多个钢丝 a1～a4（涉案产品的一个强度元件）和一条纵向中心轴线的钢丝绳（见图2），元件按捻制节距捻曲在钢丝绳内并在垂直于纵向轴线的平面上具有突出部（见图3～图5），突出部形成凸形曲线，曲率半径在一最大值和一最小值之间交替变化，所说曲线中至少有一条曲线和所说曲线中另一条曲线基本不同。可见，涉案产品钢丝的变形技术即为上述文献载明的技术，具体见附表《涉案产品与现有技术（US4738096A）的相应技术特征比较表》。

需要说明的是：原告认为无效过程中被告已经用 US4738096A 专利说明书作为对比文件提出涉案专利的无效请求，但是专利复审委员会维持了涉案专利，故该专利文献不能作为被告现有技术的有效抗辩。被告认为，上述理由不能成立，因为专利无效是用现有技术与涉案专利进行比较，而现有技术抗辩是用现有技术与涉案产品进行比较，二者比较的对象、内容完全不一样。

三、关于申请调取涉案专利无效过程中的口头审理笔录一事

涉案专利无效过程中，原告（专利权人）对涉案专利的技术方案做出了缩限性解释，所有解释均应当作为限制其权利要求保护范围的依据。被告曾经去专利复审委员会调取该口头审理笔录，但是被拒绝，故被告已经于 2015 年 1 月 17 日申请法庭调取以上笔录，作为本案的裁判依据，该书面申请已经以 EMS 方式邮寄给法庭。

四、关于北京市第二中级人民法院有关 02808857.3 发明专利侵权的裁判及其依据的司法鉴定意见书

（1）如果上述法律文书公平公正、有效成立，不存在瑕疵，则该两份法律文书已经对涉案产品技术方案是否落入涉案专利要求保护的技术方案进行了评价，按照上述两份法律文书的逻辑，涉案产品侵犯涉案专利是侵犯 02808857.3 发明专利的前提，故原告再次主张侵权赔偿属于重复主张，不应当得到支持。

（2）如果上述法律文书有失公平公正、存在瑕疵，应当予以撤销，则本案中不能引用上述法律文书，现有证据不能证明涉案产品侵犯涉案专利。

需要特别说明：

（1）庭审中，被告指出：鉴定人员认为原告（专利权人）对技术方案的说

明与鉴定人员对技术方案的解释相矛盾,故鉴定人员属于故意出具错误鉴定意见,但是原告认为,该错误不涉及本案涉诉专利。被告认为:按照原告的逻辑,上述司法鉴定意见书错误部分仅涉及02808857.3发明专利,但不涉及本案专利,故错误部分不应在本案中引用,本案中应当引用"正确"的部分,其逻辑的荒唐不言而喻!其在02808857.3发明专利审理过程中的陈述与本案庭审过程中的陈述也明显相悖。

(2)庭审过程中,原告认为,本案涉诉专利技术方案完全不同于02808857.3发明专利,涉案产品侵犯的是两个不同技术方案的不同专利,此观点不仅与北京市第二中级人民法院有关02808857.3发明专利侵权的裁判及其依据的司法鉴定意见书完全相悖(因为如果原告观点成立,该两份法律文书完全没有必要对涉案产品的技术方案与涉案专利的技术方案进行比对,正是基于原告在02808857.3发明专利侵权一案中的相关表述,北京市第二中级人民法院及原司法鉴定机构才进行了技术比对),也与原告既往的陈述完全相悖,原告对涉案专利技术方案先后作出了完全相悖的解释。

(3)被告尊重但是不代表认可北京市第二中级人民法院及北京市高级人民法院关于02808857.3发明专利侵权的裁判,将依法申诉。

五、关于费用主张及产品来源

(1)原告没有证据证明其因被告所谓的"侵权"导致的损失及被告因"侵权"而取得的收益,原告主张没有事实依据及法律依据;原告的调查取证、公证费、律师费等在02808857.3发明专利侵权一案中已经主张,本案中再次主张属于重复主张。

退一步讲,即便侵权成立,在涉案专利保护期已经届满的情况下,原告主张的巨额赔偿费用及巨额律师费也明显不符合常理(法定赔偿额最多100万元,北京市律师业收费标准最多为6%,参见《北京市律师诉讼代理服务收费政府指导价标准(试行)》第二条之规定),且没有支付凭证证明。

(2)原告证据4【(2012)京长安内经证字第20974号公证书】及证据3不能证明涉案产品系被告生产,因为公证处人员到现场时,涉案产品已经在原告的委托代理人——金杜律师事务所律师的指挥下放置在仓库,基于该购买行为并非普通意义上的商业性购买，故涉案产品存在被调换的可能性，因此相应的两份证据只能证实被告生产了钢帘线产品，不能证明涉案产品系被告生产。

综上所述，原告证据不能证明其诉讼请求，请法庭依法驳回。

以上意见，供法庭参考。

北京大成（南京）律师事务所

律师：单某某

二〇一五年十一月

◆ 技术特征比较表

1. ZL94193801.8 专利权利要求 1 与被控侵权产品

技术特征比较表

序号	专利文献权利要求1特征	被控侵权产品特征	二者是否一致
1	（强度）元件都按捻制节距捻曲在钢丝绳内	内层钢丝未捻曲	否
2	互相缠绕在一起	内层钢丝不缠绕	否
3	不分层、不分组	分层	否
4	其曲率半径在一最大值和最小值之间交替变化	曲率半径不变	否
5	沿着纵向中心轴线量得的所说至少一条曲线在最小两个曲率半径之间的距离与形成所说至少一条曲线的元件的半节距不同	规则变形，不具有此两个特征中的任何一个	否
	所说曲线中至少有一条曲线与所说曲线中另一条曲线基本不同		

2. 涉案产品与现有技术（US4738096A）

技术特征比较表

序号	涉案产品技术特征	US4738096A 公开的的技术特征
1	由 10 根进行了预成型的单根钢丝捻制而成的钢帘线（外层 6 根不先进行互相缠绕，内层不参与缠绕），10 根单丝都为强度元件	一种开放型的金属绳有多个绳子单元，每个绳子单元是由至少一个预成型的金属丝部件构成的（见说明书摘要、摘要附图 a1～a4 及图 2）
2	钢帘线具有一纵向中心轴线	至少一个预成型的金属丝部件具有一纵向中心轴线（见摘要附图 a1～a4、图 2）
2	该钢帘线至少有 1 根单丝按一个捻距垂直于纵向轴线的平面上形成了突出部（凸形曲线）	所说元件按捻距捻制在钢丝绳内，并在垂直于纵向轴线的平面上具有突出部，突出部形成凸形曲线（见图 3～图 5）
3	凸形曲线的曲率半径在一最大值与最小值之间交替变化	突出部形成的凸形曲线的曲率半径在一最大值与最小值之间交替变化（见图 3～图 5）
4	至少 1 个单丝凸形曲线形态与所说另一条曲线预成型比率不同	所说曲线中至少有一条曲线与所说曲线中另一条曲线基本不同（通俗地说就是两条曲线的形状不同）（见说明书摘要及图 3～图 5）
5	单根单丝的变形比率相同	给定绳子单元内的金属丝部件的预成型比率相同

◆北京市第三中级人民法院民事调解书

中华人民共和国北京市第三中级人民法院

民事调解书

（2014）三中民初字第 07515 号

原告贝卡尔特公司，住所地比利时王国兹韦弗海姆·贝卡尔特大街 2 号 B8550。

法定代表人 PaulBuysse、AlbrechtDeGraeve，董事长、董事。

委托代理人徐某，北京市金杜律师事务所律师。

委托代理人张某某，北京市金杜律师事务所律师。

被告张家港市骏马钢帘线有限公司，住所地中华人民共和国江苏省苏州市张家港市杨舍镇乘航河东路。

法定代表人杨某某，经理。

委托代理人单某某，北京市大成（南京）律师事务所律师。

案由：侵害发明专利权纠纷

原告贝卡尔特公司诉被告张家港市骏马钢帘线有限公司侵害发明专利权纠纷一案，本院于 2014 年 5 月 22 日受理后，依法组成合议庭对本案进行了审理。

本案在审理过程中，经本院主持，双方当事人自愿达成如下调解协议。

（1）张家港市骏马钢帘线有限公司认可北京市第二中级人民法院（2013）二中民初字第 12574 号生效判决的效力，并同意履行北京市第二中级人民法院（2013）二中民初字第 12574 号生效判决有关其立即停止制造、销售侵害第 02808857.3 号"用于增强橡胶制品的钢丝帘线"发明专利权的涉案产品的内容。

（2）张家港市骏马钢帘线有限公司于 2015 年 12 月 20 日前一次性支付贝卡尔特公司人民币 78 万元（执行账号略），其中包括北京市第二中级人民法院（2013）二中民初字第 12574 号生效判决有关其赔偿贝卡尔特公司的人民币 60 万元。

（3）张家港市骏马钢帘线有限公司于 2015 年 12 月 10 日前，撤回所有对贝卡尔特公司涉及第 ZL94193801.8 号"开放式钢丝绳结构"中国发明专利权及第 02808857.3 号"用于增强橡胶制品的钢丝帘线"中国发明专利权的司法诉讼和行政申请。

（4）张家港市骏马钢帘线有限公司与贝卡尔特公司关于第 ZL94193801.8 号"开放式钢丝绳结构"中国发明专利权及第 02808857.3 号"用于增强橡胶制品的钢丝帘线"中国发明专利权，再无其他民事纠纷或行政争议。

（5）北京市第二中级人民法院（2014）二中民初字第 12574 号判决书涉及的应由张家港市骏马钢帘线有限公司负担的鉴定费和案件受理费人民币 6.5 万元，均由贝卡尔特公司缴纳（已缴纳）。

(6) 本案案件受理费人民币 1.83 万元，减半收取人民币 7150 元，由张家港市骏马钢帘线有限公司负担（本调解书生效后 7 日内交纳）。

以上协议，符合有关法律规定，本院予以确认。

本调解书经双方当事人签收后即具有法律效力。

审判长　张某某

代理审判员　杜某某

代理审判员　宋　某

二〇一五年十一月二十五日

书记员　胡某某

第二部分　涉及 ZL02808857.3

一、专利无效及行政诉讼法律文书

◆专利权无效宣告请求书（正文）

专利复审委员会：

本请求人对专利号为 ZL02808857.3 的专利权人为贝卡尔特公司、名称为"用于增强橡胶制品的钢丝帘线"的发明专利提出无效宣告请求，该专利申请号为 02808857.3，申请日为 2002 年 4 月 8 日，优先权日为 2001 年 4 月 26 日，授权公告号为 CN1273681C，授权公告日为 2006 年 9 月 6 日。

本请求人根据《专利法》（2000 年）第 45 条以及《专利法实施细则》（2001 年）第 64 条的规定提出无效宣告请求，认为上述发明专利不符合《专利法》第 22 条第 2 款、第 3 款、第 26 条第 3 款有关新颖性、创造性、说明书应当对发明作出清楚、完整的说明的规定。

本请求人提出下述请求：

由于该发明的权利要求 1、3、4、5、6、7 不具备新颖性和创造性，权利要求 2 不具有创造性且说明书未作出清楚、完整的说明，请求专利复审委员会宣告该发明专利权全部无效。

（一）

本请求人提供下述对比文件作为请求宣告该专利全部无效的证据：

（1）专利号为 ZL98811553.0 的中国发明专利说明书，该专利申请号为 98811553.0，申请日为 1998 年 11 月 25 日，公告日为 2001 年 1 月 17 日。

（2）张明珂：《生产钢帘线用捻制设备》，《金属制品》1992 年第 18 卷第 3 期第 50~55 页。

上述对比文件的公开日期均早于本专利的申请日，构成本专利的现有技术。

（二）

本请求人请求宣告无效的发明专利涉及一种钢帘线，根据该专利说明书的记载，其公开了一种能够避免现有技术中制造成本高及橡胶渗透不完全的缺陷的钢丝帘线，提供一种能替代"3+9+15"钢丝帘线、"3+6"钢丝帘线或"3+8"钢丝帘线的可完全渗入橡胶、制造经济的钢丝帘线。

该发明包括 7 个权利要求，即：

（1）一种钢丝帘线，该钢丝帘线包括一个第一组和一个第二组，所述第二组以帘线缠绕间距螺旋缠绕在所述第一组周围，所述第一组包括第一数目的第一钢丝，所述第一数目是 3~8，所述第二组包括第二数目的第二钢丝，所述第二钢丝以一个组缠绕间距相互缠绕，所述第二数目大于第一数目，所述第一钢丝具有一个大于 300mm 的加捻间距，至少一根所述第二钢丝进行多边预成型。

（2）根据权利要求 1 所述的钢丝帘线，其中，所述组缠绕间距等于所述帘线缠绕间距。

（3）根据前述任意一项权利要求所述的钢丝帘线，其中，对至少一个所述第一钢丝进行预成型使其呈波形。

（4）根据权利要求 3 所述的钢丝帘线，其中，所述波形为空间波形。

（5）根据权利要求 4 所述的钢丝帘线，其中，所述空间波形具有第一弯皱和第二弯皱，第一弯皱所处的平面基本上与第二弯皱所处的平面不同。

（6）根据权利要求 5 所述的钢丝帘线，其中，所述第一数目是 3~5，所述第二数目是 4~8。

（7）根据权利要求 6 所述的钢丝帘线，其中，所述第一数目等于 4，而第二数目等于6。

（三）

现以所列出的对比文件1、2、3为依据具体说明所述权利要求1、3、4、5、6、7为什么不具备新颖性和创造性。

1. 相对于对比文件1，权利要求1、3、4、5、6、7均不具备新颖性

（1）相对于对比文件1，权利要求1不具备新颖性。

对比文件1披露了一种适于作为弹性体增强件的钢结构，该发明包括19个权利要求，其独立权利要求1为一种适用于作为弹性体增强件的钢结构，所述钢增强件包括一个或者多个钢元件，其特征在于：至少一个所述钢元件有第一波纹和第二波纹，该第一波纹与第二波纹所在平面基本相异（对比文件1第2页第1~4行）；对比文件1权利要求4为根据权利要求1至3中的任一项所述的钢结构，其中，所述的钢元件是钢丝（对比文件1第2页第11~12行）；对比文件1权利要求5为根据权利要求1至3中的任一项所述的钢结构，其中，所述的钢元件是钢丝绞合而成的钢绳（对比文件1第2页第13~14行））；对比文件1权利要求10为根据前述任一项权利要求所述的钢结构，其中，所述结构包括多于一个钢元件；对比文件1的权利要求15为根据权利要求11至12中任一项所述的钢结构，其中，所述结构包括中心钢丝和一层钢丝，这一层钢丝环绕所述中心钢丝绞合起来，所述中心钢丝包括一根或多根钢丝，至少所述中心钢丝中的一根有所述第一和第二波纹，以便橡胶能渗透到所述中心内（对比文件1第3页第9~12行）；对比文件1在说明书中还披露了外层钢丝数目大于内层钢丝数目的1+6（内层为1根钢丝、外层为6根钢丝）二层钢帘线结构：一个实例是1+6的结构，其中单个的中心钢丝有第一和第二波纹（对比文件1第7页第8行）；附图6、附图7也披露了外层钢丝数目大于内层钢丝数目的1+6及3+9的二层钢帘线结构；同时，对比文件1在说明书中还进一步披露：在一种可选实施例中，中心钢丝有第一和第二波纹，外层的6根钢丝都有第一和第二波纹（对比文件1第12页第22~23行）。可见，权利要求1的技术特征中，包括二组钢丝（对比文件1的权利要求15所述中心钢丝和一层钢丝）、第二组缠绕在第一组周围（对比文件1的权利要求15所述一层钢丝环绕所述中心钢丝绞合起来）、第一组包括第一数目的第一钢丝、第一数目是3~8（对比文件1的附图7所披露）、第二组包括

第二数目的第二钢丝、第二钢丝以一个组缠绕间距相互缠绕、第二数目大于第一数目（对比文件1的附图6、附图7所披露）、至少一根所述第二钢丝进行多边预成型（对比文件1的权利要求1披露）等技术特征已经全部为对比文件1公开，因此，相对于对比文件1，权利要求1要求保护的技术方案属于现有技术，不具备《专利法》第22条第2款规定的新颖性。

（2）相对于对比文件1，权利要求3、4、5、6、7也不具备新颖性。

对比文件1的权利要求11为：根据权利要求10所述的钢结构，其中，所述钢元件彼此绞合在一起（对比文件1第2页第26~27行），结合前已述及的对比文件1的权利要求1、10、15、附图6、附图7，可见，权利要求3中对至少一个所述第一钢丝进行预成型的技术特征、权利要求4所述波形为空间波形的技术特征、权利要求5所述空间波形具有第一弯皱和第二弯皱、第一弯皱所处的平面基本上与第二弯皱所处的平面不同的技术特征、权利要求6所述第一数目是3~5、所述第二数目是4~8、权利要求7第二数目等于6的技术特征均已经为对比文件1所披露，因此，相对于对比文件1，权利要求3、4、5、6、7要求保护的技术方案不具备《专利法》第22条第2款规定的新颖性。

2. 相对于对比文件1或者对比文件1与对比文件2的结合，权利要求1不具备创造性。

请求人现以对比文件1和对比文件2，作为评价权利要求1不具备创造性的对比文件，其中对比文件1披露的本发明权利要求1的技术特征最多，可以作为评价权利要求1最接近的现有技术。

（1）相对于对比文件1和对比文件2的结合，权利要求1不具备创造性。

根据涉案专利权利要求书及说明书的记载，该发明的目的在于避免现有技术中所存在的需要两次缠绕来制造帘线且不能实现橡胶完全渗入的缺陷，提供一种3+9+15、3+6钢丝帘线或3+8钢丝帘线的替代帘线产品及一种可完全渗入橡胶、制造经济的钢丝帘线。

前已述及，权利要求1的技术特征均已经被对比文件1披露，达到权利要求1想要达到的有益的技术效果的全部必要技术特征均已为对比文件1所公开，实现橡胶完全渗入的技术问题已经为对比文件1所公开的技术方案所解决。

对比文件2公开了一种集合式双捻股绳机，它可以一次生产出3+6、3+

9、3+9W等结构的钢丝帘线（对比文件2第4页右侧第11~13行），可见，避免需要两次缠绕来制造帘线的技术问题的技术方案也已经为对比文件2所解决。

可见，相对于对比文件1或者对比文件1和2的结合，权利要求1没有突出的实质性特点和显著的进步，并未实现任何意想不到的技术效果，这对本领域技术人员是显而易见的，因此，权利要求1不具有《专利法》第22条第3款规定的创造性。

（2）相对于对比文件1与对比文件2的结合，权利要求3、4、5、6、7也不具备创造性。

前已述及，权利要求3、4、5、6、7的必要技术特征也已经为对比文件1所披露，作为对独立权利要求1作出进一步限定的从属权利要求，实现权利要求3、4、5、6、7的有益的技术效果的全部必要技术特征均已公开，即对比文件1与对比文件2的结合能够达到权利要求3、4、5、6、7想要达到的全部的有益的技术效果，因此，相对于对比文件1与对比文件2的结合，权利要求3、4、5、6、7未实现意想不到的技术效果，没有突出的实质性特点和显著的进步，不具有《专利法》第22条第3款规定的创造性。

（四）

现以所列出的对比文件1为依据具体说明所述权利要求2要求为什么不具备创造性及得不到说明书的支持。

1. 权利要求2相对于对比文件1不具备创造性

涉案专利的权利要求2为根据权利要求1所述的钢丝帘线，其中，所述组缠绕间距等于所述帘线缠绕间距。作为对独立权利要求作出进一步限定的从属权利要求2，应该是在权利要求1的基础上的更优的技术方案。但是，前已述及，涉案专利解决的技术问题的技术特征已经全部被对比文件1披露，权利要求2所述组缠绕间距等于所述帘线缠绕间距这一技术特征未实现任何其他意想不到的技术效果，没有突出的实质性特点和显著的进步，不具有《专利法》第22条第3款规定的创造性。

2. 权利要求2得不到说明书的支持

涉案专利说明书对权利要求2的阐述为：最好，该组缠绕间距等于帘线缠绕间距,该优选实施例可通过倍捻装置在一个加捻步骤中获得(涉案专利说明书第3/7页第13~14行);组缠绕间距与帘线缠绕间距相同,且大约是22mm(涉案专利说明书第5/7页第29行);通常,组缠绕间距和帘线缠绕间距可在30倍丝径和150倍丝径之间例如50倍和70倍丝径之间进行变化,但不排除这些范围以外的值(涉案专利说明书第6/7页第1~2行)。除上述内容外,涉案专利说明书对权利要求2这一优选方案的技术特征再无其他任何说明,即权利要求2作为优选方案的技术特征、原因及如何实现在说明书中均无任何记载,因此,说明书没有对权利要求2作出清楚、完整的说明,权利要求2得不到说明书的支持,这对本领域技术人员是显而易见的,因此,权利要求2不不符合《专利法》第26条第3款的规定。

(五)

综上所述,本发明的权利要求1、3、4、5、6、7不符合《专利法》第22条第2款及第3款有关新颖性和创造性的规定,权利要求2不符合《专利法》第22条第3款有关创造性的规定,且不符合《专利法》第26条第3款有关说明书应当对发明作出清楚、完整的说明的规定。

为此,本请求人请求专利复审委员会宣告该专利权全部无效。

请求人:张家港市骏马钢帘线有限公司
二〇一三年八月二十一日

◆ 专利权人意见陈述书

致:国家知识产权局专利复审委员会

针对专利复审委员会2013年8月20日转发的请求人就专利ZL02808857.3(以下简称本专利)提出的无效宣告请求,专利权人认为:本专利权利要求1~7符合《专利法》第22条第2款、第22条第3款的规定;本专利说明书已经对权利要求2的技术方案做出了清楚、完整的说明,权利要求能够得到说明书的支持,符合《专利法》第26条的规定,请求专利复审委员会维持本专利专利权有效,驳回请求人的无效宣告请求。另外,为了帮助理解钢丝帘线领域的基本概念,我们提交了附件1:钢丝帘线标准GB11181—1989,供合议组参考。具体意见见下文。

1. 权利要求1~7具备新颖性

(1) 权利要求1相对于对比文件1(CN1280639A)具备新颖性

对比文件1并没有公开本专利权利要求1的全部技术特征,至少没有公开本专利权利要求1中的"所述第二组以帘线缠绕间距螺旋缠绕在所述第一组周围""所述第一组数目是3~8""所述第一钢丝具有大于300mm的加捻间距"以及"至少所述第二钢丝进行多边预成型"。

具体而言,对比文件1公开了图4所示的4×0.28形式的钢丝、图5公开了5×0.38的钢丝,图6公开了1+6的钢丝、图7公开了12×0.20的钢丝、图8公开了4×2×0.35的钢丝结构,但这些钢丝绳的结构与本专利的第一组和第二组钢丝的结构不同,本专利的第二组以帘线缠绕间距螺旋缠绕在所述第一组周围,这一点未在对比文件1中公开,特别是权利要求1所限定"所述第一组数目是3~8"未在对比文件1中公开。对比文件1中所有中心钢丝(第一钢丝)都经过了绞合(加捻)处理,加捻间距远小于300mm,都不是无捻的,因此对比文件1并未公开中心钢丝具有大于300mm加捻间距的这一特征;另外请求人认为对比文件1权利要求1公开了"至少一根所述第二钢丝进行多边预成型",但对比文件1权利要求1中公开的"至少一个所述钢元件有第一波纹和第二波纹",这种波纹成型的双弯皱技术与多边预成型技术不同。

需要强调的是,对比文件1的国际公布文本WO99/28547被列在本专利的国际公布文本WO2002/088459的国际检索报告中,被列为不影响专利新颖性和创造性的A类文献,而且根据本专利说明书第5页第15行中的描述,对比文件1的国际公布文本WO99/28547作为本专利的背景技术而引入说明双弯皱技术。

因此,对比文件1没有公开本专利权利要求1的全部技术特征,本专利的权利要求1相对于对比文件1具备新颖性。

(2) 权利要求2~7相对于对比文件1具备新颖性。

首先,本专利权利要求2~7都直接或间接地从属于权利要求1,在权利要求1相对于对比文件1具备新颖性的前提下,这些从属权利要求2~7也就当然具备新颖性。

其次,权利要求2的附加技术特征"所述组缠绕间距等于所述帘线缠绕间距"并未在对比文件1中公开。另外,对比文件1公开的钢丝绳的结构与本专利中第一组和第二组的结构不同,其中的钢丝绳的数目不同,本专利权利要求6、7的附加技术特征都没有在对比文件1中公开。

因此,权利要求2~7相对于对比文件1具备新颖性。

2. 权利要求1~7具备创造性

(1) 权利要求1相对于对比文件1(CN1280639A)和对比文件2("生产钢帘线用捻制设备")的结合具备创造性。

首先,请求人并未就权利要求1相对于对比文件1和对比文件2的结合不具备创造性的具体理由进行详细阐述,因此其请求应当视为未提出。

其次,即使考虑上比文件组合,权利要求1也具有创造性。参见上文对新颖性的评述,本专利权利要求1相对于对比文件1至少具有如下区别技术特征:"第二组以帘线缠绕间距螺旋缠绕在所述第一组周围""所述第一组数目是3~8""所述第一钢丝具有大于300mm的加捻间距"以及"至少所述第二钢丝进行多边预成型"。这些区别技术特征并没有在对比文件2中公开。对比文件2介绍了管式捻股机、跳绳式捻股机、双捻股绳机的原理、结构和特性,没有提到所加工得到的钢丝绳的具体特征,没有公开上述区别技术特征。

本专利通过上述区别技术特征,能够实现橡胶的完全渗入,达到以少数目的钢丝来满足相同强度的目的,并且制造成本低。对比文件1与对比文件2的结合,并不能得到本专利权利要求1所限定的技术方案,因此权利要求1的技术方案具有突出的实质性特点和显著的进步,具备创造性。

(2) 权利要求2~7相对于对比文件1和对比文件2的结合具备创造性。

首先,请求人并未就权利要求1相对于对比文件1和对比文件2的结合不具备创造性的具体理由进行详细阐述,因此其请求应当视为未提出。

其次,本专利权利要求2~7都直接或间接地从属于权利要求1,在权利要求1相对于对比文件1、2具备创造性的前提下,这些从属权利要求2~7也就当然具备创造性。

3. 权利要求2可以得到说明书的支持,符合《专利法》第26条的规定

本专利说明书第3页第13~14行对权利要求2的阐述为:该组缠绕间距最

好等于帘线缠绕间距，后面将进行说明，该优选实施例可通过倍捻装置在一个加捻步骤中获得。本专利说明书第 5 页第 16～29 行"优先实施例"详细描述了其中的加捻步骤是如何进行的，第一钢丝 10 的丝束 22 先是经过了两次加捻处理，并在锭翼 24 上运动及此后的过程中接受了两次加捻处理，后来在第二锭翼 36 上运动及此后的过程中，对第二钢丝 26 经过了预成型处理，同时对第一钢丝 10 的丝束 22 经过了退捻处理。最终形成的钢丝帘线 38 具有这些特征：第一钢丝 10 的丝束 22 是无捻的（具有大于 300mm 的加捻间距）；第二钢丝经过了多边预成型处理；并且"组缠绕间距与帘线缠绕间距相同，且大约是 22mm"。

可见，说明书中已经详细阐述了具体实现的操作步骤，权利要求 2 能够得到说明书的支持。符合《专利法》第 26 条的相关规定。

因此，本专利的权利要求 1～7 符合《专利法》的相关规定。专利权人请求专利复审委依法驳回请求人的无效请求，维持本专利全部有效。

专利权人：贝卡尔特公司

代理机构：北京市某律师事务所

代理人：徐某　吴某某

◆ 检索报告

项目名称　用于增强橡胶制品的钢丝帘线

专利号　02808857.3

委托方　××××

委托日期　2013 年 9 月 6 日

A. 检索种类　　　☒宣告无效　　　☐查新

B. 检索依据的技术材料（见附件）

C. 检索确定的主题分类（IPC 第 8 版）

D07B 1/06

D. 检索的国际专利分类领域（IPC 第 8 版）

D07B1，D07B7，D07B3，B60C9

E. 检索工具：

S 系统

检索用专利文献

☒ 国际专利文献数据库（INPADOC）

☒ 德温特世界专利索引数据库（DWPI）

☒ 中国专利文摘数据库（CNABS/CPRSABS）

☒ 世界专利文摘库（SIPOABS）

☒ 中国香港文摘数据库（HKABS）

☒ 中国台湾文摘库（TWABS）

☐ 化学物质登记数据库（REGISTRY）

☒ 专利全文数据库（CN/EP/US/WO/JP）

☐ 美国化学文摘（CA/CAPLus）

☐ 中国外观设计专利数据库

☐ 基因序列数据库（DGENE/USGENE/PCTGENE）

☐ 其他：_____

检索用非专利文献

☒ 中国知网系列数据库（CNKI）

☒ 万方数据知识服务平台

☐ 汤森路透 ISI Web of Knowledge 平台

☐ 国家图书馆非专利期刊

☐ 荷兰医学文摘库（EMBASE）

☐ 互联网

☐ 美国工程索引库（EI）

☐ 英国科学文摘库（INSPEC）

☐ 中国药物数据库

☐ 知识产权网（IP．COM）

☐ 其他：_____

F. 使用的中文与外文检索关键词

橡胶、帘线、钢丝、轮胎、捻、扭、缠绕、捻距、steel、cord、tire、twist、pitch

G. 相关专利文献

类型*	公开号/公告号	公开/公告日期	分类号	相关部分	涉及的权利要求编号※
Y	US4408444 A	1983-10-11	D07B 1/00	说明书第1栏第45～59行	1～7
Y	CN1280639 A	2001-01-17	D07B 1/06	权利要求1、说明书第6页第4行至第9页第21行	1～7
A	JP2000-336584A	2000-12-05	D07B 1/06	说明书第14、第15、第24段,附图4	1～7
A	CN1133075 A	1996-10-09	D07B 1/06	说明书第5～6页、实施例2	1～7

H. 相关非专利文献

类型*	书名、期刊或文摘名称（包括卷号或期刊号）	文章标题	相关部分	涉及的权利要求编号※
Y	金属制品 第18卷第3期	生产钢帘线用捻制设备	第53页,附图6	1～7

*引用文件的专用类型： （仅针对含有权利要求的检索文本）	
"X" 单独一篇与权利要求相关的文件	"A" 反映相关现有技术的文件
"Y" 和检索报告中其他 Y 类文献组合与权利要求相关的文件	"E" 抵触申请文件
"R" 在申请日或申请日后公开的同一申请人的属于同样的发明创造的专利或专利申请文件以及他人在申请日向专利局提交的、属于同样的发明创造的专利申请文件	"P" 中间文件，其公开日在申请的申请日与所要求的优先权日之间的文件，或者会导致需要核实该申请优先权的文件

I. 检索意见

一、事实认定

1. 本检索项目所涉及的专利 02808857.3

本检索项目涉及国家知识产权局于 2006 年 9 月 6 日授权公告的名称为"用于增强橡胶制品的钢丝帘线"的"ZL02808857.3"号发明专利（以下简称本专利），其申请日为 2002 年 4 月 8 日，优先权日为 2001 年 4 月 24 日。

2. 引用的对比文件及对比文件中的相关内容

对比文件 1：生产钢帘线用捻制设备　公开日为 1992 年 12 月 31 日

对比文件 1 中的相关内容：第 53 页、图 6

对比文件 1 为本专利的现有技术

对比文件 2：US4408444 A　公开日为 1983 年 10 月 11 日

对比文件 2 中的相关内容：说明书第 1 栏第 45～59 行

对比文件 2 为本专利的现有技术

对比文件 3：CN1280639 A　公开日为 2001 年 1 月 17 日

对比文件 3 中的相关内容：权利要求 1、说明书第 6 页第 4 行至第 9 页第 21 行

对比文件 3 为本专利的现有技术

二、有关权利要求与现有技术相关程度的评述

1. 有关权利要求 1～7 新颖性

权利要求 1 要求保护一种钢丝帘线。对比文件 1 公开了一种双捻股绳机，可

以生产 3+6、3+9 等结构的钢丝帘线［公开了一种钢丝帘线，包括一个第一组和一个第二组，第一组包括第一数目的第一钢丝，第一数目为 3，第二组包括第二数目的第二钢丝，第二数目（6、9）大于第一数目（3）］，第二组以帘线缠绕间距螺旋缠绕在所述第一组周围，所述第二钢丝以一个组缠绕间距相互缠绕（见第 53 页、图 6）。但是对比文件 1 没有公开：所述第一钢丝具有一个大于 300mm 的加捻间距，至少一根所述第二钢丝进行多边预成型；因此权利要求 1 具备新颖性。

从属权利要求 2~7 直接或间接引用权利要求 1，因此也具备新颖性。

2. 有关权利要求 1~7 创造性

根据权利要求 1 所要求保护的技术方案与对比文件 1 的区别，可以确定本发明实际要解决的技术问题是提高橡胶渗透性。对比文件 2 公开了一种钢丝帘线，还公开了现有技术已知平行芯线能够带来更好的橡胶渗透性，而将芯线的加捻间距设置成大于 300mm，能够形成平行芯线，从而带来上述优点（见说明书第 1 栏第 45~59 行），因此在对比文件 2 的启示下，想到将对比文件 1 中的第一钢丝的加捻间距设置成大于 300mm 是显而易见的；而对比文件 3 公开了一种钢索，其中一个实施例中公开了中心钢丝具有第一和第二波纹，外层钢丝成多边形形状，从而增加橡胶渗透性（权利要求 1、说明书第 6 页第 4 行至第 9 页第 21 行）；因此根据对比文件 3 的启示，本领域技术人员想到对第二钢丝进行多边预成型是显而易见的。由此，在对比文件 1 的基础上结合对比文件 2 和 3 得到权利要求 1 所保护的技术方案对于本领域技术人员而言是显而易见的。权利要求 1 不具备创造性。

对于权利要求 2，由于在捻股或合绳时，钢丝围绕股芯或绳股围绕绳芯旋转一周的起止点间的直线距离为捻距，因此使组缠绕间距和帘线缠绕间距相等，对于本领域技术人员而言属于常规技术手段。因此权利要求 2 不具备创造性。

对于权利要求 3，对比文件 3 公开了对中心钢丝预成型使其成波形（见说明书第 9 页），因此权利要求 3 不具备创造性。

对于权利要求 4，对比文件 3 公开了波形为立体波形（见说明书第 6 页），因此权利要求 4 不具备创造性。

对于权利要求 5，其附加技术特征已被对比文件 3 公开（见权利要求 1），因此权利要求 5 不具备创造性。

对于权利要求 6，对比文件 1 公开了 3+6、3+9 等结构（见第 53 页、图 6），因此权利要求6不具备创造性。

对于权利要求7，本领域技术人员根据实际需求选择数目属于常规设计，因此权利要求7不具备创造性。

综上所述，权利要求1~7具备新颖性，不具备创造性。

◆ 意见陈述书

专利复审委员会：

本意见陈述书是请求人对专利号为ZL02808857.3、专利权人为贝卡尔特公司、名称为"用于增强橡胶制品的钢丝帘线"的发明专利于2013年8月20日提出的无效宣告请求而补充的证据及增加的理由进行地陈述，该发明专利无效请求的案件编号为4W102402。

由于该发明的全部权利要求都不具备新颖性或创造性，本请求人请求专利复审委员会宣告该发明专利权全部无效。

(一)

本请求人已经提供下列对比文件作为请求宣告该专利无效的证据：

(1) 专利号为ZL98811553.0的中国发明专利说明书，该专利申请号为98811553.0，申请日为1998年11月25日，公告日为2001年1月17日。

(2) 张明珂：《生产钢帘线用捻制设备》，《金属制品》1992年第18卷第3期第50~55页（第53页、图6）。

本请求人补充提供下列对比文件作为请求宣告该专利全部无效的证据：

(3) 专利号为US4408444 A的美国专利说明书，公开日为1983年10月11日（说明书第1栏第45~59行）。

(4) 专利号为JP2000-336584 A的日本专利说明书，公开日为2000年12月5日（说明书第14、第15、第24段，附图4）。

(5) 专利号为ZL02808857.3的中国专利公开文本，公开号CN1505719A，公开日2004年6月16日。

上述对比文件的公开日期均早于本专利的申请日，构成本专利的现有技术。

(二)

本请求人请求宣告无效的发明专利包括7个权利要求,现以所列出的对比文件为依据对所述专利的全部权利要求进行补充评述,其中对比文件1披露的本发明权利要求1的技术特征最多,可以作为评价权利要求1最接近的现有技术。

(1)关于权利要求1,根据其所要求保护的技术方案与对比文件2的区别,可以确定本发明实际要解决的技术问题是提高橡胶渗透性。对比文件3公开了一种钢丝帘线,还公开了现有技术已知平行芯线能够带来更好的橡胶渗透性,而将芯线的加捻间距设置成大于300mm,能够形成平行芯线,从而带来上述优点(参见说明书第1栏第45~59行),因此在对比文件3的启示下,想到将对比文件2中的第一钢丝的加捻间距设置成大于300mm是显而易见的;而对比文件1公开了一种钢索,其中一个实施例中公开了中心钢丝具有第一和第二波纹,外层钢丝成多边形形状,从而增加橡胶渗透性(权利要求1、说明书第6页第4行至第9页第21行);因此根据对比文件1的启示,本领域技术人员想到对第二钢丝进行多边预成型是显而易见的。由此,在对比文件2的基础上结合对比文件1和对比文件3得到权利要求1所保护的技术方案对于本领域技术人员而言是显而易见的。相对于对比文件1和对比文件3的结合,或者对比文件1、对比文件2和对比文件3的结合,权利要求1不具备创造性。

对比文件4公开了一种具有芯线和外层两层结构的钢丝帘线,包括3+5、3+6、3+7、3+8、3+10、3+11、3+12、2+10等结构,在经过股线模头9对钢丝进行捻合前先对芯线和外层的钢丝进行预成型(压印),在任一种帘线结构中,优选的均为芯线未经加捻(见说明书第14、第15、第24段及附图4),因此根据对比文件1的启示,结合对比文件4,权利要求1所保护的技术方案对于本领域技术人员而言是显而易见的。相对于对比文件1和对比文件4的结合,权利要求1不具备创造性。

(2)关于权利要求2,由于在捻股或合绳时,钢丝围绕股芯或绳股围绕绳芯旋转一周的起止点间的直线距离为捻距,因此使组缠绕间距和帘线缠绕间距相等,对于本领域技术人员而言属于常规技术手段,因此权利要求2不具备创造性。

(3)关于权利要求3,对比文件1公开了对中心钢丝预成型使其成波形(见说明书第9页),因此,相对于对比文件1和对比文件3的结合,或者对比文件1、对比文件2和对比文件3的结合,或者对比文件1和对比文件4的结合,权利要求3不具备创造性。

（4）关于权利要求4，对比文件1公开了波形为立体波形（见说明书第6页），因此，相对于对比文件1和对比文件3的结合，或者对比文件1、对比文件2和对比文件3的结合，或者对比文件1和对比文件4的结合，权利要求4不具备创造性。

（5）权利要求5，其附加技术特征已被对比文件1公开（见权利要求1），因此，相对于对比文件1和对比文件3的结合，或者对比文件1、对比文件2和对比文件3的结合，或者对比文件1和对比文件4的结合，权利要求5不具备创造性。

（6）关于权利要求6，对比文件2公开了3+6、3+9等结构（见第53页、图6），对比文件4公开了3+5、3+6、3+7、3+8、3+10、3+11、3+12、2+10等结构，因此，相对于对比文件1和对比文件2的结合，或者对比文件1、对比文件2和对比文件3的结合，或者对比文件1和对比文件4的结合，权利要求6不具备创造性。

（7）关于权利要求7，本领域技术人员根据实际需求选择数目属于常规设计，因此权利要求7不具备创造性。

（三）

本请求人现以列出的对比文件5为依据对所述专利权利要求的修改超出原说明书和权利要求书记载的范围进行补充评述。

权利要求1要求保护的是一种钢丝帘线，该钢丝帘线包括一个第一组和一个第二组，所述第二组以帘线缠绕间距螺旋缠绕在所述第一组周围，所述第一组包括第一数目的第一钢丝，所述第一数目是3~8，所述第二组包括第二数目的第二钢丝，所述第二钢丝以一个组缠绕间距相互缠绕，所述第二数目大于第一数目，所述第一钢丝具有一个大于300mm的加捻间距，至少一根所述第二钢丝进行多边预成型。可见，权利要求1内层（第一组）为3~8根钢丝，外层（第二组）互相缠绕，外层钢丝数目大于内层，内层具有一个大于300mm的加捻间距，至少一根外层（第二钢丝）进行多边预成型。

但是，对比文件5要求保护的权利要求1是一种钢丝帘线，该钢丝帘线包括一个第一组和一个第二组，所述第一组以帘线缠绕间距螺旋缠绕在所述第二组周围，所述第一组包括第一数目的第一钢丝，所述第一数目是3~8，所述第二组包括第二数目的第二钢丝，所述第二数目等于或大于第一数目，所述第一钢丝具有一个大于 300mm 的加捻间距，至少一根所述第二钢丝进行多边预成型。权利要求 2 为根据权利要求 1 所述的钢丝帘线，其中，所述第二钢丝以一个组缠绕间距相互缠绕。权利要求 4 为根据前述任意一项权利要求所述的钢丝帘线，其中，所述第二数目大于所述第一数目。可见，所述权利要求 1 外层（第一组）为 3~8 根钢丝，内层（第二组）互相缠绕，内层钢丝数目等于或大于外层，外层钢丝具有一个大于 300mm 的加捻间距，至少一根内层（第二钢丝）进行多边预成型。

综上所述，权利要求 1 和对比文件 5 的技术方案明显不同，权利人对专利申请文件的修改超出了原说明书和权利要求书记载的范围，违反了《专利法》第 33 条的规定。权利要求 2~7 引用的权利要求 1 修改超出了原说明书和权利要求书记载的范围时，其技术方案也相应作了修改，修改也必定超出原说明书和权利要求书记载的范围。

（四）

综上所述，本发明的所有权利要求都不具备新颖性或创造性，且权利人对专利申请文件的修改超出了原说明书和权利要求书记载的范围，为此，本请求人请求专利复审委员会宣告该专利权全部无效。

请求人：张家港市骏马钢帘线有限公司
二〇一三年九月二十二日

◆ 补充意见陈述书

专利复审委员会：

本补充意见陈述书是请求人对专利号为 ZL02808857.3 的专利权人为贝卡尔特公司、名称为"用于增强橡胶制品的钢丝帘线"的发明专利于 2013 年 8 月 20 日提出的无效宣告请求而进行的补充意见陈述，主要针对合议组当庭转交的专利权人在口头审理过程中的意见陈述进行评述。该案件的编号为 4W102402。

由于该发明的权利要求 1、权利要求 3~7 不具备新颖性和创造性，权利要求 2 不具有创造性且说明书未作出清楚、完整的说明，权利要求 1~7 的修改超出原说明书及权利要求记载的范围，本请求人请求专利复审委员会宣告该发明专利权全部无效,具体陈述意见如下。

1. 请求人提交的对比文件 3 和 4 的译文不影响技术方案的比较和对涉案专利的评述

首先,请求人需要向合议组说明的是,请求人向合议组提交的对比文件 3 的译文是具有专利文献翻译资质的翻译机构的译文,不同的翻译机构、甚至于同一翻译机构的不同翻译人员,对同样的外文进行翻译,在具体的词汇上存在差别是很正常的事情,但是,这些差别并不影响对对比文件 3 具体技术方案的清晰表述;

其次,请求人向合议组提交的对比文件 4 的部分译文也是具有专利文献翻译资质的同一翻译机构的译文,完全基于日文原文的翻译,而不是专利权人所言的二次翻译,且提交部分原文的译文作为对比文件并不违反《专利审查指南》的规定。

因此,请求人提交合议组的对比文件 3 和对比文件 4 不会影响对比文件 3 和对比文件 4 与涉案专利技术方案的比较以及对涉案专利的评述。

2. 请求人在《无效宣告请求书》及《补充意见陈述书》中的无效理由,均结合对比文件进行了详细阐述,均应当予以考虑

请求人在《无效宣告请求书》及《补充意见陈述书》中,均明确阐明"其中对比文件 1 披露的本发明权利要求 1 的技术特征最多,可以作为评价权利要求 1 最接近的现有技术",请求人在《无效宣告请求书》《补充意见陈述书》及口头审理中结合对比文件对具体无效理由均进行了详细阐述,并非专利权人所言"未结合所提交的证据具体说明无效宣告理由",因此,请求人的无效宣告请求应当予以受理。

3. 权利要求 1、权利要求 3~7 不具备新颖性和创造性、权利要求 2 不具备创造性且说明书未做出清楚、完整的说明,故应当宣告该发明专利权全部无效,详见《无效宣告请求书》《补充意见陈述书》及口头审理笔录,请求人不再赘述

4. 权利要求 1~7 的修改超出原说明书及权利要求记载的范围,不符合《专利法》33 条的规定

通过对涉案专利授权文本及公开文本权利要求 1 的字面表述,即可轻易得出二者要求保护的技术方案完全不一样这一结论,详见《补充意见陈述书》第(三)部分的陈述。

本《补充意见陈述书》未提及的地方,以《无效宣告请求书》《意见陈述

书》及口头审理中的意见陈述为准。

综上所述，该发明的权利要求 1、权利要求 3~7 不具备新颖性和创造性，权利要求 2 不具备创造性且说明书未作出清楚、完整的说明，权利要求 1~7 的修改超出原说明书及权利要求记载的范围，为此，本请求人请求专利复审委员会宣告该专利权全部无效。

请求人：张家港市骏马钢帘线有限公司

二〇一三年十二月九日

◆ 专利复审委员会无效宣告请求审查决定书（缩略版）

申请号或专利号：02808857.3	发文序号：2015042401001350
案件编号：4W102402	
发明创造名称：用于增加橡胶制品的钢丝帘线	
专利权人：贝卡尔特公司	
无效宣告请求人：张家港市骏马钢帘线有限公司	

无效宣告请求审查决定书

（第 25740 号）

根据《专利法》第 46 条第 1 款的规定，专利复审委员会对无效宣告请求人就上述专利权所提出的无效宣告请求进行了审查，现决定如下：

□宣告专利权全部无效。

□宣告专利权部份无效。

■维持专利权有效。

根据《专利法》第 46 条第 2 款的规定，对本决定不服的，可以在收到本通知之日起 3 个月内向北京知识产权法院起诉，对方当事人作为第三人参加诉讼。

附：决定正文 11 页（正文自第 2 页起算）。

合议组组长：张某某　　主审员：郭某某　　参审员：吴某某

中华人民共和国国家知识产权局专利复审委员会
无效宣告请求审查决定（第25740号）

案件编号	第4W102402号
决定日	2015年04月20日
发明创造名称	用于增加橡胶制品的钢丝帘线
国际分类号	D07B 1/06（2006.01）
无效宣告请求人	张家港市骏马钢帘线有限公司
专利权人	贝卡尔特公司
专利号	02808857.3
申请日	2002年04月08日
优先权日	2001年04月26日
授权公告日	2006年09月06日
无效宣告请求日	2013年08月20日
法律依据	《专利法》第33条，《专利法》第26条第3款，《专利法》第22条第2、第3款

决定要点：

  判断权利要求所要求保护的技术方案相对于现有技术证据之间的结合是否显而易见，不能简单通过技术特征的叠加足以覆盖权利要求的所有技术特征就认定其结合破坏了权利要求的创造性，而应当结合现有技术整体公开的技术信息来判断是否存在将它们结合在一起的技术启示。在证据本身没有给出结合启示的情况下，如果本领域技术人员运用其掌握的普遍技术知识和合乎逻辑的推理及实验能力也无法获得将证据结合在一起的技术启示，则认为证据之间的结合并非显而易见

二、人民法院民事诉讼法律文书

◆一审代理词

审判长、审判员、人民陪审员：

  北京大成（南京）律师事务所接受张家港市骏马钢帘线有限公司的委托，指

派我担任贝卡尔特公司诉张家港市骏马钢帘线有限公司发明专利纠纷一案【(2013) 二中民初字第 12574 号】被告的代理人,经两次庭审,本案的基本事实已经清楚,现根据庭审的实际情况,发表如下代理意见,供合议庭参考。

一、对原告主要证据的简要说明

迄今为止,原告为证实被告产品侵权提供的主要证据有证据 5〔(2012) 京长安内经证字第 20974 号公证书〕及证据 7 (2013 年 12 月 5 日庭审中实验测量结果),其余证据只有在构成侵权的前提下才有评价的意义,在此,代理人郑重声明:代理人发表的任何意见不代表认可上述其余证据的证明效力,也不代表认可当庭实验的产品系被告生产,更不代表认可被告产品构成侵权。

关于证据 5,只能证实被告生产了钢帘线产品,不具有关联性,不再赘述。关于证据 7,除了当庭及前述的意见,代理人首先需要说明的是:根据原告的当庭陈述,原告系从实验记录解析得出数据,再以特定的程序打开这些数据,从而得出侵权结论,但是,进行解析的程序不能提供给被告。由此,被告认为,不仅实验样品系原告单方提供、实验过程系原告单方操作,且实验结果也是原告在自行处理以后,再告诉被告:不能告诉你数据及侵权结论是怎么来的。因此,被告认为证据 7 不能作为本案裁判的依据。

二、根据实验,涉案产品(实验产品,下同)与涉案专利(ZL02808857.3,下同)权利要求 1 相比,至少缺少(或存在不同)以下 7 处特征

与涉案专利权利要求 1 的技术方案相比,涉案产品至少缺少(或存在不同)以下 7 处特征。

序号	涉案专利权利要求 1 技术特征	被控侵权产品特征	是否一致	备注
1	所有钢丝分两组,不分为内外两层	所有钢丝分为内外两层	否	退捻实验证明,结合原告当庭及无效过程中解释权利要求的阐述
2	第一钢丝之间互相缠绕	内层钢丝之间不互相缠绕	否	退捻实验证明,结合原告当庭及无效过程中解释权利要求的阐述

续表

序号	涉案专利权利要求1技术特征	被控侵权产品特征	是否一致	备注
3	第二组钢丝之间互相缠绕	外层钢丝之间不互相缠绕	否	退捻实验证明,且原告当庭及无效过程中解释权利要求的阐述
4	第一组钢丝与第二组钢丝之间互相缠绕	外层钢丝与内层钢丝不相互缠绕	否	退捻实验证明,结合原告当庭及无效过程中解释权利要求的阐述
5	内层钢丝加捻,有一大于300mm的加捻间距	内层钢丝不加捻	否	退捻实验证明,结合原告当庭及无效过程中解释权利要求的阐述
6	至少所述一根第二钢丝进行多边预成型	外层钢丝不预成型	否	原、被告当庭陈述,且原告实验未能证明
7	第一钢丝不进行多边预成型	内层钢丝进行多边预成型(空间波形)	否	退捻实验证明,系原告在答复审查意见通知书的《意见陈述书》中放弃的技术方案

需要指出：①上述缺少或不同的7处特征,有一处成立,涉案产品即不构成侵权；②被告发表上述意见不代表被告认可证据7可以作为本案的裁判依据。

三、涉案专利授权文本权利要求的修改超范围

简言之,涉案专利权利要求1的技术方案为：第一组为3~8根钢丝,第二组缠绕在第一组周围,第二钢丝数目大于第一组。但是,该专利公开文本(被告所举证据5)的技术方案为：第一组螺旋缠绕在第二组周围,第一组为3~8根钢丝,第二数目等于或大于第一数目。

可见,上述授权文本与公开文本的技术方案明显不同,权利人对专利申请文件的修改超出了原说明书和权利要求书记载的范围,涉案专利权利要求2~7的技术方案也做了相应修改,其修改必定超出原说明书和权利要求书记载的范围。

四、涉案专利所要求保护的技术系现有技术

首先，被告认为，涉案专利所要求保护的技术系现有技术。证据1（ZL98811553.0）披露了涉案专利权利要求1的全部必要技术特征，详见被告已经提交法庭的《专利权无效宣告请求书（正文）》第三部分关于权利要求1不具备新颖性的阐述。

其次，被告以现有技术抗辩的前提是法庭认为涉案产品构成侵权，但据现有情况，被告认为不能判定涉案产品侵权，故被告需要声明：被告以现有技术抗辩不代表被告认可涉案产品侵权，更不代表被告认可其产品侵权。

上述意见即为法庭要求被告另行提交现有技术抗辩比对的书面意见，被告不再提交其他现有技术抗辩比对的书面意见。

五、现有证据不能证实原告诉请合法有据

1. 原告未能证明涉案产品是否具有权利要求1的部分技术特征

根据庭审，原告陈述其涉案专利权利要求1特征还包括至少一根第二钢丝进行了多边预成型，但是，具体到本案，原告未能证明涉案产品是否具有上述两技术特征，根据民事诉讼"谁主张、谁举证"的原则，原告的诉讼请求应当予以驳回。

2. 既有的实验已经能够判定涉案产品不侵权，应当驳回原告诉请

详见本代理词第二部分的表格，此不赘述。

六、其他需要说明的问题

1. 关于涉案产品同时侵犯ZL94193801.8及ZL02808857.3两个专利的简要说明

被告已经当庭详细阐述上述两专利的权利要求1的保护范围可能存在四种关系：①完全重合；②部分重叠；③不重叠；④包含关系，即02808857.3的权利要求1的技术方案系对94193801.8技术方案的进一步限定的技术方案。其中，第①、第②、第③种可能性已经被原告当庭否决，即两专利系不同的技术方案，系完全不重叠的第③种情形。

被告认为，如果被告产品侵犯94193801.8的专利权利要求1，则必须具有94193801.8的专利权利要求1中所述的全部技术特征；同样，如果被告产品侵犯02808857.3的专利权利要求1，则必须具有02808857.3的专利权利要求1中所述

的全部技术特征。这样，如果被告同一产品同时侵犯94193801.8及02808857.3的专利权利要求1，则结论是：同一产品同时落入两个互不重叠的权利要求的保护范围，其在逻辑上的荒谬是显而易见的。因此，无论是原告的当庭陈述，还是仅就两专利的权利要求1的字面来看，原告认为被告同一产品侵犯其两个专利的主张是站不住脚的。

2. 关于原告当庭提交的US5687557专利说明书

原告当庭提交的US5687557专利说明书的证明目的是"涉案专利引用的多边预成型技术US5687557与ZL94193801.8的技术内容一致"，被告认为，原告的证明目的与本案无任何关联性，涉案专利的技术来源对判断涉案产品是否侵权无任何意义。

3. 关于涉案专利无效的说明

被告已就涉案专利在答辩期内提起无效请求，并同时向法庭提出了中止审理的请求，根据现有情况，涉案专利很可能全部或部分被无效。

4. 关于发票等费用并不合理的说明

首先，原告所举证据中发票系上海市的发票，而原告代理人系北京律师，且原告当庭只出示了并未加盖公章的记账联，未出示发票原件，被告对该证据持保留意见；其次，原告为制止侵权支出费用达几十万元，无论如何不能用"合理"来解释；最后，原告的诉讼请求2为要求被告赔偿原告经济损失及为制止侵权行为所支出的合理费用合计人民币100万元，但是，原告不仅不能证实被告侵权及支出的费用合理，且迄今为止没有向法庭提交任何证据来证明其损失的存在。

5. 关于样品和被告的产品

被告需要再次指出：所有涉及实验的代理意见均针对涉案产品，并不代表被告承认其系被告产品，但是如果实验就已经证明涉案产品不构成侵权，则根据现有证据，原告不能证明其诉请，应当驳回其诉讼请求。

6. 关于原告的口头审理笔录

代理人已经于2013年12月17日去国家知识产权局调取，但需要等10个工作日才有回复，代理人已经及时告知法庭。一旦接到口头审理笔录，代理人将立即提交法庭。

综上所述，根据现有事实，即可得出原告的诉讼请求无法得到支持的结论，请法庭依法裁判，驳回原告的诉讼请求。

以上意见，供合议庭参考。

北京大成（南京）律师事务所
律师：单某某
二〇一三年十二月十八日

◆ 补充代理词

审判长、审判员、人民陪审员：

北京大成（南京）律师事务所接受张家港市骏马钢帘线有限公司的委托，指派我担任贝卡尔特公司诉张家港市骏马钢帘线有限公司发明专利纠纷一案被告的代理人，经对北京智慧知识产权司法鉴定中心（以下简称鉴定中心）出具的《司法鉴定意见书》（以下简称《鉴定意见》）质证，结合本案前两次开庭情况、本案其他证据及有关规定，发表如下代理意见，供合议庭参考。

一、《鉴定意见》存在多处明显的错误或疏漏

1. 关于外层 6 根钢丝之间自身是否事先相互缠绕

（1）涉案产品技术方案：涉案产品的外层 6 根钢丝之间没有事先加捻，这一点无须赘述。

依据：

《鉴定意见》第 35 页第 1~2 行："自身并未先加捻"；第 38 页第 1 行："外组钢丝并未在与内组钢丝共同加捻时先进行加捻"。

（2）涉案专利要求保护的技术方案：外层 6 根钢丝自身先加捻再螺旋缠绕在第一组钢丝上，原告在授权及无效过程中已经做出了明确、清晰的解释。

依据：

①答复审查意见通知过程中的《意见陈述书·附页》第 2 页第 16 行："第二组具有 N2 个钢丝（N2 > N1），第二组作为一个整体（因为它们以一个组缠绕间距相互缠绕）螺旋缠绕在第一组周围"；

②口头审理笔录第 5 页第 4~5 行:"组成第二组的钢丝相互拧,是第二组钢丝以一个组缠绕间距相互缠绕";第 12~13 行:"两组之间相互的缠绕,相当于第二组在捻了后相当于一根钢丝,第一组也相当于一根钢丝,两组以共同的捻距再相互缠绕";

③涉案专利说明书权利要求 1:"所述第二钢丝以一个组缠绕间距相互缠绕",按照正常的汉语言解释规则,应当被解释为"第二钢丝之间的相互缠绕",所述"组缠绕间距"是"第二钢丝之间相互缠绕的缠绕间距",否则"组缠绕间距"没有存在的必要。

可见,将上述涉案产品技术方案与涉案专利要求保护的技术方案进行对比,二者明显不属于同一技术方案。

(3) 关于司法鉴定中心专家组(以下简称专家组)的意见。

①专家组对组缠绕间距定义为两种情况,其中第 2 种情况为:第二组钢丝与第一组钢丝同时加捻所形成的第二组钢丝上的捻距为第二组钢丝的组缠绕间距(见《鉴定意见》第 9 页第 2~3 行);在《鉴定意见》第 37 页又再一次做了说明:"情况 2 为第二组钢丝与第一组钢丝同时加捻所形成的第二组钢丝上的捻距为第二组钢丝的组缠绕间距",同时,专家组认为被鉴定物属于上述情况 2(见《鉴定意见》第 37 页第 19~21 行)。

被告认为,原告在授权、无效、本案以前庭审期间对第二组钢丝自身之间是否先进行缠绕、组缠绕间距作出了明确解释的情况下,专家组对"组缠绕间距"作出的上述第 2 种情况的定义明显超越其权限,且与原告的解释明显相悖。

②专家组认为涉案产品属于专利说明书中所述具体实施例(《鉴定意见》第 38 页第 1~2 行),被告认为:按照专利保护的"捐献原则",仅仅写进说明书而未写进权利要求书的技术方案是不能要求保护的。

③专家组在 2014 年 12 月 18 日的庭审中认为:上述口头审理笔录中原告对"外层 6 根钢丝之间先自身缠绕"的阐述可能属于口误,且认为原告的"这句话和我们本身作出的结论是有矛盾的"(见《2014 年 12 月 18 日庭审笔录》第 3 页第 5~6 行)。

被告认为,在有前述口头审理笔录、答复审查意见通知过程中的《意见陈述书·附页》两份书面材料同时证明原告对其技术方案作出明确解释的情况下,专家组有关"口误"的解释明显不能成立,在此前提下,按照专家组自身的意见,《鉴定意见》作出的结论必然与原告的上述陈述存在明显冲突,故《鉴定意见》明显错误,不应当作判断涉案产品侵权的依据。

综上所述,在原告已经在授权、无效过程中对涉案专利外层钢丝之间是否先进行互相缠绕作出了明确解释的情况下,专家组对该技术方案无权作出完全相悖的解释,根据现有的实验记录,涉案产品在"外层钢丝之间是否先进行了缠绕"这一技术特征上不同于涉案专利,因此,涉案产品技术方案没有落入涉案专利权利要求1的保护范围。

2. 关于内层4根钢丝之间是否进行了加捻

(1) 涉案产品技术方案:涉案产品的内层4根钢丝之间没有进行加捻。

依据:

《鉴定意见》第35页第12行:"内组钢丝在400mm范围内互相平行,且松散";《鉴定意见》第92页(附件8《现场试验记录表》第4页)第12~13行:"观察内层4根情况,内层4根没有缠绕在一起。"

(2) 涉案专利要求保护的技术方案。

依据:

①涉案专利说明书公开文本(见被告向法庭所举证据5"涉案专利公开文本")第3/7页第4~5行:"第一钢丝具有一个大于300mm的加捻间距且最好是无捻的(无限大的加捻间距)"(授权文本修改为"所述第一钢丝具有一个大于300mm的加捻间距");

②《口头审理笔录》第5页第12~13行:"两组之间相互的缠绕,相当于第二组在捻了后相当于一根钢丝,第一组也相当于一根钢丝,两组以共同的捻距再相互缠绕",同页第15行:"第一钢丝实际上是对加捻间距进行了限定"。

③涉案专利说明书权利要求1:"第一钢丝具有一个大于300mm的加捻间距",按照正常的汉语言解释规则,应当被解释为第一钢丝之间是加捻的(这是大前提),所述"具有一个大于300mm的"属于定语,是对"加捻间距"的限定,在存在"加捻间距"的情况下,第一组钢丝之间必然是加捻的,这是毫无疑问的。

可见,将上述涉案产品技术方案与涉案专利要求保护的技术方案进行对比,二者明显不属于同一技术方案。

（3）关于专家组意见。

①专家组认为，涉案专利第一钢丝有一个大于300mm的加捻间距，在行业内认为就等于没有加捻（见2014年12月18日庭审笔录第6页第26行），并据此作出了涉案产品"内层钢丝互相平行"的技术特征与涉案专利"有一个大于300mm的加捻间距"的技术特征相同，并构成相同侵权。被告认为，上述所谓行业内的观点没有任何事实依据，也没有任何证据能够证明，且该观点与前述涉案专利说明书公开文本、《口头审理笔录》的记载相悖，亦不符合一般人对技术方案的理解，存在明显谬误。

②专家组认为，涉案专利内层钢丝大于300mm的加捻间距是加捻再退捻形成的（见《2014年12月18日庭审笔录》第6页第25～26行），并以没有看到被告生产工艺为由，判断被告的工艺及产品也是如此。被告认为，本案属于产品专利侵权诉讼，专家组应当、且只应当就涉案产品的技术方案与涉案专利的技术方案进行比对，而不应涉及工艺；同时，专家组在不知悉被告如何生产出"内层钢丝平行"这一产品工艺的前提下，即得出被告产品也是"先加捻、再退捻"形成内层钢丝互相平行的产品，没有事实依据。

③专家组认为，内层钢丝"也不是说完全平行，也是有波纹的"（见《2014年12月18日庭审笔录》第6页第27～28行），据此认为内层钢丝之间进行了加捻。被告认为，该观点与实验现象相悖［见《鉴定意见》第92页（附件8《现场试验记录表》第4页）第12～13行："观察内层4根情况，内层4根没有缠绕在一起"］，且内层钢丝的波纹完全可能是内层钢丝在多边预成型过程中或者在被第二组钢丝缠绕过程中形成的，现有实验现象并不能证明上述波纹是先加捻、再退捻形成的。

综上所述，在原告已经在涉案专利公开文本、口头审理笔录对涉案专利内层钢丝之间是否进行加捻作出了明确解释的情况下，专家组对该技术方案无权作出不同于一般人理解的其他解释。根据现有的实验记录，涉案产品在"内层钢丝之间是否具有一个大于300mm的加捻间距"这一技术特征上不同于涉案专利，因此，涉案产品技术方案没有落入涉案专利权利要求1的保护范围。

3. 关于内层钢丝是否至少有一根进行了多边预成型

（1）涉案产品技术方案：根据实验，不能明确判断涉案产品的内层4根钢丝是否进行了多边预成型。

依据：

《2014年12月18日庭审笔录》第7页第29行："空间波形是上位概念"；同页第37行："空间波形是一个大的概念，限定的概念就是多边预成型"；上述庭审笔录第8页第3～4行："我们鉴定机构没有作第一钢丝的多边预成型的报告，是权利要求中没有说，所以也就没有作。"

但是，被告认为，依据现有实验现象，涉案产品的内层钢丝有可能进行了多边预成型，依据为：《鉴定意见》第37页倒数第2行："内组钢丝具有与外组钢丝相似的螺旋波纹"；第38页第3～5行："内外组钢丝能够分离，两组分离后外组钢丝相互平行，整体呈螺旋不松散状，且内组钢丝具有与外组钢丝相似的螺旋波纹。"

（2）涉案专利要求保护的技术方案：第一组钢丝不进行多边预成型。

依据：

原告答复审查意见通知过程中《意见陈述书·附页》第1页倒数第二段最后一行："并且仅仅对第二组的钢丝进行多边预成型"，在涉案专利权利要求1保护的技术方案中只有两组钢丝的情况下，第一组钢丝没有进行多边预成型是必然的、唯一的结论。

（3）关于专家组意见。

专家组认为，涉案专利的权利要求1中没有涉及内层钢丝是否进行了多边预成型，因此没有进行相关实验，明显不能成立，理由有以下几点。

①原告在授权过程中答复审查意见的《意见陈述书·附页》中明确放弃了该技术方案，按照《北京市高级人民法院专利侵权判定指南》的规定，原告上述答复审查意见的《意见陈述书·附页》中的放弃应当作为对涉案专利的限制；

②被告已经在第一次专利检测方案的最后（见《鉴定意见》第78页末尾）以但书的形式告知鉴定中心："请专家组结合实验步骤六、八、九，判断涉案产品是否仅仅对第二组的钢丝进行多边预成型"，并在电话和电子邮件中对上述要求进行了明确的解释说明。

③被告按照法庭的指示，已经于2014年12月1日以中国邮政EMS的方式书面函告鉴定中心：待我公司取得《口头审理笔录》后，将根据涉案专利的说明

书、答复审查意见通知书,结合无效过程中的意见陈述书、《口头审理笔录》等材料,向法庭及贵中心提供详尽的书面说明。

综上,基于原告在答复审查意见通知过程中的《意见陈述书·附页》中明确放弃了对内层钢丝进行多边预成型的技术方案且专家组明知应当对上述技术特征进行实验并比对的情况下,仍然没有对"内层钢丝是否进行多边预成型"进行实验并比对,就轻率作出涉案产品侵犯涉案专利的专利权的鉴定意见,没有事实及法律依据。

4. 涉案产品两组钢丝之间是内外层关系还是平行的两组关系,是一组围绕着另一组缠绕还是互相缠绕的关系

(1)涉案产品技术方案:涉案产品的第二组外层6根钢丝围绕内层第一组4根钢丝缠绕,两组之间是包围、被包围的关系,不是平行的关系;第一组(内层4根钢丝)没有参与缠绕,仅第二组围绕第一组缠绕。

依据:

《鉴定意见书》第35页第6~7行:"被鉴定钢帘线分为内外两组","外组钢丝以一定的捻距螺旋缠绕在内组钢丝周围";《鉴定意见》第37页第2~3行"第二组钢丝以帘线缠绕间距螺旋缠绕在第一组钢丝周围"。

(2)涉案专利要求保护的技术方案:外层6根钢丝自身先加捻,内层第一组钢丝也先加捻,两组之间再互相缠绕。

依据:

①《口头审理笔录》第5页第12~13行:"两组之间相互的缠绕,相当于第二组在捻了后相当于一根钢丝,第一组也相当于一根钢丝,两组以共同的捻距再相互缠绕";

②《2013年12月16日法庭庭审笔录》第5页第36行:"我们第一组钢丝和第二组钢丝是相互(原文是"石象湖")缠绕的";第7页第13行:"第一组和第二组之间是相互缠绕的。"

需要说明:原告关于上述关于技术方案的陈述与涉案专利权利要求书中的技术方案并不相同,存在矛盾。

综上,被告认为,在原告的陈述自相矛盾的情况下,应当做有利于被告的解释,涉案专利权利要求1保护的应当是两组钢丝互相缠绕、不分内外层的技术方

案，涉案产品两组钢丝分为内外层、内层不参与缠绕的技术方案与涉案专利的技术方案并不一致。

5. 专家组出具鉴定意见还存在明显疏漏

专家组出具鉴定意见的依据存在明显疏漏，包括：

（1）2014年12月18日的庭审过程中，专家组认可：截至此次开庭，专家组未收到、也没有看到涉案专利授权过程中原告答复审查意见通知书的《意见陈述书·附页》、涉案专利无效过程中原告的《意见陈述书》等书面法律文件，因此上述文件不可能成为专家组出具鉴定意见的参考。

（2）在司法鉴定依据及原则中，也没有包括《北京市高级人民法院专利侵权判定指南》（见《鉴定意见》第6～7页）。

需要说明的是：被告前已述及，被告已经按照法庭的指示，于2014年12月1日以中国邮政EMS的方式书面函告鉴定中心：待我公司取得口头审理笔录后，将根据涉案专利的说明书、答复审查意见通知书，结合无效过程中的意见陈述书、口头审理笔录等材料，向法庭及贵中心提供详尽的书面说明；诉讼过程中，被告也已经两次以中国邮政EMS的方式请求法庭向专家组提供上述法律文件，以作为出具鉴定意见的参考，因此，这一责任完全不应当由被告承担。

被告认为，专家组应当知悉专利审查、复审、无效过程中国务院专利行政部门及专利复审委员会发出的审查意见通知书，专利申请人、专利权人作出的书面答复、口审记录表、会晤记录等专利审查档案应当作为解释权利要求的依据，更应当知悉《北京市高级人民法院专利侵权判定指南》是本案司法鉴定的重要法律依据，在上述前提下，专家组作出的鉴定意见毫无疑问是草率的和不负责任的，存在明显疏漏，鉴定意见既不客观，更不公平。

二、鉴定过程中的两次实验人员均是大学在读的研究生，不具有相关资质，有关实验设备未经计量机构检定，违反了计量法的规定，不能用于检测实验，这一点不赘述

三、涉案产品的技术系现有技术

被告认为，涉案产品技术方案涉及涉案专利的技术特征均已经被被告提交法庭的证据1（专利号为98811553.0的中国发明专利说明书，下同）披露，属于现有技术。具体而言,涉案产品的技术方案可以归纳为:①一个由第一组(外层)和第二组(内层)钢丝组成的钢丝帘线;②第二组螺旋缠绕在第一组周围;③第一组钢丝的数目是3~8;④第二组的钢丝数目大于第一组;⑤第二组钢丝之间没有先互相缠绕;⑥第一组钢丝之间互相平行(不互相缠绕);⑦所述至少一根第二钢丝进行了多边预成型。

现结合被告提交法庭的证据1进行说明。

(1)证据1的权利要求15(证据1第4页第9~11行)为:根据权利要求11~12中任一项所述的钢结构,其中:所述结构包括中心钢丝和一层钢丝,这一层钢丝环绕所述中心钢丝绞合起来,所述中心钢丝包括一根或多根钢丝。可见,上述内容披露了涉案产品的前述特征(1)及特征(2)。

(2)证据1的附图7(参见证据1附图7)披露了3+9的内外层钢丝帘线结构,附图6披露了1+6的钢丝帘线结构,可见涉案产品的前述特征(3)及特征(4)已经被披露。

(3)证据1第11页第28行(说明书下标的页码为第7页,最后一段)至第12页第11行(说明书下标的页码为第8页,第4段)披露:有第一波纹和第二波纹的钢丝10也可以用于更复杂的钢结构,紧靠其他增强原件。这一更复杂的钢结构可以是未绞合的结构,也可以是绞合的结构,在绞合的结构中,两根或者更多的钢丝彼此绞合在一起。优选是,绞合结构可以以完全不同的方式制成。第一种方式……单独的钢丝并不绕其自身的轴线旋转,第二种方式……是通过倍捻加捻机实现的,单独的钢丝绕其自身的轴线旋转。这两种方式都是现有技术中公知的。可见,每组钢丝自身之间互相缠绕(绞合)或者不互相缠绕的技术方案均已经公开,前述涉案产品的特征(5)(6)已经被证据1披露。

(4)证据1权利要求1的特征在于(见证据1第3页第3~4行):至少一个所述钢元件有第一波纹和第二波纹,该第一波纹所在平面与第二波纹所在平面基本相异;证据1第10页对如何产生上述第一波纹和第二波纹进行了详细说明(说明书下标的页码为第6页,第6~10行):钢丝10向下游朝着第一对齿轮12运动,齿轮12的旋转轴线与y轴平行,该第一波纹是在平面xz上的平面波纹;该有波纹的钢丝10再朝着第二对齿轮14运动,齿轮14的旋转轴线与x轴平行,由齿轮14产生的第二波纹是在平面YZ上的平面波纹。显然,钢丝10上产生的波纹不再是平面的，而是立体的。证据1第10页还对更多平面的预成型技术进行了说明（说明书下标页码第6页，第22~24行）：在其他平面或者同一平面上可以有第三对和更多对的齿轮，这时，通过一系列的波纹操作所获得的立体结构可以有更大程度的优化和改变。结合前已述及证据1披露内容："有第一和第二波纹的钢丝10也可以用于更复杂的钢结构，紧靠其他增强原件。这一更复杂的钢结构可以是未绞合的结构，也可以是绞合的结构，"所属技术领域的普通技术人员可以将经过前述变形的钢丝先进行绞合或者不先进行绞合，再作为钢丝绳的外层或者内层，这是显而易见的。可见，涉案产品特征7已经为证据1所披露。

综上所述，涉案产品的全部技术特征均已经为证据1所披露，属于现有技术。

需要说明，被告以现有技术抗辩的前提是法庭认为涉案产品构成侵权，但据现有情况，被告认为不能判定涉案产品侵权，故被告需要再次声明：被告以现有技术抗辩不代表被告认可涉案产品侵权，更不代表被告认可其产品侵权。

四、现有证据不能证明涉案产品系被告产品

本案2013年12月5日第一次开庭中，在本案另一被告北京国鑫德胜商贸有限公司尚未进行任何抗辩的情况下，原告就主动放弃了对该被告的诉讼请求，二者之间事先很可能已经达成某种侵害本被告利益的协议，北京国鑫德胜商贸有限公司的所有行为很可能受原告指使；同时，涉案产品的样品袋虽标注有被告的企业名称，但是封口既无被告的签章，也无公证机关的签章。鉴于上述事实，被告有必要再次重申：上述所有代理意见均针对涉案产品，并不代表被告承认其系被告产品，但是如果实验就已经证明涉案产品不构成侵权，则根据现有证据，原告不能证明其诉请，应当驳回其诉讼请求。

综上所述，依据现有事实及法律规定，原告的诉讼请求不应当得到支持，请法庭依法裁判，驳回原告的诉讼请求。

以上意见，供合议庭参考。

北京大成（南京）律师事务所

律师：单某某

二〇一四年十二月二十二日

附加说明：

本《补充代理词》中引用的有关文件有：

①法庭历次庭审笔录：不需提交；

②答复审查意见通知过程中的《意见陈述书》：被告已经举证，参见被告举证的证据7；

③涉案专利无效口头审理笔录：已经申请法庭调取；

④涉案专利说明书：原告提起诉讼时已经提交法庭；

⑤涉案专利说明书公开文本：被告已经举证，见被告举证的证据5；

⑥《司法鉴定意见书》：司法鉴定中心已经提交法庭；

⑦二次专利检测方案及实验记录表：见《司法鉴定意见书》附件；

⑧现有技术专利号为ZL98811553.0的中国专利说明书：被告已经举证，见被告举证的证据1；

⑨无效过程中原告的二份《意见陈述书》：按照法庭的指示，被告已经在2014年12月1日函告鉴定中心前报告法庭，并在给鉴定中心的回函中明确表示将引用该文件；

⑩2014年11月24日鉴定中心给被告的来函。

◆一审判决书（缩略版）①

中华人民共和国北京市第二中级人民法院
民事判决书

(2013) 二中民初字第12574号

原告贝卡尔特公司，住所地比利时王国兹韦弗海姆贝卡尔特大街2号B8550。

被告北京国鑫德胜商贸有限公司，住所地中华人民共和国北京市朝阳区育慧北路8号三区3号楼二层C2111号。

被告张家港市骏马钢帘线有限公司，住所地中华人民共和国江苏省苏州市张

---

① 该判决书可以登录中国裁判文书网查询。

家港市杨舍镇乘航河东路。

原告贝卡尔特公司诉被告北京国鑫德胜商贸有限公司（以下简称国鑫德胜公司）、被告张家港市骏马钢帘线有限公司（以下简称骏马公司）侵害发明专利权纠纷一案，本院于2013年7月29日受理后，依法组成合议庭，于2013年12月5日、2013年12月16日公开开庭进行了审理。本案现已审理终结。

贝卡尔特公司诉称：贝卡尔特公司是第02808857.3号"用于增强橡胶制品的钢丝帘线"发明专利的专利权人，现该专利权现处于有效状态。国鑫德胜公司销售的，骏马公司制造、销售的型号为"4+6x0.30HT钢帘线"的产品落入了涉案专利权的保护范围。故诉至法院，请求：①判令国鑫德胜公司和骏马公司停止侵权行为，即立即停止制造、许诺销售和销售侵权产品；②判令骏马公司赔偿贝卡尔特公司经济损失及合理诉讼支出人民币100万元。

国鑫德胜公司辩称：国鑫德胜公司只是一个贸易公司，并从骏马公司购买了涉案被诉侵权产品，但事先并不知道该产品是侵权产品，如果法院认定构成侵权，国鑫德胜公司愿意停止侵权行为。

骏马公司辩称：贝卡尔特公司涉案专利与现有的某项专利技术方案相同，属于现有技术。被诉侵权产品至少有6个特征与涉案专利不同或缺少，贝卡尔特公司提交的证据不能证明被诉侵权产品落入了涉案专利权的保护范围，故请求驳回贝卡尔特公司的诉讼请求。

经审理查明：贝卡尔特公司系涉案专利的专利权人，现该专利权处于有效状态。

本案中，贝卡尔特公司请求以第02808857.3号"用于增强橡胶制品的钢丝帘线"发明专利权利要求1~4作为专利权的保护范围。

贝卡尔特公司在庭审中认为被诉侵权产品具备涉案专利权利要求1~4中的全部必要技术特征，并在2013年12月16日庭审结束后提交了一份两技术方案技术特征的对比表进行辅助说明。骏马公司在2013年12月16日庭审结束后提交了一份代理词，在代理词中其认为被诉侵权产品与涉案专利权利要求1相比，至少有7个技术特征缺少或存在不同。

本院在审理本案过程中，于2014年2月20日委托北京智慧知识产权司法鉴定中心对本案相关问题进行了鉴定。北京智慧知识产权司法鉴定中心于2014年12月15日出具了《司法鉴定意见书》，认为涉案产品具有与涉案专利多处相同的技术特征，落入涉案专利权利要求的保护范围。

2014年12月18日，本院组织双方当事人对北京智慧知识产权司法鉴定中心出具的上述《司法鉴定意见书》进行了质证，北京智慧知识产权司法鉴定中心参与本次鉴定的鉴定人也出庭接受了双方当事人的质询。贝卡尔特公司同意该鉴定结论。骏马公司不同意该鉴定结论，认为鉴定意见存在多处明显的错误或疏漏。

......

另外，对于被告骏马公司在北京智慧知识产权司法鉴定中心出具《司法鉴定意见书》后，又在2014年12月22日代理词中提出被诉侵权产品技术方案已经被98811553.0号发明专利披露，构成现有技术的观点，属于专利侵权判定规则中的现有技术抗辩，但是，鉴于本案在2013年12月16日开庭时法庭辩论程序已经结束，对被告骏马公司提出的现有技术抗辩一节不予审理。

综上，本院依照《中华人民共和国民法通则》第134条第1款第（1）、（7）项，《中华人民共和国专利法》第11条第1款、第59条第1款、第65条第2款，《最高人民法院关于审理侵犯专利权纠纷案件应用法律若干问题的解释》第7条，《最高人民法院关于民事诉讼证据的若干规定》第27条之规定，判决如下：

（1）北京国鑫德胜商贸有限公司于本判决生效之日起，立即停止销售侵害第02808857.3号"用于增强橡胶制品的钢丝帘线"发明专利权的涉案产品。

（2）张家港市骏马钢帘线有限公司于本判决生效之日起，立即停止制造、销售侵害第02808857.3号"用于增强橡胶制品的钢丝帘线"发明专利权的涉案产品。

（3）张家港市骏马钢帘线有限公司于本判决生效之日起十日内，赔偿贝卡尔特公司经济损失人民币五十万元及其因诉讼支出的合理费用人民币十万元。

（4）驳回贝卡尔特公司的其他诉讼请求。

......

如不服本判决，贝卡尔特公司可在判决书送达之日起30日内，北京国鑫德胜商贸有限公司、张家港市骏马钢帘线有限公司可在判决书送达之日起15日内，向本院递交上诉状，并按对方当事人的人数提出副本，上诉于中华人民共和国北京市高级人民法院。

审判长　何　某
代理审判员　李　某
人民陪审员　雷某某
二〇一四年十二月二十六日
书记员　黄　某

◆ 民事上诉状

上诉人（一审被告）：张家港市骏马钢帘线有限公司（以下称简骏马公司），法定代表人杨某，董事长，住所地（略）。

被上诉人（一审原告）：贝卡尔特公司（以下简称贝卡尔特公司），住所地比利时兹韦弗海姆·贝卡尔特大街 2 号 B8550，法定代表人 Paul Buysse、Albrecht De Graeve。

被上诉人（一审被告）：北京国鑫德胜商贸有限公司（下称国鑫公司），住所地北京市朝阳区育慧北路 8 号三区 3 号楼二层 C2111 号。

上诉请求：

请求撤销北京市第二中级人民法院（2013）二中民初字第 12574 号民事判决，依法改判。

事实与理由：

贝卡尔特公司于 2013 年 7 月 29 日起诉上诉人侵害其发明专利权，北京市第二中级人民法院（以下简称一审法院）分别于 2013 年 12 月 5 日、2013 年 12 月 16 日、2014 年 12 月 18 日三次开庭对案件进行了审理。一审法院依据贝卡尔特公司提供的证据确认贝卡尔特公司当庭提交的产品为被诉侵权产品；以北京智慧知识产权司法鉴定中心（以下简称司法鉴定中心）出具的《司法鉴定意见书》（以下简称鉴定意见）为主要依据，认定涉案产品技术方案落入了第 02808857.3 号"用于增强橡胶制品的钢丝帘线"发明专利权的保护范围；以鉴定过程中吸收在校生从事一些辅助性工作未影响鉴定的准确性和结论、目前没有证据证明实验设备不合格为由，认定鉴定意见应予采纳；以本案在 2013 年 12 月 16 日开庭时法庭辩论程序已经结束为由，对上诉人的现有技术抗辩一节不予审理，最终判决上诉人立即停止制造、销售侵害第 02808857.3 号"用于增强橡胶制品的钢丝帘线"发明专利权的涉案产品，赔偿贝卡尔特公司经济损失人民币 50 万元及其因诉讼支出的合理费用人民币 10 万元，负担鉴定费人民币 55 000 元，案件受理费 10 000 元。上诉人认为，一审法院对本案的证据采信及事实认定均存在明显错误,在此基础上错误适用了法律,据此作出的裁判有违事实和法律,主要理由如下。

一、现有证据不能证明涉案产品系被告产品

一审法院认定,2012年10月,贝卡尔特公司的委托代理人委托国鑫公司向骏马公司订购一批钢帘线产品,可见,国鑫公司购买钢帘线的行为并非纯粹意义上的普通商品购买行为,从一开始就处于贝卡尔特公司的指挥和控制之下;上诉人在提交法庭的《补充代理词》中又明确指出:本案2013年12月5日第一次开庭中,在国鑫公司尚未进行任何抗辩的情况下,贝卡尔特公司就主动放弃了对国鑫公司的诉讼请求,因此,上述二者之间事先很可能已经达成某种侵害上诉人利益的协议;同时,涉案产品的样品袋虽标注有上诉人的企业名称,但是封口既无上诉人的签章,也无公证机构的签章,公证机构也只是按照贝卡尔特公司委托代理人的要求,到同样受贝卡尔特公司控制和指挥的国鑫公司对贝卡尔特公司的购买行为进行公证,公证机构并不能证明在其进行公证前国鑫公司是否已经对样品袋中的样品及《质量宣传书》《宣传册》等进行了更换。

鉴于上述理由,上诉人认为,依据现有证据,贝卡尔特公司当庭提交的产品不能确定为被诉侵权产品,一审法院确认贝卡尔特公司当庭提交的产品为被诉侵权产品明显证据不足。

二、鉴定意见不应当作为判定涉案产品落入第02808857.3号"用于增强橡胶制品的钢丝帘线"发明专利权的保护范围,一审法院证据采信、事实认定及裁判均明显错误

1. 鉴定意见依据明显不足

首先,专利审查档案应当成为解释权利要求、限制专利保护范围、出具司法鉴定意见以及法庭裁判的重要依据。《最高人民法院关于审理侵犯专利权纠纷案件应用法律若干问题的解释》第6条有明确规定,《北京市高级人民法院专利侵权判定指南》第13条第1款、第3款又进一步进行了明确规定:解释权利要求,可以使用专利说明书及附图、权利要求书中的相关权利要求、专利审查档案以及生效法律文书所记载的内容。本指南所称专利审查档案,是指专利审查、复审、无效过程中国务院专利行政部门及专利复审委员会发出的审查意见通知书,专利申请人作出的书面答复、口审记录表、会晤记录等。

其次，在司法鉴定过程中，上诉人两次以中国邮政 EMS 方式，书面请求一审法院调取涉案专利无效过程中的口头审理笔录（以下简称口头审理笔录），并请求一审法院向司法鉴定中心提供包括口头审理笔录、贝卡尔特公司在答复审查意见通知过程中的《意见陈述书附页》（以下简称《审查意见》）等在内的专利审查档案，且在 2014 年 12 月 1 日应法庭的要求向司法鉴定中心函复有关问题时也向鉴定中心明确阐明：待上诉人取得口头审理笔录后，将根据涉案专利的说明书、审查意见，结合无效过程中的意见陈述书、口头审理笔录等材料，向法庭及贵中心提供详尽的书面说明。上述有关内容上诉人也已经电话请示法庭并征得法庭同意。但是，迄今为止，法庭没有向上诉人提供书面的口头审理笔录，也没有对口头审理笔录进行质证，2014 年 12 月 18 日的庭审过程也证明口头审理笔录没有成为《鉴定意见》的依据；同时，法庭没有向司法鉴定中心提供《审查意见》及其他专利审查档案，该审查意见及其他专利审查档案当然也没有成为《鉴定意见》的依据。

综上，上诉人认为，司法鉴定中心及一审法院没有将涉案专利的口头审理笔录以及《审查意见》等在内的专利审查档案作为出具《鉴定意见》、进行一审裁判的重要依据，该《鉴定意见》的依据明显不足，不能作为判定涉案产品侵犯涉案专利的证据，一审裁判明显错误。

2. 根据实验过程，已经足以判定涉案产品没有落入第 02808857.3 号"用于增强橡胶制品的钢丝帘线"发明专利权的保护范围（详细理由见《补充代理词》）

上诉人认为，根据现有的实验过程，已经足以判定涉案产品没有侵犯涉案专利，具体而言：

（1）涉案产品外层 6 根钢丝之间自身没有事先相互缠绕，而审查意见及口头审理笔录中均明确表明：涉案专利要求保护的技术方案中，外层 6 根钢丝自身先加捻再螺旋缠绕在内层钢丝上。可见，涉案产品技术方案与涉案专利要求保护的技术方案在"外层钢丝之间自身是否互相缠绕"这一技术特征上明显不属于同一技术方案。

（2）涉案产品内层 4 根钢丝之间没有进行加捻，而涉案专利说明书公开文本、口头审理笔录、涉案专利说明书权利要求中均明确表示：涉案专利要求保护的技术方案中，内层 4 根钢丝自身进行了加捻，有一个大于 300mm 的加捻间距，涉案产品技术方案与涉案专利要求保护的技术方案在"内层 4 根钢丝之间是否加捻"这一技术特征上明显不属于同一技术方案。

(3) 现有实验不能判断涉案产品内层钢丝是否至少有一根进行了多边预成型,上诉人在 2013 年 12 月 16 日庭审后提交法庭的代理意见中明确表明:上诉人相关产品的内层钢丝进行了多边预成型,而贝卡尔特公司在审查意见中已经明确放弃了对内层钢丝进行多边预成型的技术方案。

(4) 涉案产品是内外层缠绕关系,而涉案专利系不分内外层的互相缠绕关系,涉案产品技术方案与涉案专利要求保护的技术方案在这一技术特征上也明显不属于同一技术方案。

3. 司法鉴定中心专家组出具的《鉴定意见》存在诸多明显错误(详见《补充代理词》)

(1) 专家组没有将包括口头审理笔录、《审查意见》等专利审查档案作为司法鉴定意见的依据,明显有违法律规定。

(2) 专家组未对贝卡尔特公司在专利审查、无效以及本案以前庭审过程中已经明确放弃的"对内层钢丝进行多边预成型"(原文表述为:"仅仅对第二组钢丝进行多边预成型")的技术方案进行试验并进行技术比对属于明显疏漏;对贝卡尔特公司明确解释涉案专利保护范围的"外层 6 根钢丝自身先进行了缠绕""内层 4 根钢丝进行了加捻"以及"内外层互相缠绕"的技术方案作出完全相悖于贝卡尔特公司既往陈述的定义和解释属于明显错误。更有甚者,在 2014 年 12 月 18 日的庭审中,专家组在明知贝卡尔特公司已经在专利审查档案中对涉案专利具有"外层钢丝之间先互相缠绕"这一技术特征后,仍然认为:口头审理笔录中贝卡尔特公司对"外层 6 根钢丝之间先自身缠绕"的阐述可能属于口误,且认为贝卡尔特公司的"这句话和我们本身作出的结论是有矛盾的",据此仍然坚持原《鉴定意见》,属于明显故意出具错误的《鉴定意见》!

(3) 专家组没有将《北京市高级人民法院专利侵权判定指南》作为司法鉴定意见的法律依据,属于明显错误。

(4) 专家组将仅写进涉案专利说明书中的具体实施例、没有写进权利要求书中的内容作为专利保护的技术方案,明显有违专利保护的"捐献原则"。

(5) 专家组认为,内层钢丝"也不是说完全平行,也是有波纹的",据此认为内层钢丝之间进行了加捻。该观点与实验现象明显相悖,《现场试验记录表》

明确表明：内层 4 根没有缠绕在一起。

专家组的错误不限于上述内容，详见《补充代理词》。

4. 被上诉人提出鉴定申请超过期限，且一审法院根本没有给予上诉人提出重新鉴定的机会

一审裁判引用了《最高人民法院关于民事诉讼证据的若干规定》，但是同一司法解释第 25 条规定："当事人申请鉴定，应当在举证期限内提出。"本案中，原告申请司法鉴定的时间系举证期限届满后提出，因此，按照上述规定，该《鉴定意见》亦不能作为判定涉案产品侵犯涉案专利的依据；同时，上述司法解释规定了当事人有权申请重新鉴定，但是一审法院根本没有给予上诉人任何解释和申请重新鉴定的机会。

综上，一审法院在证据采信、事实认定及裁判均存在明显错误，对上诉人在《补充代理词》中提出的《鉴定意见》存在多处明显的错误或疏漏的诸多合理质疑没有作出任何解释或阐明，只是原文引用了《鉴定意见》，且没有禁止贝卡尔特公司将其已经放弃的技术方案进行反悔，并据此做出了错误裁判。

三、鉴定过程中的两次实验人员均是大学在读的研究生，不具有相关资质；有关实验设备未经计量机构检定，违反了《中华人民共和国计量法》的规定，不能用于实验

上诉人在《补充代理词》中提出了上述意见，但是一审法院认为，有鉴定资质的鉴定人在鉴定过程中吸收在校生从事一些辅助性工作未影响鉴定的准确性和结论，不属于违反鉴定程序的行为，且目前没有证据证明实验设备不合格，故对鉴定意见予以采纳。上诉人认为，所有实验过程中的实验均系在校生操作并完成，故其从事的工作并非"辅助性工作"；至于实验设备是否合格，应当由司法鉴定中心主动出具相关证据证明其合格，而不应当由上诉人承担证明责任，因此，一审法院的上述意见不符合法律规定。

四、一审法院对上诉人以现有技术抗辩不予审理没有法律依据，明显有违公平原则

一审法院认为，本案在 2013 年 12 月 16 日开庭时法庭辩论程序已经结束，故对上诉人提出的现有技术抗辩一节不予审理。

上诉人认为，首先，现行《民事诉讼法》并无法庭辩论程序终结后当事人不可以发表辩论意见的规定，也没有对法庭辩论程序终结后当事人发表的辩论意见

不予审理的规定；其次，2014年12月18日的法庭审理（一审法院所发传票明确注明是"开庭"）仍然是本案审理的一部分，上诉人在2014年12月18日的法庭审理后，按照法庭要求的期限提出了现有技术抗辩的意见，一审法院没有理由不予审理；再次，最重要的是，上诉人对涉案产品的准确技术方案也是通过2014年12月16日晚签收的《鉴定意见》并经2014年12月18日的法庭审理后才知悉的，上诉人在知悉涉案产品技术方案后立即将其与现有技术进行比对并无不妥，并按照法庭要求及时提交了书面意见，故一审法院理应对上诉人的现有技术抗辩部分进行审理；最后，即使二审甚至是再审程序，如果发现事实认定或者法律适用确有错误，都应当予以纠正，做出公平公正的裁判，一审法院没有任何理由对上诉人在一审判决下达之前发表的可能影响事实认定及法律适用的辩论意见不予审理。综上，一审法院对上诉人以现有技术抗辩不予审理没有任何法律依据，明显有违公平原则。

有关现有技术抗辩的理由，上诉人已经在《补充代理词》中进行了充分阐述，此处不赘述。

综上所述，一审法院错误采信证据，认定事实错误，且没有正确适用法律，贝卡尔特公司的诉讼请求不应当得到支持，请求二审法院依法改判，驳回贝卡尔特公司的诉讼请求。

此致

北京市高级人民法院

上诉人：张家港市骏马钢帘线有限公司

二〇一五年一月四日

◆ 二审代理词

审判长、审判员：

北京大成（南京）律师事务所接受张家港市骏马钢帘线有限公司（以下简称上诉人）的委托，指派我担任上诉人与贝卡尔特公司（以下简称被上诉人）侵害发明专利纠纷一案上诉人的代理人，现结合本案证据及法律规定，发表如下代理意见，庭后如有补充意见，上诉人将会在二审庭审结束后3个工作日内以书面方式邮寄给法庭，供法庭参考。

一、涉案专利无法准确确定其含义及保护范围，故不应认定被诉产品构成侵权

按照涉案专利权利要求1及《司法鉴定意见书》的记载，其第二组钢丝的缠绕技术方案可以是：①第二组钢丝之间先加捻后再螺旋缠绕再第一组钢丝上；②第二组钢丝与第一组钢丝同时加捻。进一步讲，在上述两种情况下，每种情况还可分为第一组钢丝是自身先加捻后再被第二组钢丝螺旋缠绕以及第一组钢丝与第二组钢丝同时加捻。

可见，涉案专利权利要求1的技术方案存在多种解释，无法准确确定其含义及保护范围，按照最高人民法院（2012）民申字第1544号《民事裁定书》的裁定内容，不应认定被诉产品侵权。

二、涉案产品至少有以下技术特征明显不同于涉案专利的权利要求1

1. 关于外层6根钢丝之间自身是否事先相互缠绕

涉案产品的外层6根钢丝之间没有事先加捻，详见《司法鉴定意见》第35页第1~2行；而涉案专利要求保护的技术方案的外层6根钢丝自身是先加捻再螺旋缠绕在第一组钢丝上，详见《意见陈述书附页》第2页第16行，《口头审理笔录》第5页第4~5行、12~13行。

2. 关于内层钢丝是否至少有一根进行了多边预成型

根据实验，能够明确判断涉案产品的第一组钢丝至少有一根进行了多边预成型，详见《司法鉴定意见书》第20页第2~3行、第31页第4~5行，而涉案专利要求保护的技术方案中，第一组钢丝不进行多边预成型，详见《意见陈述书附页》第1页倒数第二段最后一行。按照禁止反悔原则，涉案产品的该技术特征也明显不同于涉案专利。

上诉人将向法庭当庭提供《涉案专利VS涉案产品技术特征比对表》，供法庭参考。

三、涉案产品的技术系现有技术

涉案产品技术方案属于现有技术，其涉及的全部技术特征均已经被上诉人一审期间提交法庭的证据1（专利号为98811553.0的中国发明专利说明书）披露。

上诉人将向法庭当庭提供《涉案产品 VS 现有技术特征对比表》，供法庭参考。

需要说明，一审法院2014年12月18日的传票明确载明是"开庭"，故法庭辩论应当没有结束，而非一审裁判所言的"法庭辩论程序已经结束"。

综上所述，依据现有事实及法律规定，一审判决明显错误，请法庭依法裁判，支持上诉人的上诉请求。

以上意见，供合议庭参考。

北京大成（南京）律师事务所

律师：单某某

二〇一五年四月二十二日

◆ 补充代理词（一）

审判长、审判员：

北京大成（南京）律师事务所接受张家港市骏马钢帘线有限公司（以下简称上诉人）的委托，指派我担任上诉人与贝卡尔特公司（以下简称被上诉人1）侵害发明专利纠纷一案上诉人的代理人，现结合本案证据及法律规定，发表如下补充代理意见，供法庭参考。需要说明的是：上诉人在《民事上诉状》以及本代理人当庭提交给法庭的书面《代理词（二审）》已经述及的内容将不再赘述。

一、关于涉案专利的权利要求1保护范围的解释

结合上诉人当庭提交的书面《代理词（二审）》，现做如下补充。

（1）准确界定专利权的保护范围，是认定被诉侵权技术方案是否构成侵权的前提条件。对于保护范围明显不清楚的专利权，不应认定被诉侵权技术方案构成侵权。针对涉案专利，其权利要求1记载了"帘线缠绕间距"和"组缠绕间距"两个技术术语，而在本领域没有对上述两个技术术语的明确定义，且涉案专利的说明书中也未对其含义进行明确解释；并且，结合司法鉴定意见可知，司法鉴定专家组在进行具体鉴定之前，首先对权利要求1中的"组缠绕间

距"进行了解释说明,认为其存在两种含义(见《司法鉴定意见书》的上标第 9 页),这也进一步印证了"组缠绕间距"的含义不清楚。由此可见,由于本领域技术人员无法准确得知权利要求 1 的保护范围,因此不应认定被诉侵权产品构成侵权。

(2)关于涉案专利外层 6 根钢丝之间是否互相缠绕。首先,涉案专利 PCT 公开英文文本权利要求 2 为:A steel cord according to claim 1 wherein said second filaments are twisted around each other with a group twisting step(见上诉人二审提供的证据 2,上标第 11 页,右上角标注为第 15 页);同时,涉案专利公开的中文文本权利要求 2 为:根据权利要求 1 所述的钢丝帘线,其中,所述第二钢丝以一个组缠绕间距相互缠绕(见上诉人一审期间提供的证据 5 第 3 页权利要求 2)。上诉人认为,无论按照涉案专利 PCT 的英文文本,还是按照公开的中文文本,其第二组钢丝之间进行了互相缠绕这一点应当没有任何疑义。上述公开文本的权利要求 2 在授权文本中被专利权人修改、合并写进了权利要求 1(见授权文本权利要求 1),故修改后的权利要求 1 的保护范围应当同时具有修改前权利要求 1 及权利要求 2 的全部技术特征。

二、关于涉案产品技术方案不同于涉案专利

1. 涉案专利权利要求 1 的保护范围应以权利要求 1 的记载内容为准

退一步讲,即使认为涉案专利权利要求 1 的保护范围清楚,权利要求 1 的保护范围也应以权利要求 1 的记载内容为准。权利要求 1 记载了"第二组以帘线缠绕间距螺旋缠绕在所述第一组周围"以及"第二组以一个组缠绕间距相互缠绕",其中后一特征是对前一特征的状态描述,即"第二组自身是相互缠绕的",然后"相互缠绕的第二组"螺旋缠绕在第一组周围。因此涉案专利权利要求 1 中的第二组钢丝是预先加捻的(相互拧在一起),预先加捻后的第二组钢丝再螺旋缠绕在第一组钢丝周围。并且,被上诉人 1 在针对涉案专利的答复审查意见陈述书以及无效口审记录中也多次强调:第二组钢丝在加捻(相互拧在一起)后,再与第一组钢丝相互缠绕(见《无效口审记录》第 5 页第 4~5 行及第 12~13 行)。因此结合权利要求 1 的记载内容以及被上诉人 1 自己对保护范围的解释,可知涉案专利中的"第二组钢丝是预先加捻的"。而涉案产品中的外组钢丝并未预先加捻,因此不应认定被诉侵权产品构成侵权。

2. 涉案专利权利要求 1 中的"多边预成型"应以其通常含义进行解释

"预成型"属于一种加工工艺,"预成型"在本领域具有通常含义,即"使坯料形状产生部分变化,以获得更适合于进一步塑性变形的形状",结合涉案专利的发明目的可知,"多边预成型"具有明确含义,即沿钢丝长度方向的多个面上对其进行预成型,使得钢丝截面形状由圆形变形为多边形,进而能够在钢丝之间产生缝隙,允许橡胶渗入。

尽管涉案专利的说明书记载了"多边预成型技术可参见 US5687557,这里作为参考对其进行引用"(见涉案专利说明书上标第 3 页第 3 段),但是这种描述仅表明涉案专利的"多边预成型"可参考 US5687557(《司法鉴定意见书》使用具有相同优先权的中国同族 CN94193801.8,参见《司法鉴定意见书》上标第 9 页第 10~14 行),但 CN94193801.8 不应成为对涉案专利中"多边预成型"的唯一解释,且 CN94193801.8 描述的为一种"开放式钢丝绳结构",公开的是产品结构,并未对何为"多边预成型"加工工艺进行明确说明;同时,CN94193801.8 公开的结构与涉案产品完全不同,所述技术方案的不同至少包括:①CN94193801.8 保护的技术方案中,强度元件都按捻制节距捻曲在钢丝绳内(见 CN94193801.8 权利要求 1),即全部钢丝均为加捻的,而涉案产品的内层 4 根钢丝没有进行加捻,没有捻曲在钢丝绳内;②CN94193801.8 保护的技术方案中,强度元件均互相缠绕在一起,而涉案产品内层钢丝不互相缠绕且不与外层缠绕。被上诉人 1 在涉案专利的《答复审查意见陈述书》中也认为 CN94193801.8 公开的结构与涉案专利的结构不同(见《答复审查意见陈述书》第 2 页 12~13 行)。因此,不能将 CN94193801.8 公开的结构体现出的特征与涉案产品体现出的特征进行相互印证,进而认定涉案产品进行了《司法鉴定意见书》所言的"多边预成型"。

涉案产品的内组钢丝经过了"预成型"加工工艺,在内组钢丝的表面形成凹凸不平的波形,即内组钢丝的截面也由圆形变形为多边形,即进行了多边预成型。因此涉案产品的外组、内组钢丝均进行了多边预成型,因此不应认定被诉侵权产品构成侵权。

除了代理人当庭提交的书面《代理词(二审)》提及的涉案产品外层 6 根钢丝之间自身没有相互缠绕、涉案产品内层钢丝进行了多边预成型这两处技术特征明显不同于涉案专利外,涉案产品与涉案专利还有以下不同点。

（1）涉案产品内层 4 根钢丝之间没有进行加捻，而涉案专利内层钢丝进行了加捻；

（2）涉案产品是内外层缠绕关系，而涉案专利系不分内外层的互相缠绕关系。

上述不同点的详细内容，请参见《民事上诉状》第二部分中的（二）以及上诉人当庭提交法庭的《涉案专利 VS 涉案产品技术特征比对表》。

三、关于司法鉴定意见

司法鉴定意见存在诸多明显错误，现阐述如下。

（1）鉴定依据存在明显错误。在涉案专利权利要求 1 保护范围不清楚且上诉人已经两次请求一审法院向司法鉴定专家组提供答复审查意见通知过程中的《意见陈述书》、口审笔录等专利审查档案的情况下，一审法院没有将专利审查档案提供给专家组，专利审查档案也就不可能成为解释权利要求、限制专利保护范围、出具司法鉴定意见以及一审法院裁判的依据，直接导致鉴定意见错误。

（2）专家组未对被上诉人 1 明确放弃的"对内层钢丝进行多边预成型"的技术方案进行试验并进行技术比对；

（3）专家组对"外层 6 根钢丝自身先进行了缠绕""内层 4 根钢丝进行了加捻"以及"内外层互相缠绕"的技术方案作出完全相悖于被上诉人 1 陈述的定义和解释属于明显错误；

（4）在 2014 年 12 月 18 日的庭审中，司法鉴定专家组在明知被上诉人 1 已经在专利审查档案中对涉案专利具有"外层钢丝之间先互相缠绕"这一技术特征后，仍然认为：口头审理笔录中被上诉 1 人对"外层 6 根钢丝之间先自身缠绕"的阐述可能属于口误，且认为被上诉人 1 的"这句话和我们本身作出的结论是有矛盾的"（见《一审庭审笔录》第 3 页第 5~6 行），据此仍然坚持原鉴定意见，属于明显故意出具错误的鉴定意见！

（5）专家组认为，内层钢丝"也不是说完全平行，也是有波纹的"，据此认为涉案产品内层钢丝之间进行了加捻，该观点与实验现象明显相悖。《现场试验记录表》明确表明：内层 4 根没有缠绕在一起（见《司法鉴定意见书》附件 8《现场试验记录表》，下标第 92 页第 12~13 行）；

（6）专家组将仅写进涉案专利说明书中的具体实施例、没有写进权利要求书中的内容作为专利保护的技术方案，明显有违专利保护的"捐献原则"；

（7）专家组没有将《北京市高级人民法院专利侵权判定指南》作为司法鉴

定意见的法律依据，属于明显错误（见《司法鉴定意见书》第 6~7 页"鉴定依据及原则"部分）。

四、涉案产品的技术系现有技术，其所有技术特征均已经被公开。一审法院对上诉人以现有技术抗辩不予审理没有法律依据，详细理由参见《民事上诉状》第四部分

至于涉案产品的全部技术特征与现有技术公开的技术特征的比对，请参见上诉人当庭提交法庭的《涉案产品 VS 现有技术特征比对表》。

五、现有证据不能证明涉案产品系被告产品

针对《民事上诉状》第一部分及上诉人当庭提及的理由，被上诉人 1 认为，去仓库提货过程均系在公证人员的陪同及参与下完成的，但是事实是：被上诉人 1 提交法庭的样品袋并无公证机构的封条，也无公证机构或者公证人员的签章，这一点，上诉人在第一次开庭过程中就已经明确阐明，故上诉人对涉案产品是否是上诉人生产的真实性一直没有予以认可（见《2013 年 12 月 16 日庭审笔录》第 6 页第 21~22 行）。

六、涉案专利存在明显实质性缺陷。

根据涉案专利说明书具体实施例的记载，上诉人反复进行了试验，得出的产品截面图参见上诉人提交二审法庭的证据 9。根据实验，按照具体实施例进行实验制得的产品不可能具有涉案专利附图 2、附图 3 的截面图，也不可能实现涉案专利权利要求 1 "外层钢丝之间互相缠绕"这一技术方案，属于明显实质性缺陷。

七、上诉人没有因"侵权"获得任何利益

上诉人生产钢丝帘线，一直处于亏损状态，上诉人已经向法庭提交了经审计机构审计的近两年的财务报表，作为法庭裁判的参考。需要说明：上诉人向法庭提供上述财务报表不代表上诉人认可涉案产品侵权。

八、鉴定过程中的两次实验人员均是大学在读的研究生，不具有相关资质；有关实验设备未经计量机构检定，违反了《计量法》的规定，不能用于实验，详细内容参见《民事上诉状》第三部分

九、一审法院严重违反法定程序

根据上诉人二审期间提交法庭的证据 5、6、7、8，可见，一审法院存在诸多违反程序的地方，尤其是 2014 年 12 月 18 日的开庭，一审判决以法庭辩论在

2013年12月已经结束为由，剥夺了上诉人法庭辩论的权利，显属违法。

本补充代理意见未述及的内容，以《民事上诉状》及上诉人当庭提交给法庭的《代理词（二审）》为准。

综上所述，根据现有事实及法律规定，一审判决认定事实、适用法律均明显错误，请二审法院依法裁判，支持上诉人的上诉请求。

以上意见，供法庭参考。

北京大成（南京）律师事务所

律师：单某某

二〇一五年四月二十七日

◆ 补充代理词（二）

审判长、审判员：

北京大成（南京）律师事务所接受张家港市骏马钢帘线有限公司（以下简称上诉人）的委托，指派我担任上诉人与贝卡尔特公司（以下简称被上诉人1）侵害发明专利纠纷一案上诉人的代理人，现结合本案证据及法律规定，再次发表如下补充代理意见（二），供法庭参考。

一、"第二组钢丝预先加捻"与否导致涉案专利与涉案产品存在实质区别

1. 涉案专利的"第二组钢丝"进行"预先加捻"

关于第二组钢丝的缠绕问题，权利要求1记载了如下两个特征：

"第二组以帘线缠绕间距螺旋缠绕在所述第一组周围"；

"第二组以一个组缠绕间距相互缠绕"。

从上述两个特征来看："第二组"首先是自身相互缠绕，然后自身"相互缠绕"的第二组钢丝再"螺旋缠绕"在第一组钢丝周围。也就是说，从权利要求的明确记载可以毫无疑义的得出，涉案专利权利要求1中的第二组钢丝是预先加捻的（相互缠绕在一起），预先加捻后的第二组钢丝再螺旋缠绕在第一组钢丝周围。

并且，被上诉人1在针对涉案专利的《答复审查意见陈述书》以及《无效口

审记录》中也多次强调：第二组钢丝在加捻（相互拧在一起）后，再与第一组钢丝相互缠绕（见《无效口审记录》第5页第4~5行及第12~13行）。

因此，结合权利要求1的记载内容以及被上诉人1自己对保护范围的解释可知，涉案专利中的"第二组钢丝是预先加捻的"。

2. 涉案产品的外组钢丝并未进行预先加捻

根据《司法鉴定意见书》，涉案产品的外组钢丝（权利要求1之"第二组钢丝"）未进行预先加捻（见第35页第1~2行）。也就是说，涉案产品与涉案专利至少针对"第二组钢丝"的特征是不同的。

3. 涉案产品未经过"预先加捻"较之涉案专利具有有益的技术效果

涉案专利的第二组钢丝预先进行加捻，然后再与第一组钢丝相互缠绕，即第二组钢丝进行了两次加捻工艺，相应地，第二组钢丝经过了两次缠绕形变；而涉案产品的外组钢丝并未进行预先加捻，其仅经过一次缠绕形变。基于上述区别，涉案产品较之涉案专利具有如下有益技术效果。

(1) 涉案产品的制造工艺更简单、成本更低。

A. 涉案产品生产工艺较之涉案专利减少一道预先加捻的工序，制造工艺更简单；

B. 相应地，涉案产品的生产设备较之涉案专利减少一个加捻装置，生产成本更低。

(2) 涉案产品的耐疲劳性能更好，且产品收率更高。

A. 提高钢丝帘线的耐疲劳性能是钢丝帘线研发一直以来所追求的目标，如前所述，涉案产品的外组钢丝仅经过一次缠绕形变，较之涉案专利的两次缠绕形变，其所受应力更小，因此涉案产品的耐疲劳性能优于涉案专利；

B. 由于涉案产品的外组钢丝仅经过一次缠绕形变，更不容易断裂，故其在产品收率方面明显高于经过两次缠绕形变的涉案专利。

(3) 涉案产品的橡胶渗透效率更佳。

根据《说明书》下标第4页第27行的记载，提高橡胶在钢丝之间的渗透率是涉案专利的主要发明目的，涉案产品的橡胶渗透率明显优于涉案专利。具体为：

涉案产品的外组钢丝未经过预先加捻，进而外组钢丝之间呈松散状态，因此外组钢丝之间的间隙较大，橡胶的渗透率相应较高；而涉案专利的第二组钢丝经过预先加捻，第二组钢丝间紧密排列，因此第二组钢丝之间的间隙较小，相应的渗透率较低。

由上可知，涉案产品的外组钢丝未经过预先加捻，与涉案专利相比，采用了不同的技术手段，实现了不同的功能，并取得了更有益的技术效果，因此涉案产品与涉案专利存在实质区别，涉案产品不侵犯涉案专利之专利权。

二、按照禁止反悔原则，两组钢丝均进行"多边预成型"不应纳入涉案专利之保护范围

1. 专利权人明确放弃"第二组钢丝"和"第一组钢丝"均进行"多边预成型"的技术方案

根据《最高人民法院关于审理侵犯专利权纠纷案件应用法律若干问题的解释》第6条的规定，专利申请人、专利权人在专利授权或者无效宣告程序中，通过对权利要求、说明书的修改或者意见陈述而放弃的技术方案，权利人在侵犯专利权纠纷案件中又将其纳入专利权保护范围的，人民法院不予支持。

涉案专利的专利权人在实质审查过程中，针对国家专利局发出的"第一次审查通知书"，为了满足创造性的要求，在意见陈述书中对权利要求1进行了限制性的解释（见《意见陈述书》第1页第15~16行）："本发明明确打断了这种对称结构，使第二组钢丝的数目多于第一组钢丝的数目，并且仅仅对第二组钢丝进行了预成型"。意即专利权人明确放弃了"第二组钢丝"和"第一组钢丝"均进行"多边预成型"的技术方案，因此不应再将该技术方案纳入涉案专利的保护范围。

2. 涉案专利权利要求1中的"多边预成型"具有明确含义

"预成型"属于一种加工工艺，"预成型"在本领域具有明确含义，即"使坯料形状产生部分变化，以获得更适合于进一步塑性变形的形状"，结合涉案专利的发明目的可知，为了使得橡胶在钢丝之间更易渗透，通过"多边预成型"对钢丝进行加工，使钢丝沿长度方向的断面由圆形变形为多边形，进而能够在钢丝之间产生缝隙，允许橡胶渗入即沿钢丝长度方向的多个面上对其进行预成型。

综上，结合"多边预成型"的自身含义以及涉案专利的发明目的，本领域技术人员已经可以明确得知"多边预成型"在权利要求1所要求保护的技术方案中的确切含义，无须再引入涉案专利说明书中参引的US5687557（《司法鉴定意见书》使用具有相同优先权的中国同族 CN94193801.8，参见《司法鉴定意见书》上标第 9 页第 10～14 行）对其含义进行解释。

3. 涉案产品的内外两组钢丝均进行了"多边预成型"

根据《司法鉴定意见书》（见第 49～50 页），涉案产品的内组钢丝经过了"预成型"加工工艺，在内组钢丝的表面形成凹凸不平的波形，此时从内组钢丝的长度方向看，内组钢丝的断面也由圆形变形为多边形，即进行了多边预成型。因此，可以根据《司法鉴定意见书》对技术的鉴定结果得出，涉案产品的外组、内组钢丝均进行了多边预成型。

由上可知，涉案产品的内外组钢丝均进行多边预成型属于专利权人明确放弃的技术方案，根据禁止反悔原则，不应将放弃的内容纳入专利的保护范围，因此涉案产品未落入涉案专利的保护范围。

综上所述，根据现有事实及法律规定，一审判决认定事实、适用法律均明显错误，请二审法院依法裁判，支持上诉人的上诉请求。

以上意见，供法庭参考。

北京大成（南京）律师事务所
律师：单某某
二〇一五年五月二十五日

◆二审判决书[①]

中华人民共和国北京市高级人民法院
民事判决书

（2015）高民（知）终字第 1010 号

上诉人（原审被告）张家港市骏马钢帘线有限公司，住所地中华人民共和国江苏省苏州市张家港市杨舍镇乘航河东路。

被上诉人（原审原告）贝卡尔特公司，住所地比利时王国兹韦弗海姆·贝卡尔特大街 2 号 B8550。

[①] 该判决书可以登录中国裁判文书网查询。

原审被告北京国鑫德胜商贸有限公司，住所地中华人民共和国北京市朝阳区育慧北路8号三区3号楼二层C2111号。

上诉人张家港市骏马钢帘线有限公司（简称骏马公司）因侵害发明专利权纠纷一案，不服中华人民共和国北京市第二中级人民法院（简称北京市第二中级人民法院）（2013）二中民初字第12574号民事判决，向本院提出上诉。本院于2015年1月29日受理本案后，依法组成合议庭，于2015年4月22日公开开庭进行了审理。本案现已审理终结。

……

北京市第二中级人民法院判决：（1）国鑫德胜公司于判决生效之日起，立即停止销售侵害涉案专利权的被诉侵权产品；（2）骏马公司于判决生效之日起，立即停止制造、销售侵害涉案专利权的被诉侵权产品；（3）骏马公司于判决生效之日起10日内，赔偿贝卡尔特公司经济损失人民币50万元及其因诉讼支出的合理费用人民币10万元；（4）驳回贝卡尔特公司的其他诉讼请求。

骏马公司不服原审判决，向本院提出上诉，请求撤销原审判决，依法改判驳回贝卡尔特公司的全部原审诉讼请求。其主要上诉理由是：第一，现有证据不能证明被诉侵权产品是骏马公司的产品。第二，《鉴定意见》不应作为判定被诉侵权产品是否落入涉案专利权利保护范围的依据。（1）《鉴定意见》依据明显不足。鉴定过程中，骏马公司多次请求原审法院调取涉案专利无效过程中的《口头审理笔录》、贝卡尔特公司在答复审查意见通知过程中的《意见陈述书附页》等专利审查档案，并同时向鉴定机构说明了相关内容。但《口头审理笔录》既未在原审程序中质证，也未成为《鉴定意见》的依据，原审法院也未向鉴定机构提供《审查意见》及其他专利审查档案，故《鉴定意见》依据明显不足。（2）根据实验过程足以判定被诉侵权产品没有落入涉案专利权利保护范围。①被诉侵权产品外层6根钢丝之间自身没有事先相互缠绕，而贝卡尔特公司在《审查意见》及《口头审理笔录》中均明确表示，涉案专利要求外层6根钢丝自身先加捻再螺旋缠绕在内层钢丝上；②被诉侵权产品内层4根钢丝之间没有进行加捻，而涉案专利公开文本、《口头审理笔录》以及权利要求中均明确表示内层4根钢丝自身进行了加捻，且有一个大于300mm的加捻间距；③现有实验不能判断被诉侵权产品内层钢丝是否至少有一根进行了多边预成型，骏马公司在2013年12月16日庭审后提交原审法院的代理意见中明确表明，骏马公司的相关产品内层钢丝进行了多边预成型，而贝卡尔特公司在审查阶段通过意见陈述等方式已明确放弃了对内层钢丝进行多边预成型的技术方案；④被诉侵权产品是内外层缠绕关系，而涉案专利是不分内外层的互相缠绕关系。（3）《鉴定意见》存在多处明显错误。①鉴定机构未将《口头审理笔录》《审查意见》等专利审查档案作为司法鉴定意见的依据，明显有违法律规定；②鉴定机构未对贝卡尔特公司在专利审查、无效及原审诉讼中已经明确放弃的"对内层钢丝进行多边预成型"技术方案进行试验并进行技术比对属于明显疏漏；③鉴定机构对涉案专利保护的技术方案作出与贝卡尔特公司明确的"外层6根钢丝自身先进行缠绕""内层4根钢丝进行了加捻""内外层互相缠绕"完全相悖的认定，属于明显错误；④鉴定机构未将《北京市高级人民法院专利侵权判定指南》作为司法鉴定的法律依据，属于明显错误；⑤鉴定机构将仅写进涉案专利说明书中的具体实施例、没有写进权利要求的内容作为涉案专利保护的技术方案，明显有违专利保护的"捐献原则"；⑥鉴定机构基于内层钢丝"也不是说完全平行，也是有波纹的"而认定被诉侵权产品内层钢丝之间进行了加捻，与实验现象相悖，《现场试验记录表》明确表明内层4根钢丝没有缠绕在一起。（4）贝卡尔特公司申请司法鉴定的时间超过举证期限，且原审法院没有给予骏马公司提出重新鉴定的机会。第三、鉴定过程中的两次实验人员均是大学在读研究生，不具有相关资质，有关实验设备未经计量机构检定，违反《中华人民共和国计量法》的规定，不能用于实验。第四、原审法院对骏马公司所作现有技术抗辩不予审理没有法律依据，有违公平原则。

贝卡尔特公司和国鑫德胜公司服从原审判决。

本院诉讼中，骏马公司补充提交了下列证据：

（1）中华人民共和国最高人民法院（2012）民申字第1544号民事裁定书，证明在涉案专利权利要求中"所述第二钢丝以一个组缠绕间距相互缠绕"有多种解释，无法确定其准确含义和保护范围时，不应认定被诉侵权产品构成侵权。

（2）涉案专利PCT公开文本（未翻译）、涉案专利口头审理笔录及答复审查意见通知过程中的《意见陈述书附页》，证明涉案专利保护的技术方案是"外层钢丝之间先进行了互相缠绕""内层钢丝互相之间进行了加捻且内层钢丝进行了多边预成型"，这两点均与被诉侵权产品不同。

（3）2014年12月18日开庭传票及EMS收件人联、司法鉴定中心发送《司法鉴定意见书》的邮件、中华人民共和国江苏省高级人民法院（2013）苏知民终字第0003号民事判决书，证明原审法院严重违反法定程序，对现有技术抗辩部分不予审理明显错误。

（4）骏马公司两次申请原审法院向鉴定机构提供《口头审理笔录》等证据的申请、EMS回执，证明专利审查档案并未成为司法鉴定的依据。

（5）依据涉案专利具体实施例作出的产品截面图，证明涉案专利权利要求得不到说明书支持，存在明显实质性缺陷。

贝卡尔特公司认可证据1的真实性，但提出与本案无关；认可证据2的真实性，不认可其证明内容；认可证据3中传票和民事判决书的真实性，但提出民事判决书与本案无关，同时提出证据3中的邮件不是官方传递的行为，与本案无关；对证据4、证据5的真实性不予认可。国鑫德胜公司表示对上述证据没有意见。

……

本院认为，虽然鉴定机构未将骏马公司主张的《口头审理笔录》《审查意见》等专利审查档案作为司法鉴定的依据，但如综合考虑上述材料后，鉴定机构的《鉴定意见》仍无明显错误，则不宜仅据此否定《鉴定意见》。因此，本院将在综合《口头审理笔录》《审查意见》等在案证据的基础上，对骏马公司的上述上诉理由进行裁判。虽然鉴定报告没有将《口头审理笔录》和《意见陈述书》作为鉴定依据，但并未影响最终的鉴定结论。因此，对于贝卡尔特公司据此主张《鉴定意见》不应作为本案判断是否侵权依据的上诉理由，本院不予支持。

虽然骏马公司提出现有技术抗辩的时间在原审法庭辩论终结后，但因原审法院允许其之后就此补充意见，故原审法院以现有技术抗辩在法庭辩论终结后提出为由，对此未予审理不当。

本案中，骏马公司所述的现有技术没有公开被诉侵权产品落入本专利的"第一钢丝具有一个大于300mm的加捻间距""至少一根第二钢丝进行多边预成型"这两个技术特征。因此，骏马公司提出的现有技术抗辩不成立。

综上，骏马公司的上诉理由均不成立，对其上诉请求本院均不予支持。原审判决认定事实清楚，虽漏审现有技术抗辩，但判决结论正确，依法仍可维持。依据《中华人民共和国民事诉讼法》第 170 条第 1 款第（1）项之规定，判决如下：

驳回上诉，维持原判。

……

本判决为终审判决。

审判长　谢某某

代理审判员　钟　某

代理审判员　袁某某

二〇一五年九月二十五日

法官助理　王某某

书记员　王某某

【律师感悟】

知识产权，且行且珍惜

2013 年 8 月 8 日，星期四，一大早，我因为另外一个案子，出差在连云港。接到本案当事人、骏马公司董事长亲自打来的电话，电话中他简要地对我说了一下案件的基本情况。当天上午近 11:00，我用最快的速度，处理掉手上的事情，驱车直奔张家港。

2013 年 8 月 8 日 15:00，我以我能够做到的最快速度赶到了我出现在当事人骏马公司老总的办公室，接受了委托。

要命的是，法院邮寄应诉材料的信封找不到了，只是凭记忆说估计收到两三天了，后经反复查询，还是找不到。没办法，我后来打电话给法庭查询到邮件号码，并经 EMS 官方网站查询才最终确定当事人是在 8 月 6 日签收的应诉材料，此时距离当事人收到应诉材料已经过去了整整两天。

2013 年 8 月 9 日上午，赶回南京。从当天下午开始，扬子江畔、金陵图书馆，在相当长的一段时间里，我没有了周末。

2013 年 8 月 12 日，星期一，一大早，我驱车从南京再次赶到张家港市，骏马公司的会议室。山东胜通钢帘线有限公司的有关人员经过近千公里的长途跋涉，从黄河入海口的东营赶到了张家港市。

胜通来了几个老总，包括他们的总工程师。骏马的会议室里，那个上午，因为共同的对手，我们坐到了一起，当然，还因为原告起诉骏马和胜通侵犯的是他们相同的两个发明专利。对我们而言，共同承担检索、翻译、无效的费用当是明智之举，至少可以互通信息，因为针对相同的专利进行的诉讼和无效，我们之间信息的交流对彼此只有益处。后来，胜通开庭时，法庭告知我不能旁听，我们的案件开庭时，法庭也告知胜通的律师不能旁听。当然，那个上午，双方并未达成任何实质性的口头或者书面的合作协议。后来的事实证明，双方缘于各自不同的目标和诉求，自始至终一直没有进行过任何实质性的合作。

既然不能合作，事情总不能耽搁着，好在我已经在刚刚过去的周末开始了检索。

我在本书开头关于洋河酒厂及泓源化工的案件中，曾阐述过实用新型专利的无效。简而言之，国家知识产权局对于实用新型专利申请只进行形式审查，故实用新型专利的权利要求具有较大的不稳定性，容易被宣告无效；相对而言，授权之前进行过实质审查的发明专利的权利要求，不容易被宣告无效。由于发明专利的含金量更高，故一般而言涉案产品的利润率更高，一旦法院认定侵权成立，其判决的赔偿额会更高，被诉侵权人商业利益的损失也相应会高得多。但是，发明专利权利要求的相对稳定并不意味着被诉侵权人应当放弃提出无效宣告请求的权利和机会，相反，缘于巨大的商业利益，被诉侵权人提出涉案专利的无效宣告请求更具有现实意义。同时，以我的经验，提出无效宣告请求至少有两大好处：第一，即使进行过实质审查，任何专利都仍然有被最终宣告无效的可能，专利复审委员会公布的那么多的无效宣告请求决定就是明证，毕竟对发明专利申请进行实质审查的审查员也是普通人；第二，更重要的在于专利侵权判定有"禁止反悔"的原则，即专利申请人、专利权人在专利授权或者无效宣告程序中，通过对权利要求、说明书的修改或者意见陈述而放弃的技术方案，权利人在侵犯专利权纠纷案件中又将其纳入专利权保护范围的，是得不到人民法院的支持的。无效宣告请求过程中，在请求人提供一系列对比文件的情况下，专利权人为了证明其专利的权利要求相对于对比文件具备新颖性和创造性，必然会对其技术方案做出各种解释，而这所有的解释均会成为在侵犯专利权纠纷案件中对专利权人权利要求保护范围的限制。当然，检索到有价值的对比文件是关键，我在后来办理的一个专利权人诉请赔偿额为6000万元的侵害发明专利权纠纷案件中，被诉侵权人仅前期用于在数个国家和地区同时开展的检索、翻译等费用就高达几十万元，该案件的最终结果是专利权人撤诉。

十来个白天和夜晚，图书馆、办公室、我的书房，检索、翻译、技术比对，回到英文的文献看原文，再翻译、技术比对，我那学了这么多年的英语此时派上了大用场。

最紧张的时候，已经是8月17日，我要在一夜之间将十几篇英文专利文献翻译过来。要知道，每一篇文献少则几页、多则几十页，我个人是没有办法在如此之短的时间内解决这一问题的。我只有打电话给当事人的老总，好在他们公司有外贸部，因为公司每年的出口额就有几十个亿，那一帮年轻人为翻译这些文献一夜都没睡觉。后来我才知道，他们分工合作、互相配合，有的是将一篇文献分成几部分，每个人各负责一部分。不管怎么说，8月18日上午9点前，不同信箱发过来的标明文献名称和段落的翻译文本陆陆续续发到了我的信箱。最让人忍俊不禁和头疼的是：同一篇文献，由于上下文翻译者的不同，相同的英语词汇被翻译成不同的汉语，好在我已经阅读了那么多的此类文献，发过去的文献我大致都看过，加上本人汉语水平也还将就，勉强能将这些前言不搭后语的译文拼凑起来，实在不行，再回到英文原文就是了——还是要谢谢那一帮精力旺盛的年轻人！

8月19日，根据检索、翻译的对比文件，从一大早开始撰写无效宣告请求书，直到很晚；8月20日，一整天，修改；8月21日上午，打印、装订；8月21日下午，因为怕有失误，没有从律师事务所邮寄，我亲自去了邮政局，将无效宣告请求书及对比文件用全球邮政特快专递（EMS）邮寄出去，并且，没有忘记请邮政局的工作人员在EMS的回执和发票上加盖邮戳。

自8月21日之后的一个月内，作为请求人，我们可以对无效请求补充证据、增加理由，因为时间相对宽裕的缘故，我可以相对从容应对。期间，我私下请了国家知识产权局专利复审委员会的一个前资深审查员做了一份比较详尽的检索和技术比对报告——真羡慕他们可以调动所有的数据库！

在此期间，还干了两件事，其一是在一个小小的范围内开了一个咨询会，就案件的诸方面进行了咨询讨论，与会人员均为业内专家；其二是以公司名义请求江苏省知识产权局的专利侵权法律援助中心就被告涉案产品是否落入涉案专利权利要求的保护范围进行评估并出具书面评估报告。

然后是专利权人的答辩，再然后是在 2013 年 9 月 21 日前，向专利复审委员会邮寄我方的意见陈述书及对比文件。

从接受委托那天开始，到 2013 年 9 月 30 日，53 天中，我只休息了一天，晚上加班成为家常便饭，休息的那一天是 2013 年 9 月 19 日，2013 年的中秋节，迄今为止，我仍然记得非常清晰。

专利权人派出了 3 个代理人出席了涉案专利的口头审理，分别是其在中国最大的合资公司的法务部经理，某律师事务所的一名高级合伙人及该所的一名资深专利代理人。

有必要说一下代理人或者代理人的组合问题。上述专利权人出席口头审理的代理人中，撇开专利权人合资公司的法务部经理外，律师事务所派出的是律师＋专利代理人的"1＋1"组合。这种"1＋1"组合目前在业界比较流行，律师懂法律，专利代理人懂专利，似乎天衣无缝，但是，这一组合有着无法弥补的缺陷，即律师是律师，专利代理人是专利代理人，在无效宣告请求过程中，针对请求人提出的无效请求，专利代理人从维持专利有效的角度，努力解释被申请无效的专利与请求人提交的对比文件有哪些不同点，越解释，该专利的内涵越丰富，保护范围越趋于狭窄，保护范围越小，该专利被维持有效的可能性越大。问题在于，根据禁止反悔原则，专利权人在无效宣告请求过程中陈述过的缩减专利权利要求保护范围的话在后来的诉讼过程中是不能不认账的，从诉讼的角度看，所谓无效更多只是诉讼的工具而已。当然，口头审理前，我认真查过对方主办律师的背景，没有任何理工科背景，即意味着其不可能是专利代理人，因为，专利代理人的报名必备条件之一就是必须受过理工科的高等教育。单纯的专利代理人往往只关注专利，法律的知识及诉讼的技巧相对欠缺，其直接的后果就是：这种"1＋1"组合中，律师和专利代理人的沟通往往不能达到理想状态。解决这一问题的方法在于，对于这种比较复杂的专利侵权案件，最好请同时有律师证和专利代理人证的双证律师代理。不过，双证律师比较稀缺，收费当然也比较贵，印象中我当年取得专利代理人证时，全国双证律师也就 100 人左右，且 70% 以上在北京、上海和广东。当然,以上仅仅是我个人印象中的人数,未经过仔细查阅,仅供参考。

果然,本案口头审理中,对方主办律师和专利代理人不能有效沟通,这也是笔者一直坚持请求法庭调取涉案专利口头审理笔录作为法庭案件审理证据的原因。

自提出无效宣告请求一年余,专利复审委员会一直没有做出审查决定。其实,无效也好,维持也罢,这个案件的结果已经了无悬念,因为到2014年12月,ZL94193801.8专利保护期已经届满,我的当事人最起码不会因为这一保护范围较大的关键专利面临停产的窘境。

接下来的法庭审理过程中,原告当庭用其连夜从江南运抵进京的设备,对涉案产品进行了技术特征的实验,并经原告声称其不能提供给法庭的计算机程序处理,得出涉案产品侵权的结论。而按照被告的解释,根据原告的当庭实验结果,恰恰可以得出涉案产品没有落入涉案专利的权利要求的保护范围,不侵犯涉案的专利权。

然后是第二次开庭,然后是原告的突然撤诉。

原告撤诉后,又在北京市第三中级人民法院提起诉讼,人还是那几个人,证据还是那些证据。拖,于我的当事人而言,未必不是一种明智的选择,反正2014年的12月,关键涉案专利的保护期,已经届满。

另外,和胜通公司的律师沟通过,原告在北京市第二中级人民法院撤回了起诉他们的02808857.3的发明专利侵权诉讼,亦在北京市第三中级人民法院重新提起了诉讼。

这就是该案迄今为止办理的全部经历,可能存在着许许多多的疏忽和不尽如人意之处,对方的撤诉不代表认输和我方的胜诉,重新提起诉讼说明后面的路还很长。在本文行将结束之际,我没有过多的感悟,只想说一句:知识产权,且行且珍惜!

2014年8月于秦淮河畔

后记：贝卡尔特公司就 ZL94193801.8 发明专利侵权一案在北京市第三中级人民法院重新起诉后，最终在北京市第三中级人民法院调解结案，骏马公司赔偿对方共计 78 万元，调解还涵盖了北京市高级人民法院就 ZL02808857.3 发明专利侵权二审判决的全部赔偿款项。就全案而言，结果尚称得上满意，因为：①仅北京市高级人民法院二审就 ZL02808857.3 发明专利侵权判决赔偿金额就达到 60 余万元，而向最高人民法院申诉改变二审判决的难度极大，律师费就需要上百万元；②经综合评估，骏马公司侵犯 ZL94193801.8 发明专利的可能性极大。

Chapter 4 第四章

骏马化纤股份有限公司驰名商标评审案

【案情简介】

2013年10月,江苏骏马压路机械有限公司(以下简称争议人或者被答辩人)对骏马化纤股份有限公司(以下简称答辩人)在第7类商品上注册的注册号为9434594的"骏马Junma"商标(以下简称被争议商标[①])提出争议,请求商标评审委员会作出撤销[②]被争议商标注册的决定并认定被答辩人注册号为4850306的"骏马"商标(以下简称引证商标)为驰名商标。被答辩人认为,依据《中华人民共和国商标法》[③](以下简称《商标法》)第41条、第13条的规定,被争议商标不具有显著性,答辩人申请注册被争议商标具有主观恶意,损害了被答辩人及广大消费者的利益,违反了《商标法》第9条及第31条的规定,应当予以撤销。被答辩人同时认为,其引证商标具有广泛的公众知晓程度、长久的持续使用时间、广泛的广告宣传范围及强大的广告宣传力度、更早的受保护的记录及更大的受保护力度,故在本案中应当被认定为"驰名商标"。综上,请求商标评审委员会依法认定被答辩人注册号为4850306的"骏马"商标为"驰名商标"。

[①] 规范称呼应为"争议商标",为保持一致性,以被答辩人称呼的"被争议商标"为准。

[②] 因《商标法》修改,现在已经改为注册商标的无效宣告。

[③] 由于本案发生于2013年10月,应当适用2001年的《商标法》,所以本案所用法条均为2001年《商标法》中的内容。

【办理过程】

办理该案之前,首先的和首要的问题是:对方真正的目的是什么?

面对请求人提交的上千页材料,透过请求书的表象,笔者立即做出了判断:对方真正和主要的目的不是要求撤销掉涉案的注册商标,而是在于通过商标评审来确立对方的商标为驰名商标,当然了,如果能撤销掉其请求撤销的商标,那也是何乐而不为的事情。

鉴于笔者的当事人是一家国内最早到新加坡上市的公司,其母公司——江苏骏马集团年销售额达百亿元,集团公司旗下还拥有热电厂、五金、房地产、钢帘线等十余家企业,员工近万人,案件所涉的骏马商标其实是一系列骏马防御商标中的一个,诸多骏马的商标所有权、使用权也分属于不同的子公司。因此举证很困难,涉及驰名商标注册、使用、评审的方方面面。

好在提交驰名商标评审补充材料的期限比较长,为三个月。于是,笔者拟定了长长的材料清单,让企业的有关人员精心准备,并不断甄别、调整、再甄别、再调整,在期限即将届满前,用中国邮政 EMS 的方式,向国家工商行政管理总局商标评审委员会邮寄了答辩书及厚厚的证据材料。

【处理结果】

商标评审委员会的无效宣告请求裁定书下达后,申请人未在法定期限内向北京知识产权法院起诉,裁定书已经生效。

【法律文书】

法律文书目录

注册商标争议裁定申请书

商标争议答辩书

证据目录

无效宣告请求裁定书

◆ 注册商标争议裁定申请书

（首页）

争议商标：骏马 junma

类别：第 7 类

注册号：9434594

★引证商标：骏马

★类别：第 7 类

★注册号：4850306

申请人名称：江苏骏马压路机械有限公司

通信地址：江苏省靖江市骥江西路 288 号

邮政编码：214501

联系人：（略）

联系电话（含地区号）：（略）

商标代理组织名称：（略）

联系人：（略）

联系电话（含地区号）：（略）

被申请人名称：骏马化纤股份有限公司

地址：江苏省张家港市杨舍镇乘航河东路 80 号

同时/曾在哪些类别对相同商标提出评审申请：（略）

是否需要提交补充证据材料：是 □ ；否 ☑

申请人章戳（签字）：×× ×　　　　商标代理组织章戳

　　　　　　　　　　　　　　　　　代理人签字：×× ×

2013 年 1 月 15 日　　　　　　　　×× 年 ×× 月 ×× 日

注：填写此申请书（首页）时请认真阅读背面的填写须知，并应按照须知要求提供相应材料。

商标争议请求书

国家工商行政管理总局商标评审委员会：

争议人江苏骏马压路机械有限公司（以下简称争议人），根据《中华人民共和国商标法》第41条的规定，对被争议人骏马化纤股份有限公司（以下简称被争议人）在商品国际分类第7类"拉线机、制造电线、电缆用机械、绕线机"等商品上申请注册的商标"骏马Junma"（以下简称被争议商标）向贵委提交争议裁定申请。

根据《商标法实施条例》第5条的规定，争议人提交如下补充理由和材料。

一、争议人江苏骏马压路机械有限公司简介

江苏骏马压路机械有限公司所在的靖江市位于苏中平原最南端，与苏州、无锡隔长江而相望，南至东南与无锡江阴、苏州张家港对峙而立，北至东北与泰兴、南通如皋相连，是长江下游少有的集公路、铁路、水运于一体的交通枢纽城市。京沪、同三、宁通、宁靖盐高速公路和新长铁路均在靖江交汇，上海、南京等中国东部重要的国际航空港，距靖江仅一个半小时左右行程。

公司是交通部中国公路建设行业协会会员企业。其前身是始建于1980年的靖江骏马压路机械厂，公司自20世纪80年代以来有30多年从事中小型压路机制造的专业生产企业，是国家级高新技术企业，2000年已通过了ISO 9001—2000质量体系论证。产品质量由国家质量监督检验检疫总局进行质量跟踪监督，并被评为"全国质量稳定合格产品"和"江苏省信得过产品""江苏省高新技术企业"及"泰州名牌产品""AAA资信企业""江苏省重合同守信用企业""省诚信企业"等殊荣，"骏马"商标被评为"江苏省著名商标"，并获有多项国家专利；且被中国公路建设行业协会筑养路机械分会评为"重点推广品牌"企业。2007年、2008年入选"中国工程机械年度产品TOP 50"；2009年被中国工程机械协会评为"中国筑路机械60年著名品牌奖"。2010年被中国公路建设行业协会筑养路机械分会评为"中国筑养路机械（中小型压路机）制造基地"。

公司占地面积2.96万平方米，现有在职职工339人，其中总工程师1人，高级工程师5人，工程师18人，助理工程师42人，技术员88人。

公司生产的"骏马"牌YZ1、YZC2型振动压路机适合在施工现场窄小，作业场地受限制的地方作业；YZC3、YZC3H、YZC3.5H、YZC4、YZC4.5H、

YZC6、YZ6C、YZC10J、YZC12J、JM814、JM816、JM818、JM820 型振动压路机适合于公路、城市街道、机场、工业区、停车场的基础压实；特别 YZDC4、YZDC6、YZD6C、YZDC10J、YZDC12J 振荡振动两用压路机既可压实基础，又可压实表面层，特别是怕受振动的地区段用途最广；2YJ8/10 型静碾压路机和 JM813H 型全液压双钢轮振动压路机特别适用于沥青表面层的压实。特别是 YZDC4、YZDC6、YZD6C、YZDC4.5H、JMD813H 振动振荡两用压路机既可压实基础，又可压实表面层，特别是怕受振动的地区段用途最广。

企业经营业务范围：压路机械、路面机械、工程机械及配件制造、销售；并从事上述产品的进出口业务。

证据目录一：申请人的企业简介、经营类型、经营范围、企业资质等。

二、"骏马"商标是争议人在先使用的商标，最早使用于 1998 年，在 2005 年向国家工商商标总局申请注册，之后在全国范围内使用，在全国具有极高的知名度。争议人请求商标局认定其"4850306"号商标"骏马"为第 7 类商品上的驰名商标

1. "骏马"商标的注册情况

"骏马"商标是江苏骏马压路机械有限公司于 2008 年获得注册，注册号为 4850306，注册的商品类别为第 7 类。经过多年的宣传和使用，引证商标"骏马"已为公众熟知，赢得了国内外客户的广泛认可和青睐，并于 2010 年被评为江苏省著名商标。正是由于争议人多年的苦心经营，"骏马"商标已成为家喻户晓的驰名品牌。

证据目录二：申请人商标注册情况以及"骏马"商标诠释。

2. "骏马"商标的使用情况、销售情况、纳税情况及广告费用统计情况表明该引证商标具有极高的社会知名度和商业价值

"骏马"商标最早使用于 1998 年，于 2005 年争议人将该商标向国家工商行政管理总局商标局提出注册申请，于 2008 年注册成功，其生产的产品全部统一使用"骏马"商标对外推广及销售。争议人从 1980 年开业至今，销售规模和数量逐年递增，客户群体遍布福建、甘肃、广东、贵州、广西等 20 多个省。同时，争议人积极响应国家纳税号召，主动申报并及时足额缴纳各种应缴税费。争议人自使用引证商标以来，对"骏马"商标进行了大量的广告宣传和推广。为了宣传

该品牌产品,争议人投入了大量的广告宣传费用,其范围覆盖了"报刊杂志、路牌广告、电视、展览、网络"等多种渠道。在所属同行业中,"骏马"牌销售额均名列前三名。

以上证据资料表明,争议人作为经营者,已经在国际分类第7类商品项目上使用"骏马"商标多年,该商标在广大消费者中具有极高的知名度,已成为相关商品项目上的知名商标。按照《商标法实施条例》第5条、《驰名商标认定和保护规定》第4条第2款的规定,争议人特此向商标局提交有关证据材料,请求商标局根据《商标法》第14条的规定认定该商标为驰名商标。

《商标法实施条例》第5条规定:"依照商标法和本条例的规定,在商标注册、商标评审过程中产生争议时,有关当事人认为其商标构成驰名商标的,可以相应向商标局或者商标评审委员会请求认定驰名商标,驳回违反商标法第十三条规定的商标注册申请或者撤销违反商标法第十三条规定的商标注册。有关当事人提出申请时,应当提交其商标构成驰名商标的证据材料。"

《驰名商标认定和保护规定》第4条第2款规定:"当事人认为他人已经注册的商标违反商标法第十三条规定的,可以依据商标法及其实施条例的规定向商标评审委员会请求裁定撤销该注册商标,并提交证明其商标驰名的有关材料。"

证据目录三:商标管理情况、企业商标管理制度、商标在产品上的使用、商标识别系统、商标最早使用及连续使用证据等。

证据目录四:靖江市统计局出具的产量、销量、销售收入以及行业主管部门出具的在同行业中的排名。

证据目录五:税务主管部门出具的关于申请人2008—2010年度的纳税证明。

证据目录六:会计师事务所出具的关于申请人2008—2010年的财务审计报告以及产品销售区域统计及代表性销售发票、合同。

证据目录七:会计师事务所出具的关于申请人2008—2010年的广告费用专项审计报告、部分广告图片及合同、发票。

从驰名商标申请表中可以看出,争议人2008—2010年的销售区域遍布全国,销售额达42 341.9万元,完税1695.05万元,广告投入达1000.28万元。争议人在销售广度和深度上已成为同行业的佼佼者。

三、被争议商标"骏马 Junma"与争议人事实上的驰名商标"骏马"的文字相同。被争议商标显然是对争议人引证商标复制、模仿和抄袭，其注册和使用势必造成相关公众的混淆和误认

被争议商标

引证商标

通过上图比较不难看出：两商标均以文字为主要组成部分。尽管被争议商标增加了拼音 Junma，但两商标文字完全相同。因此，基本上属于相似的商标。

第一，"骏马"是争议人使用在先的文字组合。被争议商标与该商标文字完全一样，显然是对争议人商标的复制、模仿和抄袭。对于中文商标而言，消费者主要根据文字的组成、含义及称呼来识别，两商标文字完全一样，消费者不可能对其所标识的商品产源进行准确区分，必然产生混淆。因此，消费者一见到被争议商标，很容易认为该商标所标识的商品亦源自争议人，或认为被争议人和争议人之间存在某种业务联系，从而产生误认。

第二，被争议人所属的地理位置是江苏省张家港市，而争议人是在江苏省靖江市，相距不到 50 公里，属同一区域，并且引证商标"骏马"在江苏省家喻户晓，知名度极高，被争议人很明显是对争议人引证商标的复制、模仿和抄袭。

第三，被争议商标申请使用的商品和引证商标核准使用的商品具有类似性，两者的共同使用容易导致消费者的混淆和误认。引证商标"骏马"使用的商品是国际分类第 7 类，类似群 0733 上的压路机、掘土机、筑路机、装载机等，被争议商标"骏马 Junma"使用的商品是国际分类第 7 类，类似群 0742 上的拉线机、制造电线、电缆用机械、绕线机等。由此可见，争议人和被争议人生产的商品都是机械设备，很容易导致消费者混淆，误认为出自同一家生产企业。

如前所述，对于中文深表而言，消费者主要根据文字的组成、含义及称呼来识别，两商标的核心文字完全一样，消费者不可能准确区分两个商标是否属于同

一个权利人,必然产生混淆。因此,消费者一见到被争议商标,很容易认为该商标所标识的商品亦源自争议人,或认为被争议人和争议人之间存在某种业务联系或隶属关系,从而产生误认。

证据目录八:"骏马"商标为相关公众广为知晓的部分证据。

证据目录九:申请人获得的部分荣誉以及江苏省著名商标证书等。

证据目录十:"骏马"产品质量证明材料以及质量体系认证、部分专利证书及检验报告。

四、被争议商标"骏马Junma"的注册申请违反《商标法》第41条的规定,应撤销该注册商标

《商标法》第41条第1款规定:"已经注册的商标,违反本法第十条、第十一条、第十二条规定的,或者是以欺骗手段或者其他不正当手段获得注册的,由商标局撤销该注册商标;其他单位或者个人可以请求商标评审委员会裁定撤销该注册商标。"已经注册的商标,违反本法第十三条、第十五条、第十六条、第三十一条规定的,自商标注册之日起五年内,商标所有人或者利害关系人可以请求商标评审委员会裁定撤销该注册商标。对恶意注册的,驰名商标所有人不受五年的时间限制。"

除前两款规定的情形外,对已经注册的商标有争议的,可以自该商标经核准注册之日起五年内,向商标评审委员会申请裁定。

如前所述,争议人在第7类上在先使用以及在先注册的第4850306号"骏马"商标已构成具有很高知名度的商标。被争议商标"骏马Junma"是对该知名商标的复制和模仿,其注册和使用,势必会误导公众,并可能损害争议人经过长期不懈的努力而建立起的良好声誉和市场利益,因此,根据《商标法》第41条第3款的规定,被争议商标应被撤销注册。

五、被争议商标的注册申请违反了《商标法》第9条和第31条的规定,侵犯了争议人的在先权利

《商标法》第9条规定:"申请注册的商标,应当有显著特征,便于识别,并不得与他人在先取得的合法权利相冲突。"显著性是商标的基本要求,而所谓显著性主要就是指一种商标应具有的一种区别性,这种区别性使得该商标的使用能够将使用该商标的商品或服务与他人提供的相同或类似的商品、服务区分开。被争议商标"骏马 Junma"与引证商标"骏马"商标中文核心内容完全一样，消费者很难将二者提供的服务区分开。因此，被争议商标显然不具有显著性。

《商标法》第31条规定："申请商标注册不得损害他人现有的在先权利，也不得以不正当手段抢先注册他人已经使用并有一定影响的商标。"

如前所述，"骏马"商标争议人使用多年，在消费者中具有极大的影响，是知名度很高的商标，争议人对该商标享有在先权利。被争议人注册被争议商标，显然是对争议人商标的抢注，侵害了争议人享有的合法的在先权利。

六、被争议人申请注册"骏马 Junma"商标具有明显的主观恶意，损害了争议人及广大消费者利益，有违诚实信用原则，是一种不正当竞争行为

被争议人申请"骏马 Junma"商标的日期是2011年5月9日，比引证商标"骏马"的申请注册日期要晚6年，使用晚了13年，在这些年的时间里，由于"骏马"牌产品长期保持稳定、有序的健康发展以及投入大量的广告宣传，"骏马"商标在全国一定范围内已经具有了很高的知名度。在"骏马"商标在具有极高知名度的情况下，特别是争议人有良好经营的情况下，申请注册与引证商标核心中文完全相同的被争议商标，这是明显的复制和模仿。

对被争议人的这种复制和模仿行为进行分析：被争议人的目的就是企图利用争议人企业和商标的知名度来推销自己的产品，鱼目混珠，牟取不正当利益，这是一种典型的搭便车行为。被争议人不正当竞争的恶意是显而易见的，其行为已明显违反诚实信用原则，侵犯了争议人的合法权利，是不应受我国法律保护的。

根据《反不正当竞争法》第2章第5条第2款规定，擅自使用知名商品特有的名称、包装、装潢，或者使用与知名商品近似的名称、包装、装潢，造成和他人的知名商品相混淆，使购买者误认为是该知名商品的行为是不正当竞争行为。准予被争议商标注册使用，显然是助长了被争议人的违法行为。

根据《商标法》第41条及相关规定，违反诚实信用原则，以复制、模仿、翻译等方式，将他人已为公众熟知的商标进行注册的由商标局撤销该注册商标，其他单位或者个人可以请求商标评审委员会裁定撤销该注册商标。

七、总结

骏马化纤股份有限公司采取恶意抢注的不正当手段获取被争议商标的注册，其申请注册"骏马 Junma"商标完全是对争议人商标"骏马"的抄袭模仿。被争

议商标的注册和使用，必将在消费者中造成误认和混淆，扰乱市场秩序，损害广大消费者及争议人的利益。依照《商标法》《反不正当竞争法》等有关法律规定，被争议商标应被撤销注册。

江苏骏马压路机械有限公司作为交通部中国公路建设行业协会会员企业，国家级高新技术企业，始终坚持自主创新，打造民族品牌。"骏马"是中国筑养路机械领导品牌，在中国为相关公众广为知晓并享有很高的声誉。骏马人将积极参与国际市场竞争，致力将"骏马"品牌塑造成具有更高知名度、更高美誉度、更高社会责任感的大品牌。

恳请商评委考虑上述对被争议商标提出的争议理由，做出撤销被争议商标注册的决定，同时为了避免类似的事件再次出现，更好地维护商标权利人的合法权益，特恳请贵委依法认定注册号为4850306的"骏马"商标为"中国驰名商标"。

争议人：江苏骏马压路机械有限公司
日　期：二〇一三年一月十五日

◆ 商标争议答辩书

（首页）

被争议商标：骏马 Junma

商标类别：第 7 类

注册号：9434594

引证商标：骏马

类别：第 7 类

注册号：4850306

答辩人：骏马化纤股份有限公司

地址：江苏省张家港市杨舍镇乘航河东路 80 号

邮政编码：215617

联系人：（略）

联系电话：（略）

商标代理组织名称：北京大成（南京）律师事务所

地址：南京市北京西路72号2-4楼

联系人：（略）

联系电话：（略）

被答辩人（申请人）：江苏骏马压路机械有限公司

地址：江苏省靖江市骥江西路288号

是否需要提交补充证据材料：是☑ 否☐

答辩人（签章）　　　　　　　　商标代理组织（签章）

二〇一三年十月二十二日　　　　二〇一三年十月二十二日

商标争议答辩书

（正文）

国家工商行政管理总局商标评审委员会：

被答辩人江苏骏马压路机械有限公司对答辩人骏马化纤股份有限公司在第7类商品上注册的"骏马Junma"商标（以下简称被争议商标）提出争议，请求商标评审委员会作出撤销被争议商标注册的决定并认定被答辩人注册号为4850306的"骏马"商标（以下简称引证商标）为驰名商标。答辩人认为，被答辩人请求依据《商标法》第41条、第13条的规定撤销被争议商标的要件无一具备，被争议商标具有显著性，答辩人申请注册被争议商标不具有主观恶意，没有损害被答辩人及广大消费者利益，故被争议商标也没有违反《商标法》第9条及第31条的规定。相反，被答辩人提起争议的行为目的明显不正当。答辩人同时认为，相对于引证商标，答辩人于1996年6月7日提出申请的、申请号为1082008的"骏马Junma"商标具有更为广泛的公众知晓程度、更为长久的持续使用时间、更为广泛的广告宣传范围及更为强大的广告宣传力度、更早的受保护的记录及更大的受保护力度，故在本案中更应当被认定为驰名商标。综上，请求贵委依法驳回被答辩人请求，认定答辩人申请号为1082008的"骏马Junma"商标为"驰名商标"。

现针对被答辩人的《商标争议请求书》，根据《商标法》第41条、《商标法实施条例》第5条的规定，答辩如下。

一、答辩人简介

答辩人为江苏骏马集团有限责任公司的下属企业，前身为成立于1990年的

一、答辩人简介

答辩人为江苏骏马集团有限责任公司的下属企业，前身为成立于1990年的张家港市锦纶帘子布厂，位于江苏省张家港市，是一家以生产经营锦纶帘子布为主业的企业，主导产品为锦纶帘子布、工业丝，建筑面积103 361平方米，现有员工1200余人，其中各类技术人员近400人，答辩人于2004年11月在新加坡证券交易所上市，成为中国民营企业在新加坡自动报价股市挂牌上市的第一只S股。

经过多年的发展，答辩人着力于整合各种资源，积极优化决策、管理、服务体系，倾心打造品牌，不断提升发展速度，努力实现效益的最大化，成效卓著。先后被评为全国诚信守法乡镇企业、全国乡镇企业创名牌重点企业、江苏省明星企业、江苏省百家建立现代企业制度示范企业、江苏省AAA级重合同守信用企业、江苏省民营企业纳税大户、江苏省优秀民营企业、江苏省重点培育国际知名品牌、江苏省企业知识产权管理标准化示范单位、中国橡胶工业协会"科技进步先进企业"、苏州市地标型企业、苏州市优秀民营企业、张家港市最具爱心慈善标兵单位等众多荣誉称号，"骏马Junma"商标也多次被评为江苏省著名商标，"骏马Junma"牌锦纶帘子布多次被评为江苏省名牌产品，"骏马Junma"字号被评为苏州市知名字号。

答辩人十分注重产品研发及技术创新，与国内多所知名大学及科研机构合作，建立了江苏省（骏马）工业用化学纤维工程技术研究中心，起草了多项国家及行业标准。答辩人非常重视商标等知识产权的保护，为扩大"骏马Junma"商标的影响及保护，申请了大量的防御商标，已经获得注册的商标就有12个。2012年，答辩人又依据《商标注册马德里协定》，向30个国家提出商标注册申请。与此同时，答辩人还非常重视专利等知识产权的申请和保护，截至目前，答辩人已经获得授权的专利共19项，其中发明专利5项，实用新型专利14项。

2010年、2011年、2012年近三年来，答辩人的销售额分别达到319 303万元、292 841万元和305 282万元，纳税额分别达到4308万元、5440万元、4439万元，企业的经营日渐稳健，影响与日俱增。

答辩人控股的企业（答辩人持有55%的股权）——张家港市骏马钢帘线有限公司也在不断发展壮大，现有员工1800余人，2010年实现销售收入5.79亿元,2011 年实现销售收入 5.09 亿元,2012 年实现销售收入 6.14 亿元。

答辩人的母公司——江苏骏马集团有限责任公司销售额也一直保持递增,连续多年跻身中国民营企业 500 强,每年纳税额超亿元。其中 2010 年集团实现销售收入 70.1 亿元,2011 年集团实现销售收入 80.2 亿元,2012 年集团实现销售收入 82.9 亿元,所涉产品及服务除答辩人的生产经营范围外,还遍及热电厂、化工、机械、农业开发、电子、房地产、酒店、纺织等诸多领域。

二、相对于引证商标,被争议商标的标识来源——申请号为 1082008 的"骏马 Junma"商标更应当被认定为驰名商标

本案中,相对于引证商标,被争议商标的标识来源——申请号为 1082008 的"骏马 Junma"商标更应当被认定为驰名商标,因此,答辩人请求评审委依法认定申请号为 1082008 的"骏马 Junma"商标为驰名商标,理由如下:

1. 相对于被答辩人的"骏马"商标,申请号为 1082008 的"骏马 Junma"商标具有更为广泛的公众知晓程度

答辩人连续多年各项经济、技术指标均位于同行业第一位,但是,答辩人仍然本着"质量第一、客户至上"的宗旨,秉承"永不满足,追求卓越"的公司理念,建立了全国性的销售网络,"骏马 Junma"产品深受广大客户的青睐和信赖,并以绝对的优势延伸、覆盖至全国 20 多个省、市、自治区。"领先国内,赶超世界"是答辩人的企业目标,在这一目标的引领下,"骏马 Junma"产品早就走出国门,冲向世界,远销印度、泰国、菲律宾、德国、美国、韩国、土耳其、伊朗、克罗地亚、阿联酋、斯里兰卡、中国台湾地区、埃及、日本等国家和地区,已经被众多国外客户所熟知。答辩人于 2004 年 11 月在新加坡上市,不但为企业发展注入新的活力,还塑造了企业良好的社会形象,《新华日报》《早报财经》《联合早报》《经济日报》《苏州日报》等多家媒体对答辩人予以了持续的关注和报道,媒体的报道进一步扩大了"骏马 Junma"商标的知名度和公众的知晓度。

质量是企业的生命,一直以来,答辩人就非常重视产品质量,并不断建立健全质量保证体系和严格的质量管理制度。为提高产品质量,答辩人引进了世界领先水平的瑞士 RIETER 公司卷绕设备、德国 SAURER 公司直捻机、德国 DORNIER 公司喷气织机、美国 BEPEX 固相聚合设备等众多世界领先技术设备。良好的硬件条件、软件环境造就了"骏马 Junma"的优质产品,迄今为止,答辩

人客户已经覆盖国内 20 多个省、市、自治区并远销国际市场，年出口额超过 1 亿美元，获得客户的广泛认可和信赖。

与此同时，答辩人还非常注重企业形象建设，承担了大量社会公益事务，截至目前，共在安徽砀山、金寨，湖北五峰、江苏宿豫、陕西子洲、西藏林周、山东肥城、贵州修文、宁夏西吉和孙家滩捐建了 10 所骏马希望学校，还对社会各界进行了其他的大量捐赠，捐赠（部分）有：2010 年在青海玉树地震，捐资 68 万元；2010 年上海世博会期间，向中国残疾人福利基金会捐资 10 万元；2011 年，在张家港市慈善总会沙洲工学院分会成立大会上捐资 40 万元；2012 年，在张家港市党员关爱基金暨爱满港城活动中，捐资 180 万元。

2. 相对于被答辩人的"骏马"商标，申请号为 1082008 的"骏马 Junma"商标具有更为长久的持续使用时间

答辩人前身张家港市锦纶帘子布厂于 1990 年就开始在产品中使用"骏马 Junma"商标，累计持续使用时间达到 23 年之久，远远超过被答辩人的使用时间。申请号为 1082008 的"骏马 Junma"商标自 1996 年申请注册至今，使用时间累计也已经达到 17 年之久。为了保护"骏马 Junma"商标，答辩人又陆续申请注册了包括被争议商标在内的诸多防御商标，且都在使用或者授权他人使用。

至于被争议商标，答辩人也一直在授权张家港市东航机械有限公司（系答辩人的关联企业）使用，该公司以钢帘线和金属制品厂家为服务对象，主要产品为金属制品机械，包括电镀线、拉丝机、合股机、双捻机、外绕机及配套件等，产品销售遍及江苏、浙江、山东、湖北等省，并远销国际市场，2010 年、2011 年、2012 年该公司销售额分别达到 13 778 万元、33 292 万元、11 475 万元。

3. 相对于被答辩人的"骏马"商标，申请号为 1082008 的"骏马 Junma"商标具有更为广泛的广告宣传范围、更为强大的广告宣传力度

答辩人申请号为 1082008 的"骏马 Junma"商标早就于 2007 年在具体商标侵权案件中被认定为驰名商标［详见（2007）临民初字第 240 号］。（2007）临民初字第 240 号民事判决书的判决书内容表明，答辩人为提高"骏马 Junma"商标的知名度进行了高覆盖、多层次的持续宣传。2007 年以来，答辩人继续持续进行了广泛宣传，花费了大量的时间、精力及资金，使企业的业绩和形象得到了进一步的提升，"骏马 Junma"商标的知名度也日益提升。同时，答辩人通过参加

国内外的展览会、商品交易会、阿里巴巴等网站不断扩大答辩人的知名度,《新华日报》《苏州日报》《张家港日报》等媒体也对答辩人进行了多次广泛报道。

4. 相对于被答辩人的"骏马"商标,申请号为1082008的"骏马 Junma"商标具有更早的受保护的记录、更大的保护力度

(2007)临民初字第240号内容表明,答辩人申请号为1082008的"骏马 Junma"商标在上述司法保护之前就已经得到苏州市工商行政管理局的行政保护,该民事判决书本身同时表明答辩人的"骏马 Junma"得到了司法机关的有力保护并被认定为驰名商标。

5. 相对于被答辩人的"骏马"商标,申请号为1082008的"骏马 Junma"商标还具有其他诸多更应当被认定为驰名商标的因素

(1)答辩人对"骏马 Junma"商标进行了广泛的保护性注册。

迄今为止,答辩人申请了大量的"骏马 Junma"商标,已经获得国家商标局注册的"骏马 Junma"商标一共有12个(其中2个已转让给答辩人控股的张家港市骏马钢帘线有限公司),这12个商标构成了一个完整的商标保护体系。其中,最早的"骏马 Junma"商标注册号为644907,申请日期为1992年6月30日,商品/服务范围为第23类的帘子线;申请号为1082008、用于答辩人的主营产品——帘子布的"骏马 Junma"商标也早就于1996年6月7日提出了申请并获得注册,该商标商品/服务范围为第24类;答辩人在被争议商标同一大类的第7类也早就于2003年11月4日申请了"骏马 Junma"商标并于2006年2月14日获准注册,该商标申请号为3781764。而被答辩人"骏马 Junma"商标的申请时间为2005年8月22日,答辩人上述商标的申请时间均早于被答辩人的申请时间。

(2)答辩人早就建立了完善的商标管理制度。

答辩人在商标的日常管理过程中,早就建立了完善的商标管理制度,并配备专职人员从事管理工作,同时企业还聘用了知识产权专项法律顾问,以使企业商标在生产经营活动中能正确、规范使用,维护企业信誉,提升企业形象。

三、被答辩人请求依据《商标法》第41条及第13条的规定,撤销被争议商标,其要件无一具备

《商标审理标准》第一部分"复制、摹仿或者翻译他人驰名商标审理标准"

第 2 条第 2.2 款规定，适用《商标法》第 13 条第 2 款须符合下列要件：

①他人商标在系争商标申请日前已经驰名且已经在中国注册；

②系争商标构成对他人驰名商标的复制、摹仿或者翻译；

③系争商标所使用的商品/服务与他人驰名商标所使用的商品/服务不相同或者不相类似；

④系争商标的注册或者使用，误导公众，致使该驰名商标注册人的利益可能受到损害。

具体到本案，答辩人认为，被答辩人依据《商标法》第 13 条的规定，请求撤销被争议商标，其要件无一具备，有以下几个理由。

1. 引证商标在被争议商标申请日前并非驰名商标

被争议商标申请日为 2011 年 5 月 9 日，被答辩人没有任何证据证明在上述日期之前引证商标已经为驰名商标，即便在被答辩人提出商标争议请求之日，也尚无任何权威机构认定引证商标为驰名商标，因此，被答辩人依据《商标法》第 13 条第 2 款的规定，请求撤销被争议商标，首先不具备适用《商标法》第 13 条第 2 款的第一个要件。

2. 被争议商标与引证商标既不相同、也不相似

被争议商标标识由拼音"Junma"与汉字"骏马"两部分组成一个有机的整体，在上述两部分中，拼音"Junma"将汉字"骏马"半包围，且占据整个商标标识的绝大部分，而引证商标的标识只有汉字，没有拼音，"骏马"两字的字体及大小与被争议商标既不相同，也不相似，因此，被答辩人依据《商标法》第 13 条第 2 款的规定，请求撤销被争议商标，不具备适用《商标法》第 13 条第 2 款的第二个要件。

3. 被争议商标并非对引证商标的复制、模仿和抄袭

被争议商标系答辩人"骏马 Junma"系列防御商标的一个，该标识完全来自答辩人申请日为 1992 年 6 月 30 日、申请号为 644907 的"骏马 Junma"商标标识，与答辩人请求商标评审委员会认定为驰名商标的、申请号为 1082008 的商标标识也完全一样。答辩人对上述商标不仅具有先注册申请日，对其还具有先使用权及著作权。此外，除了上述"骏马 Junma"商标外，答辩人还申请注册了大量的"骏马 Junma"防御商标，故被争议商标标识拥有完全合法正当的

来源，并非对引证商标的复制、模仿和抄袭，被答辩人依据《商标法》第13条第2款的规定，请求撤销被争议商标，不具备适用《商标法》第13条第2款的第三个要件。

4. 被争议商标与引证商标使用的商品/服务既不相同也不相类似

被争议商标的商品/服务范围为"拉线机、制造电线、电缆用机械、绕线机"，类似群为0742；而被答辩人的"骏马"商标的商品/服务范围为"压路机、掘土机、筑路机、装载机"，类似群为0733，两者所使用的商品/服务既不相同也不相类似，因此，被答辩人依据《商标法》第13条第2款的规定，请求撤销被争议商标，不具备适用《商标法》第13条第2款的第四个要件。

5. 被争议商标的注册或者使用不会误导公众

如上所述，被争议商标使用的商品/服务范围、类似群均不同于引证商标，两个商标的标识既不相同、也不相似，故对被争议商标的注册或者使用不会误导公众，损害被答辩人利益，因此，被答辩人依据《商标法》第13条第2款的规定，请求撤销被争议商标，不具备适用《商标法》第13条第2款的第五个要件。

需要特别指出的是：适用《商标法》第13条第2款的规定撤销被争议商标，上述五个要件缺一不可，但是综合本案，上述五个要件连一个都不具备。

四、被争议商标具有显著性，且没有违反《商标法》第9条及第31条的规定，侵犯被答辩人的在先权利

1. 被争议商标具有显著性，且被争议商标是否具有显著性并非《商标法》第41条的撤销理由

首先，前已述及，被争议商标由拼音"Junma"与汉字"骏马"两部分组成一个有机的整体，拼音"Junma"将汉字"骏马"半包围，且占据整个商标标识的绝大部分，该商标标识具有明显的区别性和辨别功能，完全能够将使用该商标的商品或者服务与他人提供的相同或者类似的商品或服务区分开，具有明显的显著性。

其次，《商标法》第41条规定了对已经注册的商标撤销的理由，但是，是否具有显著性并非《商标法》第41条规定的撤销理由。

2. 被争议商标没有侵犯被答辩人的在先权利

首先，《商标审理标准》第三部分"损害他人在先权利审理标准"第1条明

确规定:"在先权利是指在系争商标申请注册日之前已经取得的,除商标权以外的其他权利,包括商号权、著作权、外观设计专利权、姓名权、肖像权等。"具体到本案,被答辩人对于其所言"在先权利"的表述是指引证商标的在先使用权,并非《商标审理标准》中所言的在先权利,故被争议商标的注册和使用不可能构成对被答辩人并不存在的在先权利的侵犯。

其次,前已述及,被争议商标系答辩人系列防御商标的一个,具有合法的商标标识来源、更早的使用及注册时间,拥有完全的独创性,故被争议商标的注册和使用也不可能侵犯被答辩人名为"在先权利"的在后权利。

最后,如果被争议商标与引证商标相似且答辩人的逻辑全部成立,则引证商标侵犯了答辩人的在先著作权具有更大的合理性。

五、答辩人申请注册被争议商标不具有主观恶意,没有损害被答辩人及广大消费者利益,相反,被答辩人提起争议的行为目的却明显不正当

1. 答辩人申请注册被争议商标不具有主观恶意

前已述及,答辩人最早的"骏马 Junma"商标注册号为 644907,申请日为 1992 年 6 月 30 日,答辩人申请号为 1082008 的注册商标申请日为 1996 年 6 月 7 日,在被争议商标同一大类的第 7 类中的"骏马 Junma"商标也早就于 2003 年 11 月 4 日提出申请并于 2006 年 2 月 14 日获得国家商标局的注册公告,注册号为 3781764。在被争议商标标识具有合法来源、更早的使用及申请时间且使用于不类似于引证商标商品/服务范围的前提下,答辩人申请注册并使用被争议商标不可能具有主观恶意。

2. 被争议商标的注册及使用没有损害被答辩人及广大消费者利益

首先,在引证商标于被争议商标申请日尚非驰名商标且答辩人将被争议商标使用于不类似于引证商标商品/服务范围的前提下,被争议商标的注册和使用不可能损害被答辩人的利益。相反,如果被答辩人的逻辑成立,基于答辩人使用在先、注册在先的事实,引证商标的注册和使用恰恰损害了答辩人的利益。

其次,根据《消费者权益保护法》的规定,消费者是指为生活消费需要购买、使用商品或者接受服务的人。本案中,被争议商标的商品/服务范围为"拉线机、制造电线、电缆用机械、绕线机",没有任何一款商品/服务是可以让消费者为生活消费需要购买、使用的，答辩人的客户也局限于工业生产领域的企业法人，被答辩人连起码的逻辑都没有搞清楚。

3. 被答辩人提起商标争议请求的行为目的明显不正当

首先，纵观本案，被答辩人在《商标争议请求书》第一、第二部分花了大量的篇幅对其企业各方面进行了阐述，重点对引证商标应当认定为驰名商标进行了详细的陈述，其主观目的一目了然。

其次，登录答辩人官方网站（http：//www.Junmachina.com）可以轻易查询到答辩人企业信息；登录国家商标局网站，可以轻易查询到答辩人已经申请注册的全部商标信息。被答辩人作为一个能够向商标评审委提交非常专业的商标争议暨认定驰名商标证明材料的法人，不可能不知道上述基本的常识，在此情况下，被答辩人提出撤销被争议商标的行为目的明显不正当。

六、总结

答辩人声明：答辩人将于提交本答辩书之日起 3 个月内一次性向贵委提交补交证据材料，主要包括以下两组。

第一组：主要涉及答辩人及主要关联企业的企业简介、经营类型、经营范围、销售收入、纳税情况、获得荣誉、答辩人信誉、领导视察、答辩人上市、答辩人商标申请数及授权数、专利申请量及授权数等。

第二组：主要涉及申请号为 1082008 的"骏马 Junma"商标为驰名商标的证据材料，包括：

（1）证明申请号为 1082008 的"骏马 Junma"商标具有更为广泛的公众知晓程度。主要有：行业协会的推荐材料、国家、省市权威机关、机构、行业协会等授予的诸多荣誉、顾客满意度调查材料、"骏马 Junma"商标标识的产品部分国家权威部门检验报告、领导视察照片、原告部分捐助资料等；

（2）证明申请号为 1082008 的"骏马 Junma"商标具有更为长久的持续使用时间。主要有：部分销售发票、"骏马 Junma"系列防御商标持续使用部分产品照片、部分销售合同、部分许可使用合同、商标使用授权书等；

（3）证明申请号为 1082008 的"骏马 Junma"商标具有更为广泛的广告宣传范围、更为强大的广告宣传力度。主要有：部分媒体的有关报道、部分广告费发票等；

（4）证明申请号为1082008的"骏马Junma"商标具有更早的受保护的记录、更大的受保护力度。主要有：（2007）临民初字第240号民事判决书等；

（5）证明申请号为1082008的"骏马Junma"商标还具有的其他诸多更应当被认定为驰名商标的证据。主要有："骏马Junma"系列防御商标的大量商标权证书、答辩人的商标管理制度、国内部分省份及国际部分国家客户的销售合同及发票、国内及国际销售网络分布图表等。

第三组：证明被答辩人请求撤销被争议商标的要件无一具备、被争议商标具有显著性且没有侵犯被答辩人的在先权利、答辩人注册和使用被争议商标不存在主观恶意且不可能损害被答辩人及消费者的利益。主要有：申请号为644907、申请日为1992年6月30日的商标权证书，申请号为1082008、申请日为1996年6月7日的商标权证书，申请号为3781764、申请日为2003年11月4日的商标权证书及被争议商标权证书等。

综上所述，被争议商标具有合法的商标标识来源、更早的使用及申请日期，具有显著性，并非对引证商标的抄袭模仿，没有侵犯被答辩人所谓的任何在先权利，其注册和使用没有采用任何不正当手段，也不可能在消费者中造成误认和混淆，损害消费者或者被答辩人的利益。同时，本案中，相对于引证商标，申请号为1082008的"骏马Junma"商标更应当被认定为"驰名商标"。

因此，请求贵委依法驳回被答辩人请求，认定答辩人申请号为1082008的"骏马Junma"商标为驰名商标。

答辩人：骏马化纤股份有限公司
二〇一三年十月二十二日

◆ 证据目录

（骏马商标争议案）

商标：骏马Junma

申请号/初步审定号/注册号：9434594　　是否需要回执：是

第一组 答辩人及主要关联企业的企业简介、经营类型、经营范围、销售收入、纳税情况、获得荣誉、答辩人信誉、领导视察、答辩人上市、答辩人专利申请量及授权数等方面证据，详见下表。

序号	证据名称	证据来源	证据事实	件数	页码	备注
1	答辩人简介	自存	答辩人基本情况	1	1	
2	张家港市骏马钢帘线有限公司、张家港市东航机械有限公司简介	自存	答辩人关联企业基本情况	1	2~3	
3	答辩人营业执照副本	自存	答辩人及关联企业注册资本、经营范围、股权结构等情况	1	4	原件备查
	张家港市钢帘线有限公司股权工商登记档案	张家港工商局		1	5~6	
	张家港市东航机械有限公司营业执照副本	自存		1	7	
4	答辩人近3年审计报告	自存	答辩人近3年财务基本情况	3	8~149	①附中英文（中文为部分）；②原件备查；③境外上市企业审计报告均为审计师签字
5	近3年纳税证明	张家港市国税局、地税局	答辩人及关联企业纳税情况	1	150~156	原件备查
6	获得荣誉	自存	答辩人获得荣誉情况	1	157~170	原件备查
7	企业信誉	自存	答辩人信誉情况	1	171~176	原件备查
8	企业境外上市证明	自存	答辩人已于2004年在境外上市	1	177~182	①附中英文；②企业境外上市证明均为签字

续表

序号	证据名称	证据来源	证据事实	件数	页码	备注
9	专利授权数及申请量	自存	答辩人专利授权数及申请量的基本情况	1	183~214	①授权数中包括发明5项、实用新型17项；②申请量共10项（均为发明）
10	企业名称变更	江苏省政府及省工商局	答辩人名称变更情况	2	215~218	

第二组 答辩人的"骏马Junma"商标为驰名商标的证据材料，详见下表。

序号	证据名称	证据来源	证据事实	件数	页码	备注
1	行业协会推荐材料	自存	行业协会对答辩人的推荐情况	3	219~221	原件备查
2	国家、省、市权威机关、机构、行业协会授予的荣誉	自存	答辩人获得诸多荣誉	1	222~241	原件备查
3	顾客满意度调查材料	自存	答辩人的顾客满意度	13	242~267	原件备查
4	"骏马Junma"商标标识的产品部分国家权威部门检验报告	苏州市纤维检验所等	答辩人使用骏马系列商标标识的产品质量情况	5	268~286	原件备查
5	领导视察新闻报道及照片	自存	不同领导多次视察答辩人	1	287~294	原件备查
6	社会公益事业资料	自存	答辩人及其关联企业参与社会公益事业情况	1	295~302	原件备查

续表

序号	证据名称	证据来源	证据事实	件数	页码	备注
7	部分销售发票	自存	答辩人产品销售情况	2	303~330（骏马化纤）	①包括骏马化纤和东航机械销售发票；②最早销售发票为1996年；③发票时间不间断；④原件备查
					331~333（东航机械)	
8	"骏马Junma"系列防御商标持续使用部分产品照片	自存	答辩人"骏马Junma"系列防御商标在持续使用	3	334~339（涤纶丝）	原件备查
					340~349（钢帘线）	
					350~357（无纺布）	
9	部分销售证明	自存	答辩人及关联企业产品销售区域范围	1	358~411	①国内客户为销售合同、国外客户为报关单；②其中包括东航机械的相关销售合同；③原件备查
10	部分商标使用授权合同	自存	答辩人商标使用授权基本情况	3	412~417	原件备查
11	部分媒体的报道		媒体对答辩人的部分报道	1	418~437	相关媒体
12	部分广告费发票	自存	答辩人进行了广告宣传	1	438~458	原件备查
13	山西省临汾市中级人民法院（2007）临民初字第240号民事判决书	自存	答辩人注册号为1082008的商标为驰名商标	1	459~465	原件备查
14	"骏马Junma"系列防御商标全部商标权证书	自存	答辩人申请并获批大量防御商标	12	466~483	原件备查

续表

序号	证据名称	证据来源	证据事实	件数	页码	备注
15	企业的商标管理制度	自存	答辩人商标管理基本情况	1	484~491	原件备查
16	国内及国际销售网络分布图	自存	答辩人国内、外销售网络基本情况	1	492~493	据答辩人实际情况制作

第三组　证明被答辩人请求撤销被争议商标的要件无一具备，被争议商标具有显著性且没有侵犯被答辩人的在先权利、答辩人注册和使用被争议商标不存在主观恶意且不可能损害被答辩人及消费者的利益，详见下表。

序号	证据名称	证据来源	证据事实	件数	页码	备注
1	申请号为644907的商标权证书	自存	被答辩人请求撤销被争议商标的要件无一具备、被争议商标具有显著性且没有侵犯被答辩人的在先权利、答辩人注册和使用被争议商标不存在主观恶意且不可能损害被答辩人及消费者的利益	1	494~496	①申请日为1992年6月30日；②原件备查
2	申请号为1082008商标权证书	自存		1	497~499	①申请日为1996年6月7日；②原件备查

续表

序号	证据名称	证据来源	证据事实	件数	页码	备注
3	申请号为3781764商标权证书	自存		1	500	①申请日为2003年11月4日；②原件备查。
4	申请号为9434594的商标权证书（被争议商标）	自存		1	501	①申请日为2011年5月9日；②原件备查。

提交人签字盖章　　　　　　商标评审委员会经办人盖章

日期：××××　　　　　　日期：××××

注：使用本证据目录时应认真阅读说明。

说明：

（1）此目录仅为参考样式，当事人可以复印，或者参照本样式另行制作。

（2）当事人应当依照《商标评审规则》的有关规定和要求，认真填写本目录。

（3）"证据来源"栏目填写该证据的出处；"证据事实"栏目中填写该证据所要证明的与案件相关的事实。

（4）当事人需要保留证据原件的，须在"备注"栏中声明，并提供经商标评审委员会核对无误的复印件。

（5）当事人须在证据目录上签字盖章，并注明日期。商标评审委员会经办人核对后，予以签收。

（6）当事人应当提交与申请书（答辩书）相同份数的证据材料。

（7）本目录由商标评审委员会经办人核对、签收后，可以作为回执使用。

（8）证据较多书写不下的，可续页填写，并标明页码。

◆ 无效宣告请求裁定书

国家工商行政管理总局商标评审委员会
关于第 9434594 号"骏马 Junma"商标
无效宣告请求裁定书

商评字〔2015〕第 0000050717 号

申请人：江苏骏马压路机械有限公司

地址：江苏省靖江市骥江西路 288 号

被申请人：骏马化纤股份有限公司

委托代理人：北京大成（南京）律师事务所

申请人于 2013 年 1 月 28 日对第 9434594 号"骏马 Junma"商标（以下简称争议商标）提出撤销注册申请。我委依法受理后，依照《商标评审规则》第 6 条的规定，组成合议组依法进行了审理，现已审理终结。

申请人的主要理由：申请人前身是始建于 1980 年的靖江骏马压路机械厂，是具有 30 多年历史的中小型压路机专业生产制造企业。申请人是国家级高新技术企业，是中国筑养路机械（中小型压路机）制造基地，是江苏省重合同守信用企业，并通过了 ISO 9001：2000 质量体系认证，同时拥有多项国家专利。申请人冠以第 4850306 号"骏马"商标（以下称引证商标）的压路机商品畅销全国 20 余个省市自治区，2007 年、2008 年连续入选中国工程机械年度产品 TO P50，2009 年被中国工程机械工业协会筑路机械分会授予中国筑路机械六十年行业著名品牌奖，引证商标 2010 年被认定为江苏省著名商标。冠以引证商标的中小型压路机（8 吨及以下）商品在 2008 年至 2011 年的销量在全国同行业中分别位列第 3 位、第 3 位、第 2 位、第 2 位，市场占有率位居前列。同时，申请人通过多家报纸、杂志、网站以及通过户外公路广告牌、展会、宣传单册等多种媒体形式对引证商标进行了广告宣传。

申请人的引证商标经过长期使用和宣传，在筑路机械行业内已具有很高的知名度及美誉度，在争议商标的申请日之前已达到驰名状态。而争议商标是对申请人驰名商标的复制、摹仿,争议商标的注册使用会误导公众,并致使申请人的利益受到损害。因此,申请人请求认定引证商标为驰名商标并撤销争议商标的注册。

此外,争议商标的申请注册具有恶意,有违诚实信用原则,构成不正当竞争,且争议商标不具有显著性。依据修改前《商标法》第9条、第31条、第41条第1款以及《反不正当竞争法》第5条的规定,争议商标应予撤销。

申请人向我委提交了以下主要证据:

①申请人简介、商标管理制度、引证商标最早使用情况等相关材料;

②相关商标档案及相关主体资格证明材料;

③靖江市统计局出具的有关冠以引证商标商品2008年至2010年销售统计证明;

④中国工程机械工业协会路面与压实机械分会(民政部登记证号:3246)出具的说明函;

⑤申请人纳税证明;

⑥申请人2008年至2010年审计报告;

⑦申请人2008年至2010年广告专项审计报告;

⑧申请人及引证商标获得的相关荣誉材料;

⑨中标通知书以及发票等证明销售情况的材料;

⑩申请人对引证商标进行广告宣传的证据材料。

被申请人答辩的主要理由:被申请人前身成立于1990年,被申请人是一家以锦纶帘子布、工业丝为主导产品在新加坡证券交易所上市的优秀民营企业。争议商标的申请注册不具有恶意,未违反修改前《商标法》的相关规定,且被申请人的"骏马Junma"商标经使用已具有较高的知名度。因此,请求维持争议商标的注册。

被申请人向我委提交了以下主要证据:

①被申请人简介及境外上市证明材料;

②被申请人及其商标获得的荣誉和其他用于证明被申请人及其商标具有较高知名度的材料。

我委经审理查明:

（1）被申请人于 2011 年 5 月 9 日向商标局提出争议商标的注册申请，经商标局审查，该商标于 2012 年 6 月 28 日在第 7 类拉线机；制造电线、电缆用机械；绕线机商品上被核准注册。

（2）申请人于 2005 年 8 月 22 日向商标局提出引证商标的注册申请，2008 年 11 月 14 日，该商标在第 7 类压路机；掘土机；筑路机；装载机商品上被核准注册。

（3）在争议商标的申请日之前，冠以引证商标的压路机商品在甘肃、广西、贵州、湖北、江西、内蒙古、陕西、四川、新疆、安徽、广东、河北、江苏、宁夏、山东、上海、西藏、云南、福建、浙江、河南、辽宁、青海、山西等省、自治区、直辖市销售。

（4）在争议商标的申请日之前，申请人在《靖江日报》《筑路机械与施工机械化》《中国工程机械工业年鉴》《建设机械技术与管理》《中国筑养路机械设备手册》《中国公路》等报纸、杂志；慧聪网、阿里巴巴、八方资源网、工程承包商网、股东在线网、国联资源网、建材在线网、马可波罗网、勤加缘网、一比多网、飘扬 300 黄页网、世界工厂网、中国路面机械网、中国商品网、中国招标采购网、百度、雅虎等网络平台；以及通过户外公路广告牌、展会、宣传单册等广告形式对引证商标进行了广告宣传。

（5）在争议商标的申请日之前，引证商标被认定为江苏省著名商标。

（6）冠以引证商标的压路机商品在 2008 年至 2011 年的销量在全国同行业中分别位列第 3 位、第 3 位、第 2 位、第 2 位，市场占有率位居前列。

我委认为，本案申请人向我委提出注册商标争议申请的日期在 2014 年 5 月 1 日之前，依据《商标评审规则》第 57 条第 3 款的规定，我委针对本案在实体问题上适用修改前《商标法》、程序问题上适用《商标法》的规定进行审理。

本案中，依据申请人提交的在案证据以及我委查明的相关事实，在争议商标申请注册之前，标有引证商标的压路机商品在全国同行业中的销量位居前三位，冠以引证商标的商品已持续在全国多个省市广泛销售，而且申请人对引证商标以多种形式进行了持续的广告宣传。引证商标经长期持续的宣传、使用为相关公众所熟知，已成为注册使用在第 7 类压路机商品上的驰名商标。

虽然争议商标与引证商标的显著识别部分文字均为汉字"骏马"，但鉴于争议商标指定使用的拉线机等商品与引证商标赖以知名的压路机商品的行业特征区别明显，且差别较大，并考虑到其各自领域内的不同消费习惯，故二者虽文字部分相同，但争议商标的注册及使用应不会导致相关公众产生误认，从而使申请人的利益受到损害，故争议商标的申请注册未构成修改前《商标法》第13条第2款所指的应予撤销之情形。

此外，争议商标由汉字"骏马"及其拼音"Junma"组成，其具有商标应有的显著特征。同时，申请人虽然在商标争议申请书中援引了修改前《商标法》第31条的规定，但申请人并未就该条款明确其具体理由，故申请人的该项主张我委不予支持。另，申请人提交的在案证据不足以证明争议商标的注册违反了修改前《商标法》第41条第1款的规定，且《商标法》第9条和《反不正当竞争法》的相关精神已体现在《商标法》的具体条款中，故我委对上述条款不再单独予以评述。

综上，申请人撤销理由不成立。

依照《商标法》第44条第3款、第45条第2款和第46条的规定，我委裁定如下：

争议商标予以维持。

当事人如不服本裁定，可以自收到本裁定书之日起30日内向北京知识产权法院起诉，并在向人民法院递交起诉状的同时或者至迟15日内将该起诉状副本抄送或者另行书面告知我委。

国家工商行政管理总局商标评审委员会
二〇一五年八月三日

【律师感悟】

驰名商标风乍起

《中华人民共和国商标法》第14条规定，认定驰名商标应当考虑下列因素：①相关公众对该商标的知晓程度；②该商标使用的持续时间；③该商标的任何宣传工作的持续时间、程度和地理范围；④该商标作为驰名商标受保护的记录；⑤该商标驰名的其他因素。《驰名商标认定和保护规定》第3条做出了更明确的规定：以下材料可以作为证明商标驰名的证据材料：①证明相关公众对该商标知晓程度的有关材料；②证明该商标使用持续时间的有关材料，包括该商标使用、注册的历史和范围的有关材料；③证明该商标的任何宣传工作的持续时间、程度和地理范围的有关材料，包括广告宣传和促销活动的方式、地域范围、宣传媒体的种类以及广告投放量等有关材料；④证明该商标作为驰名商标受保护记录的有关材料，包括该商标曾在中国或者其他国家和地区作为驰名商标受保护的有关材料；⑤证明该商标驰名的其他证据材料，包括使用该商标的主要商品近三年的产量、销售量、销售收入、利税、销售区域等有关材料。在具体的个案处理过程中，紧紧围绕以上认定驰名商标的五大因素进行举证或提交反证，是办理此类案件的关键，我在本案中也基本沿袭了这一办案思路，详细情况，读者可参见本章"法律文书"部分的《证据目录》。

但是，关于驰名商标，我更想说一些案件之外的感悟，一言以概之：驰名商标风乍起，吹皱一池春水！

2013年8月30日，第十二届全国人民代表大会常务委员会第四次会议通过《全国人民代表大会常务委员会关于修改〈中华人民共和国商标法〉的决定》，并自2014年5月1日起施行。修改后的《商标法》第14条第2~5款规定："在商标注册审查、工商行政管理部门查处商标违法案件过程中，当事人依照本法第十三条规定主张权利的，商标局根据审查、处理案件的需要，可以对商标驰名情况作出认定。在商标争议处理过程中，当事人依照本法第十三条规定主张权利的，商标评审委员会根据处理案件的需要，可以对商标驰名情况作出认定。在商标民事、行政案件审理过程中，当事人依照本法第十三条规定主张权利的，最高人民法院指定的人民法院根据审理案件的需要，可以对商标驰名情况作出认定。生产、经营者不得将'驰名商标'字样用于商品、商品包装或者容器上，或者用于广告宣传、展览以及其他商业活动中。"

上述规定，明确了以下几点：①驰名商标认定的主体包括商标局、商标评审委员会及对涉及商标争议案件的有管辖权的人民法院；②认定的目的是基于审查、处理或者审理案件的需要；③驰名商标只是驰名商标，生产、经营者不得将"驰名商标"字样用于广告宣传。

上述规定，对"驰名商标"的既得利益者无异于晴天霹雳。

但是那种以为《商标法》对"驰名商标"的上述修改就可以让"驰名商标"的既得利益者们偃旗息鼓的想法，未免过于乐观。

百度将"驰名商标"的概念界定为：中国驰名商标（China Famous Trade Mark）是指经过有权机关（国家工商行政管理总局商标局、商标评审委员会或人民法院）依照法律程序认定为"驰名商标"的商标。

"驰名商标"（Well-known Trademark）最早出现在1883年签订的《保护工业产权巴黎公约》中，但是我查询了该公约1883年文本，其第6条第2款仅就"驰名商标"如何保护做出了规定，并未对"驰名商标"本身进行界定。2003年4月17日，国家工商行政管理总局（以下简称国家工商总局）颁布的《驰名商标认定和保护规定》第2条规定："本规定中的驰名商标是指在中国为相关公众广为知晓并享有较高声誉的商标。"

欲说"驰名商标"，看样子先得梳理一下商标。

商标的起源可以追溯到很久以前，当时的工匠们将其签字或"标记"印制或刻制在其产品上，这一习惯迄今还有保留，如宜兴陶瓷上标记有中国工艺美术大师某某的印鉴。岁月变迁，这一习惯演变成为今天的商标注册和保护制度，正如世界知识产权组织（World Intellectual Property Organization, WIPO）对商标的定义："商标是将某商品或服务标明是某具体个人或企业生产或提供的商品或服务的显著标志。"即商标的本质功能是辨别和区分功能。

"驰名商标"首先是商标，其真正含义，通俗点讲，就是知道的人多，即英语的Well-known，其本质含义并不包括某一"驰名商标"的商品或者服务声誉有多高，也不必然证明其品质有多好。

"驰名商标"首先的和最终的目的都是吸引消费者，立足于企业商业利益。所谓商标不怕"驰名"就怕"忽悠"，不信，你去看看电视广告，去看看"驰名商标"的包装、容器、店铺、展览，可以说，为了争"驰名"，企业可谓费尽心思。那个"一片歌来一片情"的"燕舞"呢？那个"蓝色的爱，清清世界"的"海鸥"高级洗衣粉呢？还有，"三鹿"何在？那么多顶着"驰名商标"光环的品牌，都前赴后继陷入"质量门"……真可谓"风吹浪打后，江山代有才人出"。如果国家工商总局规定的"驰名商标"定义准确，为何那么多标注有"公众广为知晓并享有较高声誉"的"驰名商标"的商品最终被公众用脚投票、无情抛弃？

"驰名商标"其次的作用是肥了一群商标中介和商标掮客。这个好理解，认定一个商标为"驰名商标"，无论是行政的还是司法的程序，除了潜在的巨大商业利益之外，经济发达的地方政府补贴可以达到 200 万元人民币，经济差的地方也有百万元之巨，如此巨大的利益，商标中介和商标掮客岂会轻言放弃？

一些地方政府将辖区内企业获取"驰名商标"称号作为争创目标及考核目标。因此，客观而言，"驰名商标"泛滥，地方政府也起到了一定的推波助澜作用。"忽如一夜春风来，'驰名商标'遍地开"，在"鼓励企业创名牌"的名义下，这一并不高明的商业游戏达到了让人瞠目结舌的程度，尤其是司法认定，虚假诉讼的套路可以轻易在百度上查到。"驰名商标"的异化已然失控。乱相之下，最高人民法院被逼收回了大部分法院司法认定"驰名商标"的权力，全国人大也祭出了杀手锏，对商标法做出了前述修改。

2014 年 10 月 6 日于秦淮河畔

第五章

石家庄阀门一厂股份有限公司南京销售处销售假冒注册商标商品案

【案情简介】

被告人洪某,男,19××年××月××日生,汉族,初中文化,石家庄阀门一厂股份有限公司(以下简称石阀一厂)南京销售处业务员,因涉嫌向非国家工作人员行贿,于2012年10月14日被南京市某区公安分局刑事拘留,2014年10月17日公安机关决定延长拘留至同年11月13日。2012年11月13日,公安机关向南京某区人民检察院提请批准逮捕。同年11月20日,检察机关决定不批准逮捕,公安机关向被告人宣读了《释放通知书》并取得其签字。同一时间,公安机关以被告人涉嫌生产、销售伪劣产品再次决定对被告人刑事拘留,并在嗣后延长至同年12月20日。2012年12月27日,检察机关决定批准逮捕被告人。

2013年2月28日,公安机关以被告人涉嫌销售假冒注册商标的商品罪,向检察机关移送审查起诉。审查起诉过程中,检察机关以事实不清、证据不足为由,先后于2013年4月15日、6月30日将案件退回公安机关补充侦查;2013年5月15日、7月31日,公安机关先后重新移送审查起诉;2013年3月31日、6月15日、8月31日,检察机关先后三次延长审查起诉期限半个月。2013年9月10日,检察机关向人民法院提起公诉,指控被告人于 2011 年 1 月至 2012 年 9 月间,在石阀一厂南京销售处经理洪某元(另案处理)的授意下,在履行阀门购销合同时,将明知是假冒石阀一厂"环球"牌注册商标的阀门以石阀一厂的名义销售给南京某产业发展有限公司,销售金额合计 1565.1981 万元。检察机关认为,被告人行为触犯了《中华人民共和国刑法》(以下简称《刑法》)第 214 条的规定,事实清楚,证据确实充分,应当以销售假冒注册商标的商品罪追究其刑事责任。认定上述事实的证据如下:

①石阀一厂出具的申明、"环球"牌商标注册文件、阀门购销合同、发票、石阀一厂南京销售处工商注册资料、归案经过、户籍证明等书证;

②证人吴某、王某某、吴某某、张某某等人的证言;

③被告人洪某的供述和辩解;

④马鞍山钢铁股份有限公司技术中心检验技术研究所出具的检验报告(笔者注:公诉人在开庭时未当庭出示,理由是"忘记带了");

⑤原南京市某公安分局制作的现场检查笔录等。

2013 年 9 月 29 日,被告人亲属签署了授权委托书,委托笔者作为被告人的辩护人。

【办理过程】

2013 年 9 月 30 日,辩护人会见了被告人,详细了解了案情。会见前,根据当事人亲属提供的起诉书,对石阀一厂的涉案商标初步进行了检索,结合会见时被告人的陈述,初步判断这是一个无罪案件。

2013 年国庆节后,笔者立即以辩护人身份介入案件,反复阅卷,认定被告人的行为确实不构成犯罪,于是决定为被告人进行无罪辩护。

2013 年 10 月 25 日,人民法院公开开庭审理本案,审理过程中,辩护人详细地向法庭阐明了被告人不构成犯罪的理由,并于次日以中国邮政 EMS 方式向法庭邮寄了书面的辩护词。

2014 年 1 月 29 日(2014 年除夕前一天)17:00,检察机关向被羁押在看守所的被告人送达了签章日期为 2014 年 1 月 27 日的《变更起诉决定书》。检察机关认为，在本案开庭审理过程中，发现被告人涉嫌的犯罪事实、认定犯罪事实的证据以及适用的法律均不符，故对原起诉书作如下变更：

（1）犯罪事实变更为：2011年1月至2012年9月间，被告人在石阀一厂南京销售处经理洪某元（另案处理）的授意下，在履行阀门购销合同时，以假充真，将明知不是石阀一厂生产的阀门以石阀一厂的名义销售给南京南钢产业发展有限公司，销售金额合计1565.1981万元。经鉴定，上述阀门中至少有合计价值人民币33.0302万元的阀门为伪劣产品。

（2）认定事实的证据变更为：马鞍山钢铁股份有限公司技术中心检验技术研究所出具的检验报告、江苏金陵阀业有限公司出具的阀门试压表等书证。

（3）适用的法律变更为：被告人洪某以假充真，明知是伪劣产品而销售，销售金额20万元以上不满50万元，其行为触犯了《刑法》第140条，犯罪事实清楚，证据确实充分，应当以销售伪劣产品罪追究其刑事责任。

检察机关向人民法院同时移交了于2014年1月27日封卷（封面注明的结案时间）的第三次补充侦查卷。

2014年2月20日，辩护人向法庭申请通知本案关键证人吴某出庭作证。

2014年3月10日，人民法院再次公开开庭审理本案，审理过程中，辩护人向法庭提交了几名知名法律专家签署的《法律专家咨询意见书》及涉案产品生产厂家提供的图纸、模具照片等证据，证人吴某出庭发表了证人证言。根据庭审情况及法律规定，辩护人再次详细地向法庭阐明了被告人不构成《变更起诉决定书》指控的犯罪的理由，并于2014年3月12日以中国邮政EMS方式向法庭邮寄了书面的辩护词。

第二次庭审后，检察机关向人民法院再次移交了于2014年4月30日封卷（封面注明的结案时间）的第四次补充侦查卷，所有证据均形成于第二次庭审后。

2014年7月3日，人民法院第三次公开开庭审理本案，审理过程中，辩护人重申了被告人不构成《变更起诉决定书》指控的犯罪的理由，并于2014年7月7日以中国邮政EMS方式向法庭邮寄了书面的辩护词。

第五章　石家庄阀门一厂股份有限公司南京销售处销售假冒注册商标商品案

【处理结果】

一审判决判处被告有期徒刑 3 年 6 个月，二审裁定驳回上诉，维持原判。二审裁定下达后，当事人一直在申诉。

【法律文书】

法律文书目录

辩护词（一）

法律专家咨询意见书

辩护词（二）

质证意见

辩护词（三）

一审判决书

二审裁定书

◆ 辩护词（一）

尊敬的审判长、审判员：

北京大成（南京）律师事务所接受本案被告人洪某的委托，指派我（以下简称辩护人）及本所董某律师（以下简称第一辩护人）在本案中担任被告人洪某的辩护人。经过查阅案卷、会见被告人和参加今天的庭审，辩护人认为，公诉机关指控被告人洪某犯销售假冒注册商标的商品罪并不成立。本着对案件负责、对被告人负责的态度，发表如下辩护意见，供合议庭参考。需要声明的是：辩护人的辩护意见分为两层：无罪辩护及有罪辩护，但是辩护人发表有罪部分的辩护意见并不代表辩护人认可起诉书指控的罪名成立。

一、被告人的行为并不构成起诉书指控的犯罪

（一）构成销售假冒注册商标商品罪的必要要件——商标专用权本身并不存在，且涉案商品与涉案商标可以使用的商品并不相似，更不相同

1. 本罪侵犯的对象——第六大类商品中阀门的"环球"注册商标并不存在

我国商标实行的是自愿注册制，即对于生产者、经营者使用的商品或服务商标，除法律规定必须予以申请注册的药品、烟草之外，并不强求申请注册。《刑法》第214条规定：销售明知是假冒注册商标的商品，销售金额数额较大的，处3年以下有期徒刑或者拘役，并处或者单处罚金；销售金额数额巨大的，处3年以上7年以下有期徒刑，并处罚金。辩护人认为，按照上述规定，构成本罪的必要前提是：涉案商品所贴的商标首先必须是已经注册的商标，且涉案商品与已经注册的商标专用权可以使用的商品系同种商品。

具体到本案，迄今为止，石家庄阀门一厂股份有限公司（以下简称石阀一厂）的"环球"商标只在《商标注册用商品和服务分类》的第七大类的第0749类似群中的阀门商品上进行了注册，但是，在第六大类的第0602类似群的阀门商品上，包括石阀一厂在内，尚无任何法律主体申请注册"环球"商标，这一点，从公诉人向法庭所举证据及辩护人向法庭提交的证据1石阀一厂注册商标申请注册信息表（下称证据1，辩护人提交法庭的证据及材料均来自国家商标局官方网站，下同）可以轻易得出结论，因此石家庄阀门一厂股份有限公司南京办事处（以下简称南京办事处）在第六大类商品的阀门上使用"环球"商标并无不妥。石阀一厂对其注册的商标发生了认知上的错误，认为其已经申请注册的"环球"商标的专有使用权为第六大类的阀门，事实是：石阀一厂只是在第六大类的阀门上使用"环球"商标，而并未申请注册，"环球"商标在第六大类商品的阀门上的商标专用权本身并不存在。

2. 《商标注册用商品和服务分类说明》及《类似商品和服务区分表》（第十版）对类似商品、同种商品的具体界定

《商标注册用商品和服务分类说明》第7条规定：一个类似群内的商品和服务项目原则上是类似商品和服务。若该类似群内的商品和服务项目并不全部判为类似，则按照类似关系将商品和服务项目分为若干部分，用中文（一）、（二）……

表示，同一部分的商品和服务项目原则上判为类似，不同部分间的商品和服务项目原则上不判为类似。对于某些特殊情况，该类似群后面用加"注"的形式详细说明。可见，在同一类似群的不同部分间的商品和服务项目原则上不判为类似，在不同类似群的商品和服务项目上，除非特别注明，也不构成类似商品，更不可能构成同种商品。

具体到本案，辩护人向法庭提交的证据1表明：石阀一厂"环球"商标的类似群是0749，并不包括第六大类的任何商品，更不应当包括涉案商品所处的第0602小类商品。

基于上述类似商品的界定，辩护人认为，同种商品是指在名称、功能、用途、主要原料、消费对象、销售渠道等方面均相同的商品，其最基本的前提是：处于同一商品大类的同一小类。

3. 本案涉案商品与石阀一厂的"环球"商标要求保护使用的商品并不类似，更不相同

《商标注册用商品和服务国际分类表》《类似商品和服务区分表》中，第六大类商品是指："普通金属及其合金，金属建筑材料，可移动金属建筑物，铁轨用金属材料，非电气用缆索和金属线，小五金具，金属管，保险箱，不属别类的普通金属制品，矿砂。"涉案商品属于第六大类第0602类似群中的"普通金属管及其配件"，具体编号为060243，使用范围是非机器零件的金属阀门。

上述分类表及区分表的第七大类商品是指："机器和机床，马达和发动机（陆地车辆用的除外），机器传动用联轴节和传动机件（陆地车辆用的除外），非手动农业工具，孵化器。"石阀一厂注册的"环球"商标专用权可以使用的商品为第七大类第0749类似群第（二）部分编号为070019的"阀（机器零件）"，即作为机器零件的金属阀门。

具体而言，涉案商品与石阀一厂"环球"商标专用权使用的商品范围的区别在于：涉案商品的功能在于调节水、蒸汽及其他液体的流量，而不是起到机器的某一部分功能（作为机器零件的阀门，其功能由具体的机器决定）；涉案商品的用途在于连接管道，而不是作为机器零件；涉案商品的销售对象一般是需要传输水、蒸汽及其他液体物料的企业，而不是生产机器的企业。因此，作为处于第六大类第0602类似群的涉案阀门，与石阀一厂注册商标专用权使用的第七大类第

0749 类似群的阀门并非类似商品,更非同种商品。

辩护人需要指出:起诉书并未涉及涉案商品是第六大类还是第七大类这一问题,公诉机关亦无任何证据证明涉案商品系第六大类或者第七大类商品,但是,庭审中,公诉人对辩护人的上述意见并未反驳,只是认为石阀一厂已经注册了商标且涉案商品侵犯了商标权,故应当视为同意辩护人认为涉案商品属于第六大类的观点,以一般相关社会公众的认知能力也应当得出上述结论。退一步讲,如果现有证据不能界定涉案商品是第六大类还是第七大类,本着刑法谦抑性的原则,也应当作有利于被告人的解释。反之,如果公诉人认为只要侵犯商标权就可构成犯罪的观点成立(这种侵犯甚至可以大到在类似商品上使用近似商标),我们就不需要行政及民事的方式来解决商标侵权纠纷,所有商标的使用者也将处于很可能构成犯罪的境地。

4. 即使构成类似,也应当适用民事保护的方式来对涉案商标进行保护

《最高人民法院关于审理商标民事纠纷案件适用法律若干问题的解释》第11条规定:《商标法》第五十二条第(一)项规定的类似商品,是指在功能、用途、生产部门、销售渠道、消费对象等方面相同,或者相关公众一般认为其存在特定联系、容易造成混淆的商品。《商标法》第12条规定:人民法院依据商标法第五十二条第(一)项的规定,认定商品或者服务是否类似,应当以相关公众对商品或者服务的一般认识综合判断;《商标注册用商品和服务国际分类表》《类似商品和服务区分表》可以作为判断类似商品或者服务的参考。

具体到本案,前已述及,涉案商品在功能、用途、销售对象等方面与涉案商标可以使用的商品并不相同,即不够成类似商品;退一步讲,即使以"相关公众一般认为其存在特定联系、容易造成混淆"来认定涉案商品与涉案商标可以使用的商品构成类似,也不可能构成"同种商品",并以最为严厉的刑罚方法来进行保护,而应当将本案界定为上述司法解释中明确定性的"民事纠纷",适用民事保护的方式来对涉案商标进行保护。

5. 业内诸多知名生产厂家的商标注册信息也佐证了辩护人的观点

庭审中,辩护人向法庭提交了包括中核苏阀科技实业股份有限公司在内的诸多同行业知名生产厂家的商标注册信息表(证据2),无一例外的是:它们都很早就申请注册了使用于第六大类阀门的商标,这就佐证了辩护人涉案商品与涉案

商标可以使用的商品并不相似、更不相同的观点。如果公诉人认为涉案商品与石阀一厂注册的商标可以使用的商品是相同商品的观点成立，即第六大类阀门与第七大类阀门系相同产品，那么只要注册了第六大类商品的商标就可以得到对第七大类商品的保护、且是最严厉的刑罚保护，试问：上述同行业的诸多知名厂家为何要在注册了第六大类的阀门商标之后还要注册第七大类的阀门商标？

6. "骏马"商标一案对本案的启示

辩护人正在代理骏马化纤股份有限公司（国内首家在新加坡上市的企业）与江苏骏马压路机有限公司"骏马"商标评审一案。该案中，辩护人在国家商标局官方网站上进行了检索，检索结果表明：在第七大类商品中，已经申请并注册的"骏马"商标的商标权人多达27个，"骏马"商标则多达上百个。按照公诉人在本案中的逻辑，认定26个申请注册在后的法律主体侵犯第一个申请注册在先的法律主体的商标专用权，相较于本案认定南京办事处侵犯石阀一厂的商标专用权，无疑具有更大的合理性。事实上，绝大多数的商标注册领域均存在上述情况，因此，公诉人的观点在逻辑上明显不能成立。辩护人有必要进一步指出：如果公诉人上述逻辑成立，基于所有吉祥、美观的商标均具有众多的商标权人的事实，国内绝大部分商标使用人均处于商标侵权状态。

7. 被告人的"认罪"，系刑法上的认识错误，对本案的定性没有任何影响

公诉人认为，被告人曾经多次"认罪"，因此，本案的定性没有问题。辩护人认为，被告人的"认罪"是其态度问题，本质上是对其行为在《刑法》上的评价产生了错误认识，这一错误认识本身对本案的定性没有、也不应该构成任何影响。

需要说明，本案被告系南京办事处的员工，其行为系履行职务，故行为的后果应当由南京办事处承受；反之，如果南京办事处的涉案行为不构成犯罪或者民事侵权，则本案被告也不可能构成犯罪或民事侵权。

（二）南京办事处不具备独立的法人资格，其行为应当视为石阀一厂的行为

纵观本案的证据及庭审已经查明的事实，南京办事处并不具备独立的法人资格，不能独立行使民事权利、承担民事责任，其行为的权利、义务的最终承受人

应当是石阀一厂，因此，南京办事处使用"环球"商标的行为应当视为石阀一厂的行为。正如未成年人的监护人不能以其不知晓作为对未成年人侵犯他人合法权益的行为进行赔偿的抗辩理由一样，石阀一厂知晓与否，并不影响南京办事处相关行为的权利、义务及法律责任应当最终由石阀一厂承受。如果公诉机关指控的罪名成立，则南京办事处"商标侵权"行为的本质就是石阀一厂在侵犯自己的商标专用权，其逻辑上的荒唐是显而易见的。

二、如果法庭认定被告人构成起诉书指控的犯罪，则存在诸多从轻、减轻情节

（一）起诉书认定的情节及第一辩护人发表的辩护意见涉及的量刑情节

起诉书认定被告人具有自首、从犯等量刑情节，第一辩护人认为被告人具有其亲属愿意缴纳罚金等量刑情节，辩护人不再予以赘述，请法庭在量刑时酌情予以考虑。

（二）无实物证据，金额上应作有利于被告人的解释

本案卷宗证据表明，本案大部分证据均为言词证据及书面证据，且除石阀一厂、南钢外，南京办事处尚有诸多其他客户。由于缺少实物证据，不能排除南京办事处出售给南钢的阀门也可能有没贴"环球"商标阀门的合理怀疑，如这一合理怀疑成立，则本案的涉案金额将大幅减少。

（三）石阀一厂承认其自身管理不善、存在过错

第一辩护人当庭向法庭提交的证据表明，石阀一厂已经承认其自身管理不善、存在过错。辩护人认为，从更合理的意义上讲，本案是石阀一厂的内部管理问题，即使构成商标侵权，公权力机关也绝不应该介入。

（四）被告人系初犯

被告人系第一次犯罪，无前科，可以酌情从轻处罚。

审判长、审判员，辩护人庭前就本案被告人行为不构成本罪的主要理由已经向法庭进行了汇报，并请求法庭变更被告人的强制措施为取保候审，现根据本案的庭审事实，辩护人再次郑重向法庭提出请求：本着尽快妥善处理问题、保护被告人合法权益的宗旨及刑事诉讼谦抑性、疑案从无的原则，恳请法庭尽快释放或者变更被告人的强制措施为取保候审。

审判长、审判员，相对于公诉机关，辩护人的辩护在当今中国绝大多数的现实情况下似乎是无力的。本案前期的种种迹象也表明，判处本案被告无罪必将面临着巨大的阻力，本案被告很可能最终被判处刑罚，但是，在历史的审判面前，我们谁都无法逃脱。鉴于此，辩护人坚信，法庭一定会公平、公正的裁判。最后，辩护人想引用北京大学法学院贺卫方老师致重庆法律界的一封公开信的标题，来作为本辩护词的结尾："为了法治，为了我们心中的那一份理想！"这句话，送给我本人，也送给所有的法律人。

谢谢！

北京大成（南京）律师事务所
律师：单某某
二〇一三年十月二十六日

◆ 法律专家咨询意见书

被告人洪某（以下简称被告人）涉嫌销售伪劣产品罪一案，北京大成（南京）律师事务所接受被告人亲属的委托，向法律专家进行了咨询，咨询时间、地点、专家名单等情况如下：

①咨询时间：2014年2月28日19：00时至21：30时；

②咨询地点：北京大成（南京）律师事务所（南京市北京西路72号）；

③专家名单：（略）

④其他与会人员：单某某，辩护人

⑤记录人：张某

咨询所依据的材料、主要问题及法律专家咨询意见附后。

一、案件基本情况

被告人洪某，男，19××年××月××日生，汉族，初中文化，石家庄阀门一厂股份有限公司南京销售处（以下简称南京销售处）业务员，因涉嫌销售伪劣产品罪，于2012年11月20日被南京市公安局九龙分局（以下简称公安机关）

拘留，同年 12 月 27 日被南京市某区人民检察院（以下简称公诉机关）以涉嫌销售假冒注册商标的商品罪批准逮捕。

该案由南京市公安局九龙分局侦查终结，于 2013 年 2 月 28 日向公诉机关移送审查起诉，因事实不清、证据不足，公诉机关先后于 2013 年 4 月 15 日、6 月 30 日两次将该案退回公安机关补充侦查。2013 年 5 月 15 日、7 月 31 日，公安机关先后重新移送审查起诉。2013 年 3 月 31 日、6 月 15 日、8 月 31 日，该案先后三次延长审查起诉期限各半个月。2013 年 9 月 10 日，公诉机关向南京市某区人民法院（以下简称人民法院）提起公诉，指控被告人销售明知是假冒注册商标的商品，销售金额数额巨大，其行为触犯了《刑法》第 214 条的规定，应当以销售假冒注册商标的商品罪追究其刑事责任，被告人在共同犯罪中起次要作用，系从犯（详见《起诉书》）。

2013 年 10 月 26 日，人民法院公开开庭审理了此案。庭审过程中，辩护人以涉案商标尚未注册等理由为被告人进行了辩护，截至 2014 年 1 月 26 日，人民法院一直未就该案做出一审裁判。

2014 年 1 月 27 日，公诉机关就被告人的行为向人民法院提交《变更起诉决定书》，对被告人的行为再次提起公诉，指控被告人以假充真，明知是伪劣产品而销售，销售金额 20 万元以上不满 50 万元，其行为触犯了《刑法》第 140 条的规定，应当以销售伪劣产品罪追究其刑事责任（详见《变更起诉决定书》）。

二、咨询所依据的材料

（1）江苏省南京市某区人民检察院起诉书【六检诉刑诉（2013）422 号】、江苏省南京市某区人民检察院变更起诉决定书【六检诉刑变诉（2014）1 号】。

（2）被告人的历次供述。

（3）证人吴某的证言。

（4）合同等书证。

（5）马鞍山钢铁股份有限公司技术中心检验技术研究所出具的检验报告、江苏金陵阀业有限公司出具的阀门试压表等书证。

（6）被告人亲属提供的浙江亚一阀门有限公司的营业执照、代码证、特种设备制造许可证、《情况说明》、图纸及模具照片等证据。

三、咨询认证的主要问题

被告人的行为是否构成销售伪劣产品罪。

四、法律专家对本案的意见

经分析、论证，与会专家认为，根据北京大成（南京）律师事务所提供的咨询材料，就本案可以得出以下结论。

1. 本案涉案产品阀门不属于伪劣产品，本案不存在生产、销售伪劣产品罪的犯罪对象

本案的关键在于，涉案产品阀门是否属于《刑法》第140条规定的生产、销售伪劣产品罪中的伪劣产品。如何理解本罪中的伪劣产品，在刑法理论上一直是一个有争议的问题，在刑法理论与实务界存在两种有代表性的看法（见赵秉志主编《刑法分则要论》，中国法制出版社2010年版，第52~55页）。一种看法认为，应该根据《中华人民共和国产品质量法》（以下简称《产品质量法》）的规定来界定伪劣产品的性质和范围；另一种看法认为，应该根据《刑法》第140条生产、销售伪劣产品罪的规定来认定伪劣产品。专家组成员认为，由于《刑法》第140条生产、销售伪劣产品罪属于行为犯罪，因此，对本罪中伪劣产品的认定，应同时结合《产品质量法》和《刑法》第140条的规定。

专家组成员分析认为，无论根据《产品质量法》，还是根据《刑法》第140条的规定，涉案产品阀门都不属于伪劣产品。

第一，根据《产品质量法》的规定，伪劣产品是指存在危及人身、财产安全的不合理危险，不符合产品的质量、安全、卫生标准以及失去使用性能的产品，主要包括：不符合保障人体健康、人身、财产安全的国家标准、行业标准的产品、失效、变质的产品；掺杂、掺假、以假充真、以次充好的产品，不合格的产品；或者是，质量没有达到国家质量管理法规所规定的标准。据此分析，本案中的涉案产品阀门并不是伪劣产品。其一，两只不锈钢电动防爆蝶阀既不存在危及人身、财产安全的不合理危险，该产品经过长期使用，一直都是性能良好、安全可靠。其二，两只不锈钢电动防爆蝶阀也不存在不符合产品质量标准的问题。两只不锈钢电动防爆蝶阀的采购合同对于产品质量已经明确约定为"按国家相关标准或出卖人图纸要求"，而马鞍山钢铁股份有限公司技术中心检验技术研究所出具检验报告及涉案产品图纸均明确表明南京销售处所供产品符合采购合同的约定，既然如此，当然就不存在不符合产品质量标准的问题。这也表明，两只不锈钢电动防爆蝶阀没有掺杂、掺假、以假充真、以次充好，

它们的生产完全是按照双方约定的质量要求亦即"图纸要求"来生产制造的。其三，涉案产品阀门的国家标准是推荐性国家标准，不具有强制适用性。当然，在考察合同双方约定的产品质量标准亦即"图纸要求"时，不能完全无视国家标准，如果与国家标准有相当大的距离，则双方约定的质量标准是否安全可靠是可能存有疑问的。但是，本案中，两只不锈钢电动防爆蝶阀中的关键材质指标参数（镍和铬）是与国家标准不差上下的，304材质与316材质二者之间有一部分是交叉的，这说明，合同双方约定的质量标准是有效的。其四，即便公诉机关或者法院认为，两只不锈钢电动防爆蝶阀关键材质的指标参数不符合推荐性的国家标准规定，同样也不能认定为伪劣产品。根据《民法通则》的规定，民事合同的订立如果显失公平或者违反国家法律法规的强制性规定，则属于可撤销或者无效的合同，双方至多只存在民事纠纷，而与生产销售伪劣产品罪无关。

第二，根据《刑法》第140条的规定，生产、销售伪劣产品罪中的伪劣产品，是指"掺杂、掺假，以假充真，以次充好或者以不合格产品冒充合格产品"的产品。很显然，《刑法》第140条规定的伪劣产品的外延要小于前述《产品质量法》中规定的伪劣产品的外延，它的要求更为具体而集中。对照相关司法解释（2001年4月9日最高人民法院、最高人民检察院《关于办理生产、销售伪劣商品刑事案件具体应用法律若干问题的解释》）对该罪的规定，涉案产品——两只不锈钢电动防爆蝶阀显然不属于生产、销售伪劣产品罪中的伪劣产品。其一，该司法解释规定，掺杂、掺假的伪劣产品，是指在产品中掺入杂质或者异物，致使产品质量不符合国家法律、法规或者产品明示质量标准规定的质量要求，降低、失去应有使用性能的行为。然而，两只不锈钢电动防爆蝶阀在生产过程中既没有掺入杂质，也没掺入异物，生产的产品完全符合合同双方约定的亦即产品明示的质量标准规定的质量要求，也符合国家推荐标准的基本要求。同时，该产品在使用过程中已经使用近两年，超过了采购合同约定的保质期，没有发现存在任何质量问题或者造成任何损失。其二，以假充真的伪劣产品，是指以不具有某种使用性能的产品冒充具有该种使用性能的产品。然而，前述表明，两只不锈钢电动防爆蝶阀在两年中使用性能良好，它们本身就是具备电动防爆功能的产品，不存在任何冒充该种使用性能产品的问题。其三，以次充好的伪劣产品，是指以低等级、低档次产品冒充高等级、高档次产品，或者以残次、废旧零配件组合、拼装后冒充正品或者新产品的行为。本案中的涉案产品阀门系专门定制，使用的材质系专用材质，其最终的销售价格也是与该产品生产成本相一致的，因此，涉案产品阀门完全不存在以次充好的问题。其四，不符合产品质量法规定的伪劣产品。这一点在前述"第一"点中已详细分析，此处不再重复。

2. 既然涉案产品阀门不是伪劣产品，本案中自然也不存在侵犯市场经济秩序生产、销售伪劣产品的行为

第一，在客观上，本案中被告人的行为不具有"在产品中掺杂、掺假""以假充真""以次充好""以不合格产品冒充合格产品"四种情形中的任何一种，故《变更起诉决定书》指控被告人犯有销售伪劣产品罪不成立。第二，南京销售处销售的阀门并未造成任何危害结果，不存在刑法上的因果关系。因此，被告人的行为不符合销售伪劣产品罪在犯罪客观方面的要求。

3. 被告人主体不适格

生产、销售伪劣产品罪的犯罪主体是伪劣产品的生产者和销售者。一方面，由于本案中的涉案产品阀门不是伪劣产品，那么，自然不存在生产或者销售它的行为人成立所谓犯罪主体的问题；另一方面，对于生产、销售伪劣产品罪而言，本罪的主体是伪劣产品的生产者和销售者。本案被告人系南京销售处一般收货、送货员工，他提供的只是一般性的劳务，而非涉案阀门的生产者和销售者，不是销售伪劣产品罪的适格主体。

4. 被告人主观上并非"明知"

本案中，被告人只是负责收货、送货的一般员工，对案件其他情况一无所知，以其文化层次、从业经历，其对涉案产品系伪劣产品在主观上不可能为"明知"。

综上所述，与会专家一致认为，本案被告人的行为不构成销售伪劣产品罪。

以上咨询论证意见，谨供有关机关尤其是受理本案的人民法院参考。

专家签名：（略）

北京大成（南京）律师事务所

二〇一四年二月二十八日

◆ 辩护词（二）

审判长、审判员：

北京大成（南京）律师事务所接受本案被告人洪某的委托，指派我担任被告人洪某的辩护人。经认真阅卷、会见被告人、庭前的调查取证及参加今天的庭审，辩护人认为，公诉机关指控被告人洪某犯销售伪劣产品罪不成立。本着对案件负责、对被告人负责的态度，发表如下辩护意见，供合议庭参考。

辩护人首先要说六个字"感谢、遗憾、声明"，感谢法庭一以贯之的慎重和坚守；对基本同样的事实再次以辩护人的身份坐在同一法庭上表示遗憾；郑重声明：无论任何人在任何时间、任何地点发表的被告人有罪的意见或陈述，均不代表辩护人认可被告人犯有销售伪劣产品罪。

一、关于当庭几个问题的简要说明

1. 关于公诉人主张的"合同标准"

庭审中，公诉人一再强调：公诉机关在本案中适用的是"合同标准"。公诉人的逻辑是：正是缘于被告人违反了与南钢之间合同约定的产品标准要求，公诉机关才据以追究被告人的刑事责任。辩护人认为，合同是平等主体的自然人、法人、其他组织之间设立、变更、终止民事权利义务关系的协议（《合同法》第2条的明文规定），根据合同产生的一切权利是合同债权，是最主要、最基本的民事权利之一。作为代表公权力的公诉机关，连基本的民事、刑事都不区分，悍然介入完全不应当介入的民事领域，让人仿佛回到了千年之前的封建社会，让辩护人、被告人以及那么多的旁听者无言以对！

需要声明：现有证据恰恰证明南京销售处所供两只不锈钢电动防爆蝶阀符合合同约定。

2. 关于公诉人当庭所举事例

公诉人以"二锅头假冒茅台"举例，实为偷换概念。首先，酒类适用的是强制性国家标准，与阀门适用的推荐性标准不具有可比性；其次，"二锅头假冒茅台"系以次充好，并非《变更起诉决定书》指控被告人的"以假充真"。

公诉人以"医生对轻伤的诊断结论可以作为轻伤自诉案件的证据"为例，认为其两份书证（检验报告）的出具者不需要具有鉴定资质。辩护人认为，首先，本案是公诉案件，作为公诉案件刑事诉讼过程中的主要证据，检验报告的出具者需要相应的检验资质是起码的诉讼常识；其次，公诉人所举例子是自诉案件，与本案不具有可比性；最后，无论是《产品质量法》，还是《最高人民法院、最高人民检察院关于办理生产、销售伪劣商品刑事案件具体应用法律若干问题的解释》，对检验机构的选定均有明文规定，作为公诉机关的代言人，如此罔顾法律的明文规定，让辩护人、被告人以及那么多的旁听者无言以对！

3. 关于辩护人当庭提交的证据

公诉人认为，由于辩护人当庭提交的证据系被告人亲属提供，故不具有真实性、合法性。《刑事诉讼法》第48条明文规定：可以用于证明案件事实的材料，都是证据。辩护人认为，现有法律并无关于证据来自被告人亲属就不是证据的规定，何况，辩护人还郑重当庭进行了说明：辩护人当庭提交的证据，请求法庭核实。公诉人一句轻飘飘的话，就可以置《刑事诉讼法》于不顾，作为"保护人民"的国家法律监督机关，上述言论，让辩护人、被告人、那么多的旁听者，还有《刑事诉讼法》的制定者们无言以对！

4. 关于是否重新申请鉴定一事

辩护人认为，首先，在被告人人身自由完全被剥夺的情况下，申请重新鉴定无疑意味着延长对被告人的羁押，这对被告人而言是极不公平的；其次，现有证据已经能够充分证明被告人不构成犯罪（辩护人在下文将详细阐述），没有必要重新鉴定。因此，辩护人郑重声明：不申请重新鉴定，请法庭依据现有的证据尽快依法裁判。

二、犯罪构成之辩：被告人不具有构成销售伪劣产品罪四要件中的任一要件

1. 客体：被告人的行为未侵犯销售伪劣产品罪保护的客体

销售伪劣产品罪的客体是国家的产品质量管理制度。具体到本案，首先，涉案产品——阀门的国家标准是推荐性国家标准，按照产品质量法的规定，不具有强制适用性；其次，对于两只不锈钢电动防爆蝶阀的产品质量，采购合同已经明确约定为"按国家相关标准或出卖人图纸要求"，而马鞍山钢铁股份有限公司技术中心检验技术研究所出具检验报告及涉案产品图纸均明确表明南京销售处所供产品符合采购合同的约定；最后，迄今为止，涉案的两只不锈钢电动防爆蝶阀已经使用近两年，远超采购合同约定的一年保质期，没有发现存在任何质量问题或者造成任何损失。

2. 客观方面：被告人的行为不符合销售伪劣产品罪在客观方面的要求

销售伪劣产品罪的客观方面包括危害行为、危害结果及两者之间存在因果关系。

首先，销售伪劣产品罪的客观方面行为表现为销售者在产品中掺杂、掺假，以假充真，以次充好或者以不合格产品冒充合格产品，销售金额较大的行为。《最高人民法院、最高人民检察院关于办理生产、销售伪劣商品刑事案件具体应用法律若干问题的解释》第1条规定：《刑法》第140条规定的"在产品中掺杂、掺假"，是指在产品中掺入杂质或者异物，致使产品质量不符合国家法律、法规或者产品明示质量标准规定的质量要求，降低、失去应有使用性能的行为。《刑法》第140条规定的"以假充真"，是指以不具有某种使用性能的产品冒充具有该种使用性能的产品的行为。《刑法》第140条规定的"以次充好"，是指以低等级、低档次产品冒充高等级、高档次产品，或者以残次、废旧零配件组合、拼装后冒充正品或者新产品的行为。《刑法》第140条规定的"不合格产品"，是指不符合《产品质量法》第26条第2款规定的质量要求的产品。对本条规定的上述行为难以确定的，应当委托法律、行政法规规定的产品质量检验机构进行鉴定。具体到本案，被告人的行为并非"在产品中掺杂、掺假"或者"以不合格产品冒充合格产品"，南京销售处销售的阀门均具有阀门的使用性能，故《变更起诉决定书》指控被告人以假充真亦不成立，涉案产品符合采购合同的约定及图纸的要求，并非"以次充好"。

同时，前已述及，迄今为止，涉案产品并未造成任何危害结果，故也不存在刑法上的因果关系。

因此，本案被告人的行为、结果、因果关系不符合销售伪劣产品罪在犯罪客观方面的要求。

需要指出，马鞍山钢铁股份有限公司技术中心检验技术研究所、江苏金陵阀业有限公司不具有产品质量法规定要求的产品质量检验资格，其出具的检验报告、阀门试压表等"书证"不能作为刑事诉讼的证据使用；同时，上述两份检验报告不是产生于案件过程中，不具有书证的特征。如果公诉人认为其系"书证"的观点成立，那么包括本案在内的任何一个刑事案件，均可以基于公权力机关的委托或聘请，产生无数的"书证"，这一结论的荒谬性显而易见。当然，其也不是合法的"鉴定意见"，原因在于出具检验报告的主体不适格，前已述及，不再赘述。

3. 主体：被告人不是销售伪劣产品罪的适格主体

被告人系南京销售处一般收货、送货员工，并非南京销售处的主管人员或者直接责任人员，不是销售伪劣产品罪的适格主体。

4. 主观方面：本案被告人主观上并非"明知"

庭审事实表明，被告人系初中毕业，从不知晓质量检测、产品标准等专业知识，其认为产品"不合格"系基于对贴牌生产的认识错误。辩护人认为，以被告人的文化层次、从业经历等情况，指控被告人"明知"产品不合格明显不成立，同时，被告人是否"明知"对其行为是否构成犯罪无任何影响。

三、证据及事实之辩

除了前已述及的理由，本案在证据上还存在诸多问题，主要表现为：

1. 关于书证《零库存协议》、两只不锈钢电动防爆蝶阀采购协议（以下简称采购协议）、物价局《价格证明》以及辩护人当庭提交的证据

首先，涉案的主要产品——两只不锈钢电动防爆蝶阀的买卖合同系另行签订，辩护人当庭提交的证据证明了所述两只蝶阀系非标产品，并不适用国家标准。辩护人认为，这也从另一角度解释了为什么两只蝶阀另行签订采购合同的真正原因——不适用《零库存协议》所附的标准产品价格，辩护人请求法庭咨询业内专家，就两只不锈钢电动防爆蝶阀是否系非标产品予以核实。

同时，"电动防爆蝶阀"的合同标的不止于阀体，物价局的价格证明（《第三次补充侦查卷》第58页）与两只蝶阀采购协议价格相去甚远，互相冲突，原因即在于辩护人当庭提交的证据证明的事实，请法庭核实。

2. 关于被告人既往及当庭供述、证人吴某的证言

辩护人认为，以被告人的文化程度、从业经历等，其不应当具有仅凭肉眼就可以断定两只蝶阀"不合格"的能力。需要说明的是，镍含量不是不锈钢的主要

贵金属指标（详见 GB 20878—2007 第 2.1 款），并非被告人所言，可见被告人的确不了解产品标准；同样，以证人吴某的文化程度、从业经历及其当庭证言，其也不具有仅凭肉眼就可以断定两只蝶阀不合格的能力。更有甚者，证人吴某连两只蝶阀的合同内容都一无所知，何来其当庭所言的"明知质量不符"。

综上所述，现有证据能够证明的事实在于：第一，涉案两只不锈钢电动防爆蝶阀系非标产品，其包括阀体、电动装置、模具，其中电动装置、模具是应南钢的要求统一配置的，其相应的价格构成应当包括阀体、电动装置、模具以及设计、绘制图纸等费用，后南京销售处按照合同的约定向南钢交付了符合要求的两只不锈钢电动防爆蝶阀。第二，关于另外的 8 只不合格球阀、截止阀等阀门，很可能系长期使用后剔除的不合格产品，甚至可能来自扣押的被告人住处的置换回来的不合格品，但是，所述阀门无论来源何处，对本案定性均不具有参考价值。

四、程序之辩

本案自 2012 年 11 月 20 日立案，迄今近 1 年 6 个月，存在诸多严重明显违反刑事诉讼程序之处，辩护人只指出其中几处：

（1）本案立案时间为 2012 年 11 月 20 日，但是被告人第一次被刑事拘留却是 2012 年 10 月 14 日（《文书卷》第 2 页及第 4 页），公安机关先拘后立，严重违反了刑事诉讼法。

（2）2012 年 11 月 20 日，公诉机关下发了《不予批准逮捕决定书》，同日，公安机关严格予以了执行，释放了被告人。但奇怪的是，也是同日，左手释放，右手拘留，前提是本案的基本事实仍然没有发生改变。

（3）在公诉机关已经将本案诉至人民法院之后的 2014 年 1 月 27 日，竟然又出现了"第三次补充侦查卷"，辩护人认为，第三次补充侦查所涉全部证据均不具有合法性，不应当作为本案裁判的证据使用。

（4）《刑事诉讼规则》第 458 条规定：在人民法院宣告判决前，人民检察院发现被告人的真实身份或者犯罪事实与起诉书中叙述的身份或者指控犯罪事实不符的，或者事实、证据没有变化，但罪名、适用法律与起诉书不一致的，可以变更起诉。辩护人认为，且不论《刑事诉讼规则》不符合《立法法》的规定，有违宪之嫌，在本案犯罪事实、罪名、证据、适用法律都发生了变化的情况下，本案本质上系一新的诉讼，不符合上述规定的任何一种情形，故变更起"诉"实为违法之"诉"。

需要指出，在本案诉至人民法院之前，除了上述的多处严重明显违反刑事诉讼程序之处外，辩护人注意到，两次补充侦查、三次审查起诉的期限均用到极限，案情如此简单的案件，是不是需要这么长的时间，值得商榷。辩护人提请法庭注意：本案起诉至人民法院已经6个月，请法庭尽快裁判。

五、法律之辩

根据本案卷宗，结合庭审，辩护人将本案所涉法条附列于后，其需要证明的内容，自无须赘言。

（1）《中华人民共和国标准化法》第7条规定：国家标准、行业标准分为强制性标准和推荐性标准。保障人体健康、人身、财产安全的标准和法律、行政法规规定强制执行的标准是强制性标准，其他标准是推荐性标准。该法第14条规定：推荐性标准，国家鼓励企业自愿采用。该法第20条规定：生产、销售、进口不符合强制性标准的产品的，造成严重后果构成犯罪的，对直接责任人员依法追究刑事责任。

（2）《产品质量法》第19条规定：产品质量检验机构必须具备相应的检测条件和能力，经省级以上人民政府产品质量监督部门或者其授权的部门考核合格后，方可承担产品质量检验工作。

（3）《最高人民法院、最高人民检察院关于办理生产、销售伪劣商品刑事案件具体应用法律若干问题的解释》第3条第2款规定：公安机关、人民检察院、人民法院在办理侵犯知识产权刑事案件时，对于需要鉴定的事项，应当委托国家认可的有鉴定资质的鉴定机构进行鉴定。

（4）《关于切实防止冤假错案的规定》第7条规定：对于定罪证据不足的案件，应当坚持疑罪从无原则，依法宣告被告人无罪，不能降格做出"留有余地"的判决。

六、逻辑之辩

本案中，公诉机关存在诸多的常识性的逻辑错误，举例如下。

1. 从指控被告人犯销售伪劣产品罪到销售假冒注册商标的商品罪，再到销售伪劣产品罪

辩护人注意到，本案最初公安机关移送审查起诉的罪名就是销售伪劣产品

罪；公诉机关认为不构成此罪，并以销售假冒注册商标的商品罪提起公诉；在销售假冒注册商标的商品罪不能成立时，又改回去指控被告人犯有销售伪劣产品罪，法律上似无不妥，但，事实真的如此吗？

2. "举轻以明重，举重以明轻"

试想，假如我们今天进行的是民事诉讼——南京销售处诉南钢买卖合同纠纷，要求南钢支付货款，公诉人作为南钢的代理人，以前述两份检验报告作为拒付货款的理由，辩护人认为，无论是基于检验机构的资质，还是基于合同关于产品质量的约定，该抗辩在民事诉讼中都不能成立，公诉人竟然以上述两份检验报告作为刑事诉讼的证据。"举轻以明重，举重以明轻"，如此浅显的逻辑关系，自无须赘言。

3. 法律适用存在明显的逻辑错误

公诉机关依据《刑事诉讼规则》，对被告人变更了起诉，但不适用其与最高人民法院、公安部同时出台的司法解释《关于办理侵犯知识产权刑事案件适用法律若干问题的意见》的第3条第2款——公安机关、人民检察院、人民法院在办理侵犯知识产权刑事案件时，对于需要鉴定的事项，应当委托国家认可的有鉴定资质的鉴定机构进行鉴定；也不适用于最高人民法院同时出台的司法解释《关于办理生产、销售伪劣商品刑事案件具体应用法律若干问题的解释》的第1条第2款——《刑法》第140条规定的"以假充真"，是指以不具有某种使用性能的产品冒充具有该种使用性能的产品的行为，以及上述解释的第1条第5款——对本条规定的上述行为难以确定的，应当委托法律、行政法规规定的产品质量检验机构进行鉴定。

七、判例之辩

辩护人通过网络查阅了最高人民法院及北京、上海、江苏、广东等地人民法院的相关案件裁判文书，辩护人认为，与下述判例相比较，本案被告人的行为不可能构成销售伪劣产品罪，现将部分案例的链接附后，供合议庭参考。

刑事案件：

（1）吴锋瑞销售假冒注册商标商品罪（上海二中院，无线演示控制器）

http：//www.court.gov.cn/zgcpwsw/sh/shsdezjrmfy/zscq/201402/t20140213_338490.htm

（2）陈瑞兴等生产、销售伪劣产品罪（广东高院，酱料）

http：//www.court.gov.cn/zgcpwsw/gd/xs/201312/t20131227_185524.htm

（3）杨福田销售伪劣产品罪（辽宁高院，油气）

http：//www.court.gov.cn/zgcpwsw/ln/xs/201311/t20131122_170102.htm

（4）赵忠民、赵娟销售伪劣产品罪（南京中院，白酒）

http：//www.court.gov.cn/zgcpwsw/jiangsu/jssnjszjrmfy/xs/201401/t20140115_227346.htm

（5）胡桂胜生产、销售伪劣产品罪（广东高院，卷烟）

http：//www.court.gov.cn/zgcpwsw/gd/xs/201312/t2013122 6_185018.htm

上述 5 个案件的共同点在于：构成销售伪劣产品罪的案件所涉产品适用的国家标准均为强制性国家标准。

民事案件：

（6）谢玉彩与勃贝雷有限公司侵害商标权纠纷（北京高院）

http：//www.court.gov.cn/zgcpwsw/bj/zscq/201401/t20140114_222797.htm

（7）福建七匹狼实业股份有限公司与吴忠华侵犯商标专用权纠纷（江苏高院）

http：//www.court.gov.cn/zgcpwsw/jiangsu/zscq/201311/t20131104_160833.htm

（8）金利来（中国）有限公司与魏宝明侵犯商标专用权纠纷（江苏高院）

http：//www.court.gov.cn/zgcpwsw/jiangsu/zscq/201311/t20131104_160830.htm

（9）中山盛兴股份有限公司与克拉玛依市维德橡塑制品有限公司买卖合同纠纷（最高院）

http：//www.court.gov.cn/zgcpwsw/zgrmfy/ms/201312/t20131224_184132.htm

（10）威海韦臣五交化有限公司与北京欧奈经贸有限公司侵犯商标专用权纠纷（最高院）

http：//www.court.gov.cn/zgcpwsw/zgrmfy/zscq/201309/t20130912_156431.htm

上述 5 个民事案件与本案相比，具有较大的相似性，其共同点在于：即使产品存在质量问题，但均以民事诉讼的方式来解决纠纷。需要指出：如果本案被告人构成犯罪，则最高院、诸多其他高级人民法院仅按民事诉讼程序审理上述民事案件，未移送公安机关立案侦查的行为涉嫌违法，这一逻辑的荒唐性也是显而易见的。

八、刑法谦抑之辩

法律作为行为规则的一种，是"最后的道德"，只应当介入必须法律介入的社会生活领域及法律关系,而刑罚作为强制性、惩罚性最为严厉的行为规则,更是只应当在穷尽其他一切手段且没有可以代替刑罚的其他方法存在的情况下,才能将某种违反社会秩序的行为设定为犯罪,这就是刑法谦抑性的本质含义。辩护人认为,刑法谦抑性包括实体及程序两方面,实体上的要求是裁判公正,程序上的要求是刑事强制措施尽可能低的限制、剥夺被告人的人身权利,这是最高人民法院、江苏省高级人民法院等审判机关一以贯之的刑事诉讼价值取向。具体到本案,已经明显偏离了这一原则,主要表现为:实体上,在现有证据足以认定被告人不构成销售伪劣产品罪的情况下,仍然不做出不起诉决定或者撤案;程序上,期限都已经用到了极限,且存在多处滥用情形,不再赘述。

至于公诉人当庭认为,被告人道德上存在问题,还存在"行贿"等行为,辩护人有必要指出:首先,道德是道德,法律是法律;其次,没有证据证明被告人道德存在缺陷,但是,当庭忘记公诉人身份,对被告人的道德进行攻击的行为本身是否符合道德却值得商榷;最后,正如第一辩护人所言,辩护人没有义务去证明被告人不犯罪或者去为公诉机关没有指控的罪名进行辩护。

在上述情况下,被告人被剥夺人身自由已经达到一年余,在此,辩护人再次请求法庭本着刑法谦抑性原则,尽快在查清事实的基础上公正裁判;如果不能,则变更强制措施为取保候审。

九、公平、正义之辩

本案于2013年9月10日提起公诉,迄今为止,已近6个月,根据法庭调查的事实及辩护人上述的理由,辩护人认为,被告人至少在侦查、审查起诉期间并没有受到公平的对待,很多罪轻、无罪的证据都没有收集。"惩罚犯罪,保护人民"是《刑事诉讼法》第1条开宗明义的明文规定,惩罚犯罪只是手段,保护人民才是目的,但是,辩护人在办理本案的过程中,深刻体会到"有罪推定"思维的根深蒂固,体制的痼疾牢不可破,还有,公权力的强大和蛮横。辩护人有必要追问一下:"保护人民"真的就那么难吗?辩护人认为,公平正义系法治的本质要求,它意味着:对于私权而言,法无明文禁止即可为;对于公权而言,法无明文授权即不可为。本案中,南京销售处以及本案被告人的行为无可指责,相反,公权力的行使却有颇多商榷之处,存在滥用之嫌。司法是社会的最后一道保障线,公平、正义是任何一个国家、任何一个社会法律的共同价值追求,纵观本案，辩护人不得不遗憾地指出：至少就程序而言，被告人迄今为止没有得到公正的对待。

辩护人有必要指出：我们都是法律人，应当能够区别法律和道德，否则，走出法庭，我们都可能成为一个没有受到有效制约、监督的公权力的牺牲品，因此，辩护人坚信：本案中，公平正义可能会迟到，但是，不会缺席！

在本辩护意见的最后，辩护人有必要重复一下：①再次谢谢法庭一以贯之的慎重和坚守；②恳请法庭能够继续坚守，辩护人和本案的被告人、被告人的亲属，以及本案的每一个旁听者一样，期待并且相信法庭能够做出公平、公正的裁判。

以上意见，供合议庭参考，谢谢！

北京大成（南京）律师事务所

律师：单某某

二〇一四年三月十日当庭发表

二〇一四年三月十一日修改

◆ 质证意见

洪某涉嫌销售伪劣产品罪第四次补充侦查所涉证据质证意见

审判长、审判员：

受洪某涉嫌销售伪劣产品罪一案被告人洪某的委托及北京大成（南京）律师事务所的指派，本人作为被告人洪某的辩护人出席了今天的庭审，就公诉机关第四次补充侦查所涉证据发表质证意见如下，供法庭参考。

一、第四次补充侦查的两个前提及对部分证据的郑重声明

（一）第四次补充侦查的两个前提

鉴于：

①本案被告人涉嫌犯罪的事实没有发生任何变化，公诉机关又向人民法院提交了第四次补充侦查的证据；②侦查人员去过两只涉案不锈钢电动防爆蝶阀的生产地——浙江省永嘉县，但是目的仅仅是去双达阀门股份有限公司、良精集团有

限公司调查收集被告人犯罪及罪重的证据,却没有到上一次庭审中辩护人提交法庭的证据载明的咫尺之遥的涉案阀门的生产厂家——浙江亚一阀门有限公司,对涉案阀门的图纸、质量等能够证明被告人无罪的基本信息进行核实。

辩护人认为,第四次补充侦查存在下述两个前提:

①第四次补充侦查之前的全部证据不能证明被告人犯罪;②如果说第四次补充侦查前侦查机关及公诉机关的行为尚可以牵强地用过失、不明知来进行解释的话,本次补充侦查如果仍然不能证明被告人犯罪,相反,可以证明侦查机关及公诉机关明显是在滥用职权,有故意之嫌。

因此,辩护人认为,必须对第四次补充侦查所涉证据给予足够重视,对质证意见予以详细阐述。

(二)对第四次补充侦查所涉部分证据的郑重声明

(1)下列证据,系公诉人当庭宣读,辩护人在庭前阅卷时没有看到,按照法律规定,不能作为本案的裁判依据:证人缪某、张某某、陶某某、李某某的证言。

(2)下列证据,公诉机关庭前提交了法庭,但公诉人并未当庭出示并经质证,故也不能作为本案的裁判依据。

①《不锈钢阀门送检情况说明》;②公安机关扣押物品文件清单、照片、《鉴定结论通知书》《鉴定聘请书》;③《304和316L不锈钢的区别》;④检验机构资质证明,包括《资质认定授权证书》(中国国家认证认可监督管理委员会颁发)、资质认定计量认证证书、中国合格评定国家认可委员会实验室认可证书及其英文版、中国合格评定国家认可委员会认可证书附件;⑤CB/T 3991—2008、GB/T 12230—2005、GB/T 20878—2007;⑥双达阀门股份有限公司《特种设备制造许可证》(国家质量监督检验检疫总局颁发,仅限B级)、质量管理体系认证证书(中国质量认证中心颁发)、良精集团有限公司《特种设备制造许可证》(国家质量监督检验检疫总局颁发,仅限B2级)、ISO 9001:2008认证证书(北京东方纵横认证中心颁发);⑦证人佘某某"工程师"职称证书、杨某某"助理工程师"职称证书、史某某"工程师"职称证书;⑧检查笔录。

本着对案件和当事人负责任的原则,辩护人仍然对上述证据发表了质证意见,但是,辩护人必须郑重声明:辩护人就公诉机关庭前未移送人民法院的证据以及未当庭出示并经质证的证据发表的任何意见，不代表辩护人认可上述证据可以作为本案裁判的依据。

二、质证意见

公诉人当庭出示的证据具体包括：

①GB/T12238/89、GB/T12224—2005；

②8份检验报告；

③证人缪某、张某某、陶某某、李某某、佘某某、杨某某、史某某证言；

④书证《实用阀门设计手册》。

现辩护人先以公诉人上述当庭出示的证据为序，对所涉证据逐一发表质证意见，然后再对前述公诉机关庭前提交法庭但未当庭出示并经质证的证据逐一发表质证意见。辩护人的质证意见分为两部分，即总的质证意见和单份证据质证意见。

（一）总的质证意见：适用于第四次补充侦查的所有证据

1. 不具有任何合法性

（1）程序严重违法。理由在于：第四次补充侦查严重违反《刑事诉讼法》第171条之规定，庭审过程中公诉人认为公诉机关想在什么时间以什么方式补充侦查就可以在什么时间以什么方式补充侦查的观点，明显是在践踏法律，在此基础上的任何证据均不具有任何合法性；审判阶段公安机关已无侦查权，而本次补充侦查相当一部分证据系公安机关所为，公诉人当庭认为可以要求公安机关协助补充侦查的观点没有法律的明确授权，不能成立。

（2）内容自相矛盾。第四次补充侦查对于材质的检测结果与公诉机关业已提交法庭的马钢的检验报告互相矛盾：马钢的检验报告认为材质符合304标准，而此次检测结果表明两只蝶阀的阀体不符合304材质的标准。

（3）出具证据的主体（含机构及人员）均不具有合法性，辩护人将在下文详细阐述。

（4）取样及保管人员不具有合法资质，其过程也不具有合法性。

2. 不具有任何关联性

（1）《第四次补充侦查卷》第1页《不锈钢阀门送检情况说明》所言南京钢铁联合有限公司与本案无关，在该单位所取的全部样品也理应与本案无关，《原证据卷》第七卷第 29 页采购合同及第三卷全部增值税发票均注明涉案阀门购买方是南京南钢产业发展有限公司，在此基础上所形成的全部证据均应当与本案无关；

（2）案件所涉全部标准均系推荐性国家标准，故所有证据不能作为证明被告人有罪的证据，充其量只能作为民事诉讼的证据。

3. 不具有真实性

综合全案，足以让人对尤其是包括"证人证言"在内的全部证据的真实性产生严重怀疑。

具体理由后文详细分述。

（二）单份证据质证意见

辩护人首先对公诉人当庭出示的证据质证意见如下。

1. 关于 GB/T 12238/89、GB/T 12224—2005

首先，这两份标准仍然是推荐性国家标准；其次，即使在其具有强制性的前提下，这也不是证据，而是广义上的法律法规，无须证明；再次，GB/T12238/89 已经废止（任何人登陆国家标准网均可以随便查询）；最后，GB/T12224—2005 名称为"钢制阀门一般要求"，是界定普通碳素 A3 钢制造的阀门的一般性要求，明显不适用于本案。

综上，该组证据不具有关联性，GB/T12238/89 不具有合法性。

需要说明一下，公诉人出示本组证据时，宣读为"GB12238/89""GB12224—2005"，将推荐性国家标准改变成了强制性国家标准。

2. 关于 8 份检验报告

第一，前已述及，此次检测结果表明第两只蝶阀的阀体不符合 304 材质的标准，而公诉机关业已提交法庭的马钢的检验报告认为材质符合 304 标准，自相矛盾；第二，检验报告《注意事项》第三项明确说明，"检验结果供委托者了解样品品质之用"。换言之，检验机构是明了自身检验报告的功能和适用范围的。第三，检验报告检验员签字均看不清，但明显不是后述资质证书载明的具有签字权的"陈某某"，故检验人员不具有相应资质，按照公诉机关附后的资质证书，复核人员"杨春丽"及批准人员等也不具备相应资质。第四，GB/T20878—2007 规定除 C（≤1.2%）、Cr（≥10.5%）含量外（《第三次补充侦查卷》第 15 页第

2.1款),对不锈钢所有其他元素含量均无强制性要求。第五,检验机构也不具有相应资质,待下文阐述;第六,取样人员、程序、保管人员、程序均无相应资质,检验的样品不能确定来自涉案阀门。对于样品取样人员、程序,保管人员、程序等均有国家标准进行详细规定,如果法庭需要辩护人提供,辩护人可以提供。

综上,本组证据合法性、真实性、关联性均存在问题,不能作为本案的裁判依据。

3. 关于证人缪某、张某某、陶某某、李某某、佘某某、杨某某、史某某证言

对于证人缪某、张某某、陶某某的证言,第一,《刑事诉讼法》第60条规定,凡是知道案件情况的人,都有作证的义务。这一规定对证人的本质特征进行了界定,即证人必须"知道案件情况",但是上述证人明显不知道案情,故所谓的"证人证言"作证者明显不具有作为证人的资格,所涉证据不属于《刑事诉讼法》规定的任何一种证据。第二,所述"证人证言"内容上均与本案无关,只是所谓"证人"对304材质不锈钢和316材质不锈钢的性能、价格、适用环境等方面发表的个人看法而已,与本案并无关联性,且其看法并不一定准确,如张某某陈述:镍价格之所以昂贵主要是进口原因所致,殊不知中国乃世界第一稀土大国,全球70%~80%的稀土资源在中国。第三,公诉机关放着现有的《产品质量法》《计量法》采购合同和国家标准不用,却欲以所谓的"专家证人"证言来证明被告人犯罪,实在有滥用职权的嫌疑。第四,所涉证人的证言中,存在大量的雷同,不仅仅是内容、所问问题雷同,有的地方大段大段的问题和证人的回答都一个字不差,存在明显的诱供嫌疑。

对于证人李某某的证言,除了上述辩护人对证人缪某、张某某、陶某某的证言发表的意见外,辩护人还认为,该证人只是负责现场工艺的员工,并不具有相应的专业知识,且其发表的"证言"多处与事实明显不符。比如,该证人认为阀门若是安装在稀硫酸、硫氢酸高温腐蚀性介质中,应当使用不锈钢阀门,但是事实是:这个世界上不存在硫氢酸这一物质(存在硫氰酸,但是南钢不可能生产硫氰酸),在涉案蝶阀安装之前,南钢一直使用的是普通A3碳素钢阀门。

关于证人佘某某、杨某某、史某某证言,除了上述辩护人对证人缪某、张某

某、陶某某的证言发表的意见外,另外补充质证意见如下:首先,该三名证人所属单位与辩护人业已提交的涉案阀门的生产厂家——浙江亚一阀门有限公司均位于浙江省永嘉县,公诉人没有去浙江亚一阀门有限公司核实被告人无罪及罪轻的证据,却只取有罪、罪重的证据,严重违反了其职责和《刑事诉讼法》的规定,系明显滥用公权力的行为,存在明显陷害被告人的故意;其次,证人佘某某、杨某某所属的双达阀门股份有限公司与南京销售处有业务往来(《证据卷》第六卷第86、第87、第88、第94页中载明"双达"是南京销售处购买阀门的厂家之一),故证人与案件存在利害关系,并非证人所言无利害关系。

综上,该组证据不具有任何关联性、合法性、真实性,相反,可以作为公诉机关滥用职权的证据。

4. 关于书证《实用阀门设计手册》

第一,公诉人并未出示原件,故不具有真实性;第二,这只是一本参考书,不是法律规定,也不是强制性国家标准,故不具有适用于本案的合法性;第三,该证据不能证明案件事实,故不具有关联性;第四,阀门如何设计,不同的人有不同的看法,不需要公诉机关来证明。

综上,该证据不具有任何关联性、合法性、真实性。

辩护人对公诉机关庭前提交法庭但未当庭出示并经质证的证据质证意见如下。

1.《不锈钢阀门送检情况说明》

第一,该证据所述检验样品所属单位名称与涉案蝶阀的购买单位不符,前已述及,此不赘述。第二,2014年1月27日结案的《第三次补充侦查卷》第一卷所载的标准为GB/T20878—2007,此处却载明该标准不能单独使用,试问:为什么不能单独使用?公诉机关前后自相矛盾的陈述究竟以哪一个标准为准?第三,对检验结果的评价(该证据第五段至第八段)均非公安机关的权力,如该证据第七段载明"经咨询检验中心,就表示为不锈钢304次品"内容,实质是侦查机关代表检验中心出具证据,明显系权力滥用。第四,该证据倒数第一段载明"304和316L不锈钢的区别"内容明显无效,一个小小的没有法定资质的检验机构的没有检验资质的人员,竟然可以代表国家产品质量监督检验部门做出上述解释无疑是荒唐的,更荒唐的在于国家机关竟然将其奉为圭臬!辩护人认为,该段载明的"因特殊原因未能签字盖章"的真正原因正在于此。第五,取样人员及机构、保管人员及机构均不具有相应资质,前已述及,此不赘述。第六,在单位名称不符的情况下,不能证明此蝶阀就是南京销售处所售蝶阀。

综上,该证据合法性、关联性、真实性均存在严重问题,不能作为本案裁判的依据。

2. 公安机关扣押物品文件清单、照片、《鉴定结论通知书》《鉴定聘请书》

这些证据均不是《刑事诉讼法》意义上的证据,且不能单独证明公诉机关指控的内容,不具有关联性。

3. 《304 和 316L 不锈钢的区别》

该证据出具的主体(公安机关)不合法,取得的程序不合法,存在的形式不合法(公安机关的说明算哪一种证据形式?),内容不符合《刑事诉讼法》的规定(价格、性能等不能用于证明犯罪),也不能证明涉案阀门不符合合同约定。

因此,该证据不具有合法性、关联性、真实性,不能作为本案裁判的依据。

4. 检验机构资质证明,包括:《资质认定授权证书》(中国国家认证认可监督管理委员会颁发)、资质认定计量认证证书、中国合格评定国家认可委员会实验室认可证书及其英文版、中国合格评定国家认可委员会认可证书附件

对该组证据,辩护人认为:第一,颁发《资质认定授权证书》中国国家认证认可监督管理委员会不符合《产品质量法》第 19 条之规定,不应当具有相应的权限,所颁的资质证书没有任何法律效力。第二,资质认定计量认证证书系涉及计量而非产品质量,故和本案无关。第三,中国合格评定国家认可委员会不符合《产品质量法》第 19 条之规定,不应当具有相应的权限,所颁的资质证书没有任何法律效力,故所颁资质证书无效,同时,该认可证书附件授权签字的化学、力学、金相涡流无损检测项目领域(其余二领域与本案明显无关)的签字人为"陈某某",与检验报告签字人员不符。第四,关于杨某、戴某个人检验员证。该二人人员性质系劳务派遣,工作单位系江苏省兴化市产品质量监督检验所,且不论其真实性,该二人人员性质与工作单位与出具前述检验报告应当具有的人员性质与工作单位明显不相吻合,且仅可以准予从事冶金类产品质量检验工作,远远

不能出具具有刑事证据意义上证明效力的检验报告。

综上，该组证据不具有合法性、关联性。

5. 有关标准

《第四次补充侦查卷》还包括 CB/T 3991—2008、GB/T 12230—2005、GB/T 1220—2007 三个标准，辩护人一并发表质证意见如下：

（1）CB/T 3991—2008 本身是行业推荐性标准，第 1 条第 2 款明确说明不适用于本案（该标准适用于船舶管路系统用蝶阀的设计、制造和验收），检验报告亦未涉及，故不具有关联性。

（2）GB/T 12230—2005 系适用于铸件的推荐性标准，本案蝶阀系非标准件，第四次补充侦查的检验报告也并未涉及该标准，故不具有关联性。

（3）GB/T 1220—2007 的第 1 页第 1 条范围规定：本标准规定了不锈钢棒（圆钢、方钢、扁钢、六角钢和八角钢的总称，以下简称钢棒）的尺寸、外形、技术要求、试验方法、验收规则、包装标志及质量证明书等内容。本标准适用于尺寸不大于 250mm 的热轧和锻制不锈钢棒。故该标准不适用于本案，且此标准系推荐性标准；同时，此标准与第三次补充侦查检验机构适用的标准相矛盾（在"第三次补充侦查卷"适用的是 GB/T 20878—2007 且马钢的检测结果均符合 304 材质）。

综上，该组证据均不具有关联性。

6. 双达阀门股份有限公司《特种设备制造许可证》（国家质量监督检验检疫总局颁发，仅限 B 级）、质量管理体系认证证书（中国质量认证中心颁发）、良精集团有限公司《特种设备制造许可证》（国家质量监督检验检疫总局颁发，仅限 B2 级）、ISO 9001—2008 认证证书（北京东方纵横认证中心颁发）

首先，《特种设备制造许可证》载明的资质是 B 级和 B2 级，该企业连生产涉案阀门的资格都没有，竟然可以评价案件并进行作证，有违常识！

其次，质量管理体系认证证书、ISO 9001—2008 认证证书只是证明该企业质量体系管理通过一个社会中介机构的认证，不具有作为本案证据证明的合法性和关联性。

最后，该资质证书与公诉机关业已举证的认证机构完全不符。辩护人需要说明：

此处的资质证书——中华人民共和国国家质量监督检验检疫总局,才是法定的产品质量监督管理部门,也是有权对检验机构颁发检验资质证书的国家机构!

综上,所述证据不具有合法性和关联性,不能作为本案的裁判依据。

7. 证人佘某某"工程师"职称证书、证人杨某某"助理工程师"职称证书、史某某"工程师"职称证书

证人的职称证书只能说明证人具有阀门领域的专业知识,与本案无关。

8. 检查笔录

首先,被检查单位名称与起诉书载明的单位不符,前已述及,此不赘述;检查笔录所涉蝶阀铭牌标识为"常州兰陵阀门控制有限公司",该公司既非公诉人所言石家庄阀门一厂股份有限公司,亦非浙江亚一阀门有限公司,所以不具有关联性。

综上所述,公诉机关提交法庭的第四次补充侦查所涉全部证据不具有关联性,关键证据不具有合法性和真实性,均不能作为判定本案被告人犯罪的依据。

以上质证意见,供法庭参考。

辩护人:北京大成(南京)律师事务所
律师:单某某
二〇一四年七月四日当庭发表
二〇一四年七月五日修改

◆ 辩护词 (三)

审判长、审判员:

受洪某涉嫌销售伪劣产品罪一案被告人洪某的委托及北京大成(南京)律师事务所的指派,本人作为被告人洪某的辩护人出席了今天的庭审,就公诉机关第四次补充侦查所涉证据发表了质证意见。

首先,辩护人认为有必要重复一下质证意见中第四次补充侦查的两个前提:①第四次补充侦查之前的全部证据不能证明被告人犯罪;②如果说第四次补充侦查前侦查机关及公诉机关的行为尚可以牵强地用过失、不明知来进行解

释的话，本次补充侦查如果仍然不能证明被告人犯罪，则相反可以证明侦查机关及公诉机关明显是在滥用职权，有故意之嫌。理由在辩护人在提交法庭的《洪某涉嫌销售伪劣产品罪第四次补充侦查所涉证据质证意见》中已经详细阐述，不再重复。

辩护人认为，公诉机关指控被告人洪某犯销售伪劣产品罪完全不能成立，现根据庭审，结合法律规定，发表补充辩护意见如下，供法庭参考。

一、辩护人在本案前两次开庭后，均以中国邮政 EMS 方式向法庭提交了书面的辩护意见，对已经阐述过的辩护意见，原则上不再重复

二、本次庭审的补充辩护意见

（一）此次补充侦查所涉证据不能证明被告人犯罪

第一，包括第三次补充侦查及此次补充侦查在内的所有违反法定程序取得的证据均不能作为裁判本案的依据，理由不用赘述。第二，本次补充侦查所涉主要证据中，取样主体及程序、样品保管主体及程序、出具证据主体、证据存在形式、内容等均不合法。第三，此次补充侦查全部证据仍然建立在不具有强制性适用效力的国家标准甚至行业推荐性标准的基础上，且与公诉机关业已提供的证据前后矛盾。第四，证人不具有作证的资格。第五，纵观全案，足以让正常人对主要证据真实性产生严重怀疑等。详细理由，辩护人在提交法庭的《洪某涉嫌销售伪劣产品罪第四次补充侦查所涉证据质证意见》中已经详细阐述。故辩护人认为，第四次补充侦查所涉全部证据均不能用于本案裁判的依据，也不能证明被告人犯罪。

鉴于第四次补充侦查所涉全部证据仍然不能证明被告人犯罪，结合辩护人前述的第四次补充侦查的两个前提，辩护人认为，被告人无罪！

（二）即使第四次补充侦查证据真实性、关联性、合法性均不存在问题，也不能证明被告人犯罪

主要理由在于：主观上，作为仅仅具有初中文化的被告人洪某，不可能明知304 不锈钢和 316L 不锈钢的区别；主体上，被告人只是一个送货人员；客体上，涉案产品所涉全部标准均系推荐性标准，按照法律规定，国家只是推荐适用，且对于两只不锈钢电动防爆蝶阀的产品质量，南京销售处与南钢在采购合同中已经

明确约定为"按国家相关标准或出卖人图纸要求",因此,没有也不可能对国家的产品质量管理制度造成破坏;客观上,涉案产品符合采购合同的约定及图纸的要求,具有正常的使用性能,并非"以次充好",且迄今为止,涉案产品并未造成任何危害结果,故不可能存在刑法上的因果关系。

以上理由,详见第二次庭审后辩护人提交法庭的书面辩护词,此不赘述。

(三)针对法庭意见的答复

庭审中,法庭认为涉案阀门是否符合304材质、以304材质代替316材质是不是严重影响阀门使用性能是本案关键,并要求控辩双方围绕上述问题展开辩论。

辩护人认为,首先,涉案阀门符合且只应当符合图纸标注的材质要求。有必要指出,图纸对不同的零部件有着不同的材质标注。比如,部分零部件(如图纸标注的压板,编号为24)应当符合316材质,但是大部分零部件材质的标注为304。其次,退一步讲,即使不符合图纸标注的材质要求,在没有证据的情况下,只能推断可能是生产厂家偷工减料,而非本案被告责任。再次,南钢在更换本次不锈钢电动防爆蝶阀之前,一直使用的是普通A3碳素钢阀门,本案案发前甚至截至今天开庭,涉案阀门在使用中并未造成任何损失或者其他后果,如果说有损失,也是在侦查机关、公诉机关的主导下,一次次拆卸、切割并扣押涉案阀门所致,因此,涉案阀门完全可以正常使用。最后,南京销售处只有义务按照合同约定提供相关阀门,只要履行了这一合同义务,即使导致损失,与南京销售处何干,又与本案被告人何干?

综上所述,辩护人认为,第四次补充侦查所涉证据仍然不能证明被告人犯罪,相反,可以证明公诉机关和公安机关滥用职权,辩护人坚信:该来的正义一定会来,我们,一定等得到!

辩护人:北京大成(南京)律师事务所

律师:单某某

二〇一四年七月四日当庭发表

二〇一四年七月五日修改

◆ 一审判决书

江苏省南京市某区人民法院
刑事判决书

（2013）某知刑初字第 2 号

公诉机关南京市某区人民检察院。

被告人洪某，男，19××年××月××日出生于福建省南安市，居民身份证号码（略），汉族，初中文化，石家庄阀门一厂股份有限公司（以下简称石阀一厂）南京销售处业务员，住址（略）。2012 年 10 月 14 日因涉嫌犯对非国家工作人员行贿罪被刑事拘留，同年 11 月 20 日被释放。当日因涉嫌犯生产、销售伪劣产品罪被刑事拘留，同年 12 月 27 日因涉嫌犯销售假冒注册商标的商品罪被逮捕。现羁押于南京市看守所。

辩护人单某某，北京市大成（南京）律师事务所律师[①]。

南京市某区人民检察院以某检诉刑诉〔2013〕422 号起诉书指控被告人洪某犯销售假冒注册商标的商品罪于 2013 年 9 月 18 日向本院提起公诉。本院受理后，依法组成合议庭，于 2013 年 10 月 25 日公开开庭审理了本案。在审理过程中，南京市某区人民检察院于 2014 年 1 月 27 日以某检诉刑变诉〔2014〕1 号变更起诉决定书指控被告人洪某犯销售伪劣产品罪向本院作变更起诉。本院又于 2014 年 3 月 10 日、7 月 4 日两次公开开庭审理了本案。南京市某区人民检察院代理检察员谢某某出庭支持公诉，被告人洪某及其辩护人单某某，证人吴某到庭参加诉讼，现已审理终结。

南京市某区人民检察院指控，2011 年 1 月至 2012 年 9 月间，被告人洪某在石阀一厂南京市销售处经理洪某元（另案处理）的授意下，在履行阀门购销合同时，以假充真，将明知不是石阀一厂生产的阀门以石阀一厂产品的名义销售给南京南钢产业发展有限公司（以下简称南钢公司），销售金额合计人民币

[①] 笔者现执业的律师事务所原名。

1565.1981万元。经鉴定,上述阀门中至少有合计价值人民币33.0302万元的共计10只阀门为伪劣产品。公诉机关认为,被告人洪某以次充好,明知是伪劣产品而销售,销售金额20万元以上不满50万元,其行为已构成销售伪劣产品罪。另被告人洪某具有自首、从犯法定从轻情节,要求依法追究其相应的刑事责任。为证实指控的犯罪事实成立,公诉人当庭出示了被告人洪某的供述与辩解,证人吴某、王某某、潘某某等人的证言,购销合同、检验报告、现场勘验检查笔录等证据。

被告人洪某对公诉机关的指控予以供认,未作辩解。

被告人洪某的辩护人董某提出的辩护意见为:被告人洪某具有自首、从犯法定从轻处罚情节,且其认罪态度好,具有悔改表现,建议法庭对其从轻处罚。

被告人洪某的辩护人单某某认为其不构成销售伪劣产品罪,理由是:①涉案两只不锈钢电动蝶阀已使用近两年,超过采购合同约定的一年保质期,在使用过程中未出现任何质量问题,应认定为涉案阀门符合购销合同约定的产品质量要求;②涉案两只不锈钢电动蝶阀无强制性国家标准予以执行,公诉机关指控被告人洪某所销售的阀门材质与合同约定不符,现有证据无法证实涉案两只电动蝶阀系低等级、低档次产品冒充高等级、高档次产品,故公诉机关指控被告人洪某以次充好的证据不足;③即使认定被告人洪某销售的涉案阀门系以次充好,但因其系南京销售处一般收发货人员,并非主管或直接责任人员,不应对销售伪劣产品行为承担罪责。

经审理查明,2011年1月至2012年9月间,被告人洪某在石阀一厂南京销售处任业务员期间,按照销售经理洪某元(另案处理)的要求,在履行阀门购销合同期间,将明知洪某元销售给南钢公司的金额合计人民币1565.1981万元的非石阀一厂生产的阀门,仍附合格证贴标供货给南钢公司(所贴商标与石阀一厂"环球"牌注册商标相似但不相同,该行为不构成销售假冒注册商标的商品罪)。2012年10月13日,被告人洪某因涉嫌为销售上述贴标阀门而向南钢公司炼铁新厂负责签收和安装阀门的点检班班长吴某行贿被公安机关抓获,在接受调查时,主动供述了上述公安机关尚未掌握的事实。案发后,侦查机关对依法扣押的涉案两只单独招投标的型号为DN900、价值人民币316 600元的防爆电动蝶阀进行了检验,经检验:该两只阀门材质非合同约定的、购方为用于强酸环境而作特别要求的 316L 不锈钢。该两只阀门的阀芯材料为防酸性能远低于 316L 的 304 不锈钢，而两只阀门的阀体材料为使用性能、化学成分比 304 不锈钢更低的不锈钢。此外，尚未使用的 98 只不同型号的阀门，经压力测试检验：其中共计价值人民币 13 702 元的 8 只截止阀、闸阀、球阀，出现了外漏或内漏现象，为不合格产品。

上述事实，有经庭审举证、质证，本院予以确认的下列证据予以证实：

一、被告人洪某的供述证明

其受洪某元雇用，在石阀一厂南京销售处担任业务员。2011 年开始，其负责向南钢供应阀门，在洪某元的授意下，将从温州洪某南处购得的阀门，贴上石阀一厂的商标，并附合格证销售给南钢公司。洪某元从温州购进阀门的价格低于石阀一厂阀门，洪某元曾经说过这些阀门是不合格的，洪某本人也知道这些阀门并非与南钢签订合同所约定的石阀一厂的阀门。南钢之所以选用石阀一厂的阀门是因为用于炼铁高炉生产怕出现生产事故。公安机关从其本人办公桌里面查获的蓝色的塑料袋内装的合格证、石阀一厂的铭牌以及商标合格证就是用于冒充石阀一厂的阀门。其还谈到，在其本人的移动硬盘存有个人工作文件夹，其中存有冒充石阀一厂向南钢销售阀门的相关数据。其笔记本上记录着南钢炼铁新厂高炉车间和焦化车间供应阀门的情况。2012 年上半年，其将南钢单独招标的两只电动防爆蝶阀送至炼铁新厂，点检班班长一看就说不合格，并不予签收，其跟吴某说"我跟领导说过了"，吴某就同意签收了。过了没多久，吴某说要买房子，向其要钱，其随后将此事告知洪某元。洪某元不同意给吴某钱，其就将这个情况转告吴某。后来，吴某跟洪某元联系，称要把两只电动防爆蝶阀不合格的事情上报，后洪某元转账九万元给吴某。

二、证人证言

（1）证人吴某的证言证明：其系南钢炼铁新厂点检班班长，负责本单位所使用阀门的签收和安装工作。洪某元是石阀一厂南京销售处经理，向南钢供应石阀一厂生产的阀门。2010 年之前，洪某元送来的阀门使用寿命正常，但 2010 年至 2012 年 10 月份，所送来的阀门使用寿命相比之前的阀门要短。有的阀门存在局部厚度变薄、沙眼较多现象，时而还会出现口径不符、型号不对等情况，铸造工艺相比以前粗糙很多，跟大厂生产的阀门有明显区别。2011 年年底，二期硫氨煤气出口需要两个型号为 DN900 的非标准不锈钢阀门，从使用安全性、耐腐蚀性等角度考虑,其上报的阀门整体材质要求为316L不锈钢。2012年2月份,业务员洪某将阀门送来给其签收时,其发现两个阀门材质不符,其当场予以拒收。洪某向其说"跟领导讲过了",其就将两只材质不符的阀门签收了。凭其十余年的工作经验,吴某断定这两只阀门的材质明显要差于316L有锈钢,材质差的阀门会导致使用寿命变短、抗腐蚀性和耐磨性性能下降。另外,其公司要求送压力16P,洪某送来的阀门外观上看是16P的,但阀芯是10P的。其在将不符合合同约定的两只阀门私自签收后,向洪某元索要好处费9万元。

(2)证人李某某的证言证明:其系南钢燃料供应场化产作业区技术员,负责技术和生产工艺。2012年,石阀一厂供货给其单位的两只DN900电动防爆蝶阀安装在燃料供应场化产作业区二期硫氨煤气饱和器的1号出口和2号出口。因为经过阀门的气体温度在55℃左右,通过阀门的气体含有硫化氢、氨气、二氧化碳和硫酸雾,这些气体对阀门的腐蚀性大,所以其单位选择用316L不锈钢材质的阀门。之所以选择316L,是因为该材质的耐腐蚀性强,使用寿命长,从而避免造成泄漏等安全隐患。如果用304材质的阀门代替316L材质的阀门,其本人认为,应当属于用低等级、低档次的阀门冒充高等级、高档次的阀门。

(3)证人唐某某、施某某的证言及辨认笔录与照片证明:洪某南从2010年起至2012年以来,购买过二人所在公司生产的阀门,洪某南购买的阀门都是"裸阀门",即只要阀体,不要商标和包装。

(4)证人潘某某的证言及辨认笔录与照片证明:其所在物流公司主要承接温州往南京、西安、沈阳、长春、哈尔滨等地的物流运输。其认识的一个叫洪某南的人经常托运阀门到南京。

(5)证人缪某、张某某、陶某某的证言证明:其三人任教于南京航空航天大学材料科学与技术学院,从事金属材料领域的教学与研究工作。304和316L两种不锈钢主要区别是化学成分的不同,316L比304的含碳量低,316L要多3%的镍含量,304不含钼,而316L含钼。304在酸碱性、腐蚀性的化工介质间不可避免的产生晶间腐蚀,而316L因为含镍和钼,抗晶间腐蚀性明显强于304。用304代替316L属于低档次冒充高档次、低等级冒充高等级。

(6)证人佘某某、杨某某、史某某的证言证明:其三人任职于温州两家阀门公司,具有相关技术资格。304不锈钢的价格为每吨3万元左右,316L的为每吨

6万元左右。生产一只通径900毫米的蝶阀需要1.1~1.2吨的不锈钢。因为阀门的加工工艺相同，加工费、制模费、电动装置费均是一样的，所以阀门的价格主要取决于所选材料的价格。在55℃工业煤气中，因为含有稀硫酸、硫化氢、氨气、二氧化碳等介质，所述环境属强腐蚀性高温环境，所以应用不锈钢316L材质的阀门，而不能用304材质的。之所以不能用304不锈钢材质的阀门，是因为会导致使用寿命短、存在安全隐患。根据标准和生产实际，型号为D947W-10R的DN900电动防爆蝶阀要求的最小壁厚为17.6毫米，一般生产过程中要达到20毫米。如果壁厚最小值低于17.6毫米就说明这个阀门不合格。用316L不锈钢和304不锈钢材质的阀门是两个不同等级的阀门，用304材质的阀门的档次要比用316L材质的低很多。

三、书证

（一）关于涉案阀门质量的书证

（1）马鞍山钢铁股份有限公司技术中心检验技术研究所出具的检验报告证明：通过火花发射光谱仪对洪某等人向南钢供货的不锈钢防爆电动蝶阀的材质进行化学分析，其成分为 C=0.044、Si=0.36、Mn=1.30、P=0.036、S=0.004、Cr=18.35、Ni=8.08、Mo=0.054，不符合316L材质不锈钢的行业标准。

（2）江苏金陵阀业有限公司出具的鉴定报告证明：经对洪某送货给南钢的尚未使用的98只阀门进行压力检测，其中8只阀门出现外漏或内漏现象，被该公司界定为不合格产品。

（3）《中华人民共和国国家标准》GB/T12224—2005关于钢制阀门的一般要求表3证明：按照国家推荐性标准，内径为900毫米、公称压力为1.60MP的蝶阀的壳体最小壁厚为17.6毫米。

（4）机械工业出版社出版的《实用阀门设计手册》（第二版）第985页关于耐腐蚀材料选择表4-259证明：在硫酸质量分数为0~20%、温度为50~100℃的环境下，阀门选材应为316（含铬、镍、钼）的不锈钢，或铬、镍、钼含量更高的不锈钢。

（二）关于被告人洪某以石阀一厂名义向南钢提供阀门及销售金额情况的书证

（1）洪某QQ邮箱发件箱内的邮件证明：洪某在本案案发期间内（2010年

1月至2011年）多次通过QQ邮箱给"洪老大"（洪某南）发出过多份订货邮件。

（2）石阀一厂出具的"环球"牌商标注册文件、说明、申明证明：该公司未与任何单位或个人联营生产阀门，未授权任何单位或个人使用"环球"牌注册商标，任何单位或个人非经该公司质监部门检测并附具合格证，不得对外贴标销售阀门。洪某元未经该公司批准，私自制作和使用该公司商标系其个人行为，与该公司无关。

（3）南钢阀门备件零库存协议和订购合同证明：石阀一厂南京销售处与南钢在2011年1月1日至2012年12月31日期间有阀门购销关系。

（4）中标通知书、合同证明：两只DN900的防爆电动蝶阀系单独招标采购，涉案阀门材质要求为316L不锈钢，采购方为南钢公司，中标方为石阀一厂南京销售处。

（5）购销合同及发票证明：2011年至2012年间，石阀一厂南京销售处共从石阀一厂购进价值人民币31.5286万元的阀门。其中，两只型号为DN300的电动卷扬式煤气放散阀。

（6）分别从原下关区国税局调取的石阀一厂南京销售处的纳税信息和从南钢调取的石阀一厂南京销售处开具的销售发票证明：经比对，由石阀一厂南京销售处申报纳税中的14张发票为重复开具，其对应的票面金额应从犯罪数额中扣减，另2011年购进的阀门中有两只型号为DN300的电动卷扬式煤气放散阀系石阀一厂销售处购自石阀一厂，不属于贴标销售，也应从犯罪数额中扣减。故石阀一厂南京销售处向南钢贴标销售的阀门对应的票面金额为：2011年共计927.8139万元；2012年为637.3842万元。二者合计人民币1565.1981万元。

（三）关于石阀一厂南京销售处单位性质的书证

石阀一厂南京销售处工商注册资料证明：该销售处由石阀一厂出资20万元，洪某元出资2万元，合资设立。洪某元为该销售处经理，经济性质为联营，企业法人注册号（略），该销售处具有独立法人资格。

四、勘验、检查笔录

（1）搜查笔录、扣押物品清单及刑事摄影照片证明：公安机关于2012年10月14日、15日分别对洪某的随身物品、办公室依法进行了搜查，查获洪某自书的蓝色封面笔记本 2 本、部分已贴有假冒石阀一厂注册商标的阀门、部分尚未粘贴的假冒的石阀一厂的注册商标标识以及移动硬盘一只等物，公安机关对上述物品予以扣押，并对侦查取证过程进行拍照固定。

（2）电子证据检查笔录证明：公安机关对从洪某处起获的移动硬盘进行检查，经查，该硬盘内存储了外采阀门的型号、价格、厂家、订货单等数据信息，数据显示洪某等人供应南钢的阀门绝大部分购自浙江温州。

（3）检查笔录及刑事摄影照片证明：公安机关对南钢厂区内在用和备用的标有石阀一厂"环球"牌注册商标的阀门进行检查，其中涉案两只 DN900 电动防爆蝶阀的阀体壁厚为 12 毫米。

五、鉴定意见

国家不锈钢制品质量监督检验中心出具的检验报告证明：两只涉案的 DN900 电动防爆蝶阀的阀体及阀芯材质均不符合不锈钢 316L 牌号；两只蝶阀的阀芯材质均符合不锈钢 304 牌号；两只蝶阀的阀体材质均有一项指标低于不锈钢 304 牌号，即为不锈钢 304 次品。

本案另有经庭审举证、质证，本院予以确认的下列证据予以证实：

（1）立案决定书证明：洪某于 2012 年 10 月 14 日因涉嫌对南钢工作人员吴某行贿被刑事拘留，其在接受公安机关调查时，主动供述了公安机关尚未掌握的销售伪劣产品的事实。

（2）户籍资料证明：被告人洪某的年龄等自然情况。

本院认为，第一，被告人洪某作为受雇用人员，在洪某元的授意、指使下，将明知是伪劣产品的阀门而予以销售，销售金额 20 万元以上不满 50 万元，其行为已构成销售伪劣产品罪，且系共同犯罪，应依法予以惩处。南京市某区人民检察院的指控，事实清楚，证据确实、充分，罪名成立，本院予以支持。第二，被告人洪某在共同犯罪过程中起次要、辅助作用，系从犯，依法对其从轻处罚。第三，被告人洪某在因涉嫌对非国家工作人员行贿接受公安机关调查时，主动供述了公安机关尚未掌握的其销售伪劣产品的事实，以自首论，依法对其从轻处罚。第四，关于辩护意见：（1）关于辩护人单某某提出的辩护意见：①马鞍山钢铁股份有限公司技术中心检验技术研究所出具的检验报告、国家不锈钢制品质量监督检验中心出具的检验报告均检测出涉案的两只电动防爆蝶阀的阀体及阀芯材质不符合购销合同约定的316L牌号不锈钢（其阀芯材质属于不锈钢304，阀体材质属于不锈钢304次品）。涉案阀门系洪某元、洪某等人低价购进的由他人用非316L不锈钢生产而成，且壁厚也不符合国家推荐性标准关于蝶阀厚度的要求。证人缪某、张某某、陶某某、佘某某、杨某某、史某某等人的证言均证明，使用304材质生产的蝶阀在南钢所述环境下抗腐蚀性、使用寿命均不能达到316L不锈钢材质阀门的防腐、防酸性能要求。蝶阀的产品性能及价格主要取决于材质优劣，涉案两只电动防爆蝶阀在价格及性能方面均明显低于316L材质阀门，属较低等级、档次产品。此外，被告人洪某在销售阀门过程中，一贯冒用他人厂名、厂址及合格证等与产品质量保障密切相关的标识，且在涉案两只蝶阀销售过程中因吴某发现阀门质量明显不符合合同约定而向洪某索贿，后由洪某元向吴某行贿，亦与洪某元欲将质次价高、假冒石阀一厂的阀门销售给南钢，进而牟取高额不法利益的主观心态相印证。综上，应认定为被告人洪某系用以次充好的形式销售伪劣产品，故对辩护人单某某提出的第1、2项辩护意见不予采纳；②洪某元假借石阀一厂南京销售处的名义冒充具有石阀一厂的授权，向南钢贴标销售质次价高的阀门，洪某在对上述事实明知的情况下，仍受洪某元指使，积极帮助其采购、销售，应当承担其共同犯罪中从犯的罪责，系适格的犯罪主体，故对辩护人单某某提出的第3项辩护意见不予采纳。(2) 辩护人董某提出的其具有自首、从犯、认罪态度好的从轻处罚情节，经查基本属实，本院予以采纳。为保护国家对产品质量的管理制度和消费者的合法权益不受侵犯，依照《中华人民共和国刑法》第140条、第25条第1款、第27条、第67条第2款、第52条之规定，判决如下：

被告人洪某犯销售伪劣产品罪，判处有期徒刑3年6个月，罚金人民币20万元。

（刑期从本判决执行之日起计算，判决执行前先行羁押的，羁押一日折抵刑期一日，即自2012年10月14日起至2016年4月13日止；罚金款限于本判决生效后十日内缴至本院。）

如不服本判决，可在接到判决书的第二天起十日内，通过本院或者直接向江苏省南京市中级人民法院提出上诉，书面上诉的，应交上诉状正本一份，副本两份。

审判长　陈某某

代理审判员　董某某
代理审判员　崔某某
二〇一四年八月十二日
书记员　丁　某

◆二审裁定书

江苏省南京市中级人民法院
刑事裁定书

(2014) 某刑二终字第 177 号

原公诉机关南京市某区人民检察院。

上诉人（原审被告人）洪某，男，19××年××月××日出生于福建省南安市，居民身份证号码（略），汉族，初中文化，石家庄阀门一厂股份有限公司（以下简称石阀一厂）南京销售处业务员，住址（略）。2012 年 10 月 14 日因涉嫌犯对非国家工作人员行贿罪被刑事拘留，同年 11 月 20 日被释放。当日因涉嫌犯生产、销售伪劣产品罪被刑事拘留，同年 12 月 27 日因涉嫌犯销售假冒注册商标的商品罪被逮捕。现羁押于南京市看守所。

辩护人单某某，北京大成（南京）律师事务所律师。

南京市某区人民法院审理南京市某区人民检察院指控原审被告人洪某犯销售伪劣产品罪一案，于 2014 年 8 月 12 日作出（2013）某知刑初字第 2 号刑事判决。原审被告人洪某不服，提出上诉。本院依法组成合议庭，公开开庭审理了本案。南京市人民检察院指派代理检察员杨某出庭履行职务，上诉人（原审被告人）洪某及其辩护人单文峰到庭参加诉讼。现已审理终结。

原审人民法院判决认定：2011 年 1 月至 2012 年 9 月间，被告人洪某在石阀一厂南京销售处任业务员期间，按照销售经理洪某元（另案处理）的要求，在履行阀门购销合同期间，将明知洪某元销售给南京南钢产业发展有限公司（以下简称南钢公司）的金额合计人民币 1565.1981 万元的非石阀一厂生产的阀门、仍附合格证贴标供货给南钢公司。2012 年 10 月 13 日，被告人洪某因涉嫌为销售上述贴标阀门而向南钢公司炼铁新厂负责签收和安装阀门的点检班班长吴某行贿被公安机关抓获,在接受调查时,主动供述了上述公安机关尚未掌握的事实。案发后,侦查机关对依法扣押的涉案两只单独招投标的型号为 DN900、价值人民币 316 600 元的防爆电动蝶阀进行了检验,经检验:该两只阀门材质非合同约定的、购方为用于强酸环境而作特别要求的 316L 不锈钢。该两只阀门的阀芯材料为防酸性能远低于 316L 的 304 不锈钢,而两只阀门的阀体材料为使用性能、化学成分比 304 不锈钢更低的不锈钢。此外,尚未使用的 98 只不同型号的阀门,经压力测试检验:其中共计价值人民币 13 702 元的 8 只截止阀、闸阀、球阀,出现了外漏或内漏现象,为不合格产品。

上述事实,有经过庭审质证、认证的下列证据予以证实:①书证马鞍山钢铁股份有限公司技术中心检验技术研究所出具的检验报告、江苏金陵阀业有限公司出具的鉴定报告、《中华人民共和国国家标准》GB/T12224—2005 关于钢制阀门的一般要求表 3、机械工业出版社出版的《实用阀门设计手册》(第二版)第 985 页关于耐腐蚀材料选择表 4 - 259、洪某 QQ 邮箱发件箱内的邮件、石阀一厂出具的"环球"牌商标注册文件、说明、申明、南钢阀门备件零库存协议和订购合同、中标通知书、合同、购销合同及发票、石阀一厂南京销售处的纳税信息、石阀一厂南京销售处开具的销售发票、石阀一厂南京销售处工商注册资料;②搜查笔录、检查笔录、扣押物品清单及刑事摄影照片、电子证据检查笔录;③国家不锈钢制品质量监督检验中心出具的检验报告;④证人吴某、李某某、唐某某、施某某、潘某某、缪某、张某某、陶某某、佘某某、杨某某、史某某的证言;⑤被告人洪某的供述;⑥户籍资料、立案决定书等。

原审人民法院认为,被告人洪某作为受雇佣人员,在洪某元的授意、指使下,将明知是伪劣产品的阀门而予以销售,销售金额 20 万元以上不满 50 万元,其行为已构成销售伪劣产品罪,且系共同犯罪。被告人洪某在共同犯罪过程中起次要、辅助作用,系从犯,依法对其从轻处罚。被告人洪某在因涉嫌对非国家工作人员行贿接受公安机关调查时,主动供述了公安机关尚未掌握的其销售伪劣产品的事实,以自首论,依法对其从轻处罚。依照《刑法》第 140 条、第 25 条第 1 款、第 27 条、第 67 条第 2 款、第 52 条之规定,以销售伪劣产品罪判处被告人洪某有期徒刑 3 年 6 个月,罚金人民币 20 万元。

上诉人洪某的上诉理由是：原审判决量刑过重。

上诉人洪某的辩护人的辩护意见是：①洪某不构成销售伪劣产品罪。②即使洪某构成销售伪劣产品罪，犯罪数额应为 131 500 元；③原审判决量刑过重。

出庭检察员认为，原审判决认定上诉人洪某犯销售伪劣产品罪的事实清楚、证据确实、充分，定性准确，程序合法，量刑适当，建议驳回上诉、维持原判。

经审理查明，原审人民法院认定上诉人（原审被告人）洪某犯销售伪劣产品罪的事实清楚，证据确实、充分，本院对原审人民法院经庭审质证、认证的证据及认定的事实予以确认。

本院认为，上诉人（原审被告人）洪某作为受雇用人员，在洪某元的授意、指使下，将明知是伪劣产品的阀门而予以销售，销售金额 20 万元以上不满 50 万元，其行为已构成销售伪劣产品罪，且系共同犯罪。上诉人洪某在共同犯罪过程中起次要和辅助作用，系从犯，依法对其从轻处罚。上诉人洪某在因涉嫌对非国家工作人员行贿接受公安机关调查时，主动供述了公安机关尚未掌握的其销售伪劣产品的事实，以自首论，依法对其从轻处罚。

关于上诉人的辩护人提出的洪某不构成销售伪劣产品罪的辩护意见，经查，上诉人洪某的供述、证人吴某的证言及由洪某东作为委托代理人签名的南钢公司关于 D947W—10RDN900 防爆电动蝶阀订购合同等证据证实，上诉人洪某明知其销售给南钢公司的防爆电动蝶阀并非石阀一厂生产，系不合格产品而予以销售，其主观上具有销售伪劣产品的犯罪故意；马鞍山钢铁股份有限公司技术中心检验技术研究所出具的检验报告、国家不锈钢制品质量监督检验中心出具的检验报告、南钢公司中标通知书、订购合同以及证人吴某、李某某、缪某、张某某、陶某某、佘某某、杨某某、史某某等人的证言证实，洪某销售给南钢公司的两只防爆电动蝶阀虽系非标产品，但其阀体、阀芯材质不符合订购合同约定的标准，达到南钢公司所要求的防腐、防酸性能要求。洪某将上述两只阀门销售给南钢公司，系以低等级、低档次产品冒充高等级、高档次产品的以次充好行为，符合销售伪劣产品罪的客观要件。故原审判决认定洪某构成销售伪劣产品罪并无不当，该辩护意见不能成立，本院不予采纳。

关于上诉人的辩护人提出的洪某销售伪劣产品犯罪数额应为 131 500 元的辩护人意见，经查，根据最高人民法院《关于办理生产、销售伪劣商品刑事案件具体应用法律若干问题的解释》第二条第一款的规定，销售伪劣产品罪中的销售金额是指销售者出售伪劣产品后所得和应得的全部违法收入。本案中,南钢公司中标通知书、订购合同等证据证实,洪某销售给南钢公司的两只阀门的销售价格为人民币31.66万元。辩护人提出的应扣除电动装置、图纸、模具费用的辩护理由于法无据,本院不予采纳。另辩护人提出,根据南京市某区第二价格认证中心出具的价格证明,涉案两只阀门价格应为131 500元,经查,上述价格证明系南京市六合区第二价格认证中心经市场调研,分别从南京驰光不锈钢制品有限公司、上海日泰阀门集团南京上日阀门有限公司询价所得该类产品的参考价格,依法不应作为认定本案涉案阀门销售价格的依据。故辩护人提出的该辩护意见不能成立,本院不予采纳。

关于上诉人及其辩护人提出原审判决量刑过重的上诉理由和辩护意见,经查,上诉人洪某销售伪劣产品,销售金额20万元以上不满50万元,依法应处2年以上7年以下有期徒刑,并处销售金额百分之50以上2倍以下罚款,原审考虑其具有自首、从犯等量刑情节,对其从轻处罚,判处有期徒刑3年6个月,罚金人民币20万元,符合法律规定,量刑并无不当。故上诉人及其辩护人提出的该上诉理由和辩护意见不能成立,本院不予采纳。

综上,原审判决认定的事实清楚,证据确实、充分,定性准确,量刑适当,审判程序合法,应予维持。出庭检察员建议维持原判的意见予以采纳。根据《中华人民共和国刑事诉讼法》第225条第1款第(1)项之规定,裁定如下:

驳回上诉,维持原判。

本裁定为终审裁定。

审判员:韩 某

审判员:卞 某

代理审判员:刘某某

二〇一五年二月十三日

书记员:孟某某

【律师感悟】

为了法治，为了我们心中的那一份理想

2007年国庆节，我从司法机关辞职，怀揣几分梦想，寄身律师江湖，截至2008年年底，一共办理了18个刑事案件。

虽然也办理过多个在公安机关就撤销案件或者在检察机关作不起诉处理决定的案子，但现在我还是很少办理刑事案件，或者说基本不办。

"基本不办"之外，亦有例外，比如法律援助的，还有涉及知识产权的。

这个案子恰恰就是涉及知识产权的。

先以涉嫌向非国家工作人员行贿立案，后改为涉嫌生产、销售伪劣产品罪名决定进行刑事拘留，然后是逮捕，移送审查起诉，检察机关在退回补充侦查二次后再次审查起诉，以当事人涉嫌销售假冒注册商标的商品罪提起公诉，开庭。经辩护人提醒，发现指控罪名不准确，于是，在诉至法院3个多月后检察机关以当事人涉嫌生产、销售伪劣产品罪变更起诉决定。当然，检察机关指控的涉案金额从近1600万元跳水到33万元。

这就是案件的大致过程。

可以说，仅就检察机关指控的涉案金额的变化而言，我的辩护是相当成功的，问题在于我做的是无罪辩护。

本案无罪辩护最重要的逻辑起点在于：公诉机关最初指控的被告人销售假冒注册商标的商品罪涉及的相应大类的注册商标并不存在，任何人均可以通过国家商标局的官方网站进行查询。

在公诉机关以当事人涉嫌生产、销售伪劣产品罪，对原提起的公诉做出变更起诉决定后，笔者仍然坚持为当事人做无罪辩护。这一次无罪辩护的逻辑起点在于：按照《中华人民共和国标准化法》的规定，国家标准、行业标准分为强制性标准和推荐性标准。推荐性标准，国家鼓励企业自愿采用。而只有生产、销售、进口不符合强制性标准的产品，造成严重后果，才可以对

直接责任人员依法追究刑事责任。

《刑事诉讼法》第 7 条规定的分工负责、互相配合、互相制约的刑事诉讼原则写进了国内所有的刑事诉讼法权威教材,可是,在本案中这一原则似乎被忘记了。

这个案件最大的遗憾在于,当事人没有在刑事立案的第一时间遇到一个熟悉知识产权的检察官或律师,导致检察机关为自身及公安机关前期的错误行为背书。假如,当事人没有被批准逮捕,或者被羁押的时间很短……结果很可能迥异。

当然,如果我当初选择做罪轻辩护,也许我的当事人不用付出失去 3 年 6 个月人身自由的代价,这一代价,于他个人、父母、妻儿都影响深远——毕竟,在我看来,与这一代价相比,我个人执业过程中任何的委屈、妥协和牺牲都不值一提,哪怕只是一种"也许"。

还好,这只是个案,希望,永远只是个案,但应当值得好好反思。

德国哲学家黑格尔对反思有过很多的论述,他认为,哲学认识的方式只是一种反思。因此,反思是人类认识事物的工具,也是人类社会进步的重要动力。不经过深刻的反思,作为个人,就不能成为一个清醒的个体,就无法持续进步。而社会,是不是也需要反思?

8 年前,我带着自己的美丽梦想来到这个美丽的城市,8 年后的今天,梦想依然,反思自己的 8 年律师执业生涯和经年流月的法律从业之途,我究竟取得了什么进步?每念及此,我不由得感到十分汗颜。

我不是颓废悲观的人,对现实一些看法和反思,不代表我放弃对美丽梦想的追求。

梦想这个美丽的字眼,如这个夏日夜晚美丽的流星,在窗外轻轻划过。但愿无论何时何地,即使黑夜给了我黑色的眼睛,我也能用它寻找到光明。

为了法治,为了我们心中的那一份理想!

2014 年 7 月 25 日于秦淮河畔

主要参考文献

1. 张玉敏,张今,张平. 知识产权法[M]. 北京:中国人民大学出版社,2009.
2. 冯晓青. 企业知识产权战略[M]. 北京:知识产权出版社,2009.
3. 田力普. 影响中国的100个知识产权案例[M]. 北京:知识产权出版社,2010.
4. 北京市第一中级人民法院知识产权庭. 侵犯专利权的抗辩事由[M]. 北京:知识产权出版社,2011.
5. 张伟君. 规制知识产权滥用法律制度研究[M]. 北京:知识产权出版社,2008.
6. 徐棣枫. 专利权的扩张与限制[M]. 北京:知识产权出版社,2007.
7. 李小武. 商标反淡化研究[M]. 杭州:浙江大学出版社,2011.
8. 华诚律师事务所. 知识产权诉讼案例与代理技巧[M]. 北京:法律出版社,2009.
9. 胡朝阳. 知识产权的正当性分析[M]. 北京:人民出版社,2007.
10. 任东来,陈伟,白雪峰. 美国宪政历程:影响美国的25个司法大案[M]. 北京:中国法制出版社,2013.
11. 付子堂. 论建构法治型社会管理模式[J]. 法学论坛,2011,2.
12. 单文峰. 我国法治型社会管理模式研究[D]. 南京工业大学,2012.

附录　漫谈企业专利战略的五个层次

"战略",很玄乎的两个字,任何事情,一旦和这两字挂上钩,立马"高大上"起来,如专利战略。

有必要说说这个实质上并不"高大上"的话题。

笔者以为,就一般情形和标准而言,专利战略第一和绝对的主体应当是企业,当然也包括国家及理论上的自然人。

所以,下面谈谈企业专利战略的几个层次,以下纯粹是个人观点。

第一层次,专利蒙昧时期。平心而论,国内绝大部分企业,尤其是中小企业,大多尚处于专利战略的第一层次,这当然和很多因素有关,如历史文化的传承、传统粗放的经济结构……所以,才有了单位GDP能耗比美日欧的高很多倍这一结果。如房地产,除了垄断,笔者实在看不出来没有任何技术含量和创造性劳动成果的房地产价格严重高企的原因所在。在这种专利战略尚处于蒙昧期占据国内主流的情形下,出口产品赚取"比锋利的刀片还要薄的利润",当属再正常不过的事情。

第二层次,专利启蒙时期。30多年的改革开放,国内也有少部分企业初步认识到知识产权的重要性,这直接反映在近年来商标和专利的申请量上。不过,需要说明的是,商标固然是知识产权,但是并非技术成果。换言之,在引领社会进步的技术革命中,没有技术创造性的商标并无一席之地;而申请量巨大的专利申请中,85%以上是巨额财政补贴背景之下的垃圾专利,剩余的15%的发明专利申请中的85%是跨国公司的申请。

当然，客观而言，无论基于什么样的理由或原因，有申请总比没有申请强，起码可以营造一种重视知识产权的社会氛围。不过，笔者曾经想过，假如没有政府的任何扶持，我们的专利申请和授权将会是怎样的一种状况？

第二层次和第一层次企业的区别，在于第二层次企业的产品具有自己的自主的专利权或者其他核心技术，而第一层次企业的产品没有或者基本没有自己的自主的专利权或者其他核心技术。

第三层次，专利战略建立及完善时期。在国内达到这一层次的只有少数企业，一般都是其所在行业的领军企业。如海尔、比亚迪，你去查询一下他们的专利申请量和授权量，就会明白：没有人能随随便便就成功，企业也是。盈利能力并不强的比亚迪，其股价坚挺的真正原因在于：它是国内电动汽车的领军者，拥有国内电动汽车生产领域最庞大的专利池，而在电动汽车领域，国内外大致处于同一个起跑线，与燃油汽车落后国外几十年的现状形成强烈对比。再有，一般而言，跨国公司在国内专利布局的周期为3年，所以，达到这一层次的企业，除了少数真正意义上的国内企业，其实更多的是跨国公司在华设立的企业。

第三层次和第二层次企业的区别，在于第三层次的企业对产品具有相对比较完善的专利及其他核心技术保护机制，在国内具体领域及对国家相关的产业政策有重大影响，而第二层次的企业没有比较完善的专利及其他核心技术保护机制，对国内具体领域及国家相关的产业政策基本没有影响。

第四层次，专利池时期。在这一时期，企业整体上在其技术领域形成了完善及完备的专利储备，具有比较强烈的知识产权意识，具体的生产性企业对其产品拥有全方位的专利保护、研发、防守及进攻战略，一定数量的具体领域的领军企业拥有自己的专利池。就社会整体而言，在大部分高新技术领域，形成了全方位的、庞大的专利池，很多企业依靠专利池的一站式许可，在并不生产具体产品的情况下，收取巨额的许可费。这一层次的企业，在国际上一般都具有较大影响。大多数百年不倒的跨国公司，总体上就处于这一层次。国内只有极少数企业可以勉强达到这一层次，如华为、三一重工。我一直以为，美国政府在不久前将华为和三一重工列上了其"337"调查的黑名单，其真正原因是这两家企业具有自己完善的专利战略，触动了"山姆大叔"的核心利益，须知，华为的专利申请量一直雄踞国内企业之首。至于稀土、煤炭等资源产品的开采和出口，纺织品的生产和出口，美国人一般懒得理会。

第四层次和第三层次企业的区别，在于第四层次的企业在其生产经营领域具有国际上的影响力，而第三层次的企业没有或者基本没有国际影响力。

第五层次，造势时期。1977年，苹果公司就推出了风靡一时的微型个人电脑，20世纪80年代初，IBM如梦初醒，决定进军个人电脑市场，但是因多年的忽视，对个人电脑微处理器（CPU）及操作系统这两项核心技术一时来不及研究，决定暂时先向小公司购买。在操作系统领域，IBM屈尊俯就，先与数字研究公司（Digital Research）商讨合作事宜，孰料后者一上来就狮子大张口，开出了每台电脑200美元的授权费（请注意是20世纪80年代初）。IBM见此等小公司竟然如此不识抬举，就与当时的电脑神童盖茨的公司商谈合作事宜。以盖茨之精明，立马向IBM开出了远出乎一般人意料的极具诱惑力的合作条件，IBM大喜过望。结果是，多年以后，微软借助IBM的肩膀取得了举世瞩目的巨大商业成就，而IBM，一代英豪，在其OS/2视窗被视窗95杀得一败涂地的情形下，落了个血本无归的悲惨下场，创下了全美企业1年内亏损金额的最高纪录。回望过往，我们可以清晰地看到，在一项开拓性技术产品的面世之初，技术水平的高低有时并非最重要的事情，更重要的是在抢占市场份额的基础上造势，并在此基础上形成行业标准乃至国家标准、国际标准，让自己开拓性的产品专利技术标准化。2013年3月29日，微软公开了其所有的4万余项专利，目的也在于造势。最近，苹果公司似乎在东施效颦，效果如何，就不在此评价。

以上，是笔者对企业专利战略五个层次的一孔之见。

2014年10月5日于秦淮河畔

代跋：我的心是旷野的鸟（下）

2014年8月，我被一个单位邀请去外地讲课，言及人生其实只有三件事：生，父母决定的事情，我们做不了主；死，阎王老爷决定的事情，我们也做不了主；剩下的，就是生死之间的那一点点事情。这固然是一时兴起的戏谑之言，但是可以换一个角度、换一种说法。比如，人生三件事：把老人满满意意送走，把孩子平平安安养大，然后，自己过得开心一点儿。而有梦想，是过得开心的重要因素。

所谓梦想，如果以我并非少年的心境尚能奢谈梦想的话，就是可以想一些自己爱想的事，说一些自己想说的话，做一些自己喜欢做的事。这本小书，便是我在自序里所言的用自己的方式说几句自己想说的话。

信　仰

2014年4月中下旬，和大成律师事务所全国各地的70余名同人一起环岛骑行台湾。骑行之前，我们建了个微信群，每日一个主持，美其名曰"当日之星"，当日之星主持主要是两件事：介绍自己，再找个话题给大家灌水。我做"当日之星"的那一天，请大家灌水的话题是谈谈信仰。具体内容已经无从考查，只记得应者寥寥，似乎这种极端高大上的话题，已经远离我们的生活。

其实信仰这个话题，并不高大上，从长远讲，意味着我们希望我们的将来以及我们的子女是一种什么样的生活状态；从眼前看，意味着我们作为一个个体，如何待人接物，如何与人相处，如何在社会上行走，如何立于天地之间……

台湾骑行第二天，夜宿于台南一小镇，当晚恰逢当地人祭妈祖。长者是逾七八十岁的耄耋老人，少者有几岁的纯真稚童，男女老少，吹吹打打，鞭炮震天，他们抬着塑像，一脸虔诚，热闹超过我儿时过年。

他们是有信仰的，他们抬着的就是他们的信仰，准确讲是他们信仰的象征。

台湾骑行行程12天共1200余公里，期间除了累和美景之外，最大的感受是友善，美好的旅程因为美景，更因为那些友善的人们，回忆起来而倍显温馨。

现实很骨感，但愿理想依然丰满

"理想很丰满，现实很骨感"，曾经非常流行的一句话。我把这句话换一种说法："现实很骨感，但愿理想依然丰满。"

马克斯·韦伯认为，在社会发展的不同阶段，社会管理模式有所差异，他根据统治正当性的不同基础，将支配或统治类型划分为三种：魅力型或称卡里斯玛型统治（Charismatic）、传统型统治和法理型统治。[①] 现代社会，社会管理的最佳状态应当是构建法治型社会管理模式。马克斯·韦伯对社会管理模式进行划分固然具有一定的合理性，但不同的国家、民族，由于不同的文化背景、历史传承，在社会管理模式上虽然有一些共性，但同时具有很多个性。

笔者认为，中国历史上曾经存在过两种社会管理模式，即神治型和人治型社会管理模式。改革开放近40年来，我国的法治建设虽然有了显著的进步，但还有很多地方需要不断完善。

作为一名知识产权律师，执业环境步履维艰。月夜茫茫，这个夜晚，又想起少年时熟读的舒婷那一首诗《也许》：

> 也许我们的心事
> 总是没有读者
> 也许路开始已错

[①] 参见付子堂：《论建构法治型社会管理模式》，载《法学论坛》2011年第2期。

　　　　　结果还是错
　　　　　也许我们点起一个个灯笼
　　　　　又被大风一个个吹灭
　　　　　也许燃尽生命烛照黑暗
　　　　　身边却没有取暖之火
　　　　　也许泪水流尽
　　　　　土地更加肥沃
　　　　　也许我们歌唱太阳
　　　　　也被太阳歌唱着
　　　　　也许肩上越是沉重
　　　　　信念越是巍峨
　　　　　也许为一切苦难疾呼
　　　　　对个人的不幸只好沉默
　　　　　也许
　　　　　由于不可抗拒的召唤
　　　　　我们没有其他选择

是的，也许越是艰难，"信念越是巍峨！"
但愿理想依然丰满！

知识产权，想说爱你不容易

　　作为体制的叛逆者，大都有两点共性：自认为有一点点小才（仅仅是自认为）；都是原单位领导眼中小小的问题人物（后脑门都有一两块反骨）——这话不是我的原创，有同感而已。

　　叛逃出体制，总不能做一辈子的万金油律师吧？于是在一个前同事偶然的点拨下，考了专利代理人，以知识产权作为自己律师从业的方向。

　　扬子江畔，浦园，那位我尊重且偷偷喜欢的雅致的美丽老师，说我剑走偏锋是聪明之举，殊不知也是无奈之举。

　　无论是知识产权局还是法院，都只是体制的小零部件，是整个体制之下具体的行政和司法机关，如是而已。

二十几年前，我在一个工厂从事技术工作，很有才华且我很信任的一个副厂长，在后来的企业改制中做了厂长。他曾经说过一句话让我至今记忆犹新："这世上，谁也没义务对谁好，就算是子女对父母。"这话是在他做厂长时的厂长办公会上讲的，为了一点小小的利益。多年后一个偶然的机会，听说他现在在大西北一个荒凉的地方，辛苦憔悴地运营着一家不死不活的小企业。其实，原来改制的那一家企业如果好好运营，不敢说上市融资之类的话，至少大家可以在一起开开心心，舒舒畅畅地把企业做得更好。企业有一帮非常能干的员工。然而因为他，大家的心都散了，人气没了。"这世上，谁也没义务对谁好"这句话，我告诉过跟着我实习的小师妹，几个月后，我又告诉她："那话固然不错，但是后面还有半句，'送人玫瑰，手有余香'。"她头点得像鸡啄米。

8年前，开车经过安徽某县，可以走全程高速，也可以走下面的一级公路，为了省一点点过路费，我走了一级公路，一路上没看到限速标志或测速车辆。不远处，该县收费站，面色严肃、凝重的人民警察在等着我的到来：超速20%以上（那一段公路很好，双向四车道，限速40公里），罚款500元。后来知道，很多经过那儿的车友均有类似经历。因为罚款，很多人都不愿意经过该县，更不要说去投资（可以想象当地政府的其他职能部门），该县人气没了，经济至今一塌糊涂。

人气的丧失直接导致信任的丧失，在信任丧失的情况下，不可能成就任何伟业，小到一个个体，大到一个企业、地区乃至国家，都是同样的道理。

对于中国来说，现代意义上的知识产权制度建立的历史并不长，本书所涉及或者并未涉及的知识产权领域也存在着种种不容乐观的现象。所以，作为一个知识产权律师，我想说："知识产权，想说爱你不容易！"

用自己喜欢的方式，说了几句自己想说的话。在本书行将结束之际，想最后告诫自己：前方的路，漫长且艰难，因为还有一点梦想，还有一点信仰，在现实固然骨感的背景下，但愿我的心仍然是旷野的鸟，满载丰满理想，于万里晴空，拍打我的翅膀！